CONCEVOIR, ANALYSER, RÉALISER

5-7, rue de l'École polytechnique, 75005 Paris

www.harmattan.fr

ISBN : 978-2-14-025497-0
EAN : 9782140254970

Ahmed Sékou Touré

CONCEVOIR, ANALYSER, RÉALISER

TOME XII

L'Harmattan

Introduction

Jeune d'Afrique,

Ce manuel t'est principalement destiné.

Son but est de contribuer à ta formation générale que nous voulons de qualité, afin que tu puisses, au champ comme au bureau, à l'atelier comme sur le chantier et surtout au sein de ton Parti populaire comme au sein de ta famille, comprendre utilement les nombreux problèmes qui conditionnent l'efficacité de ton action et l'accroissement de ta « créativité ».

La génération de l'indépendance, à laquelle tu succèdes, n'a cessé, tout au long de la difficile bataille qu'elle engageait pour que te soient restituées la liberté dont elle était privée et la dignité qui lui était contestée, de porter les multiples blessures du règne de l'asservissement, du mépris et de l'injustice.

Cette génération dont tu hérites n'a cependant jamais cessé d'espérer et de combattre ; ses victoires sont à la mesure de la foi qui l'a animée et de sa volonté invincible d'accumuler les matériaux nécessaires à ton bonheur.

Animée par une conscience claire de ses devoirs elle a voulu créer, pour toi, les conditions qui te permettront d'égaler les meilleurs afin que, par ton exemple, soient définitivement brisées toute forme de discrimination et toute tentative de disqualification humaine.

En définitive tu dois considérer ce manuel comme un des principaux instruments de ta transformation révolutionnaire pour l'édification, à travers ton action résolue, d'une société africaine digne et heureuse, totalement libérée et fraternellement associée à toutes les forces de progrès en Afrique et dans le monde.

LA DÉMOCRATIE NATIONALE

Si la Nation guinéenne a placé au centre de ses préoccupations la réhabilitation des peuples et de l'homme d'Afrique, **c'est parce que nous voulons que l'Afrique avec la totalité de ses prérogatives de liberté et de dignité,** après avoir recouvré tous les attributs de sa souveraineté, s'affirme dans son entière personnalité et **redevienne une Afrique africaine** afin de projeter, sur le plan international, sa propre réalité en tant qu'élément indissociable de la réalité universelle et puisse participer ainsi, avec conscience et détermination, aux responsabilités historiques qui lui reviennent dans l'édification d'un monde qualitativement supérieur, ouvrant à l'humanité une ère nouvelle caractérisée par plus de justice démocratique, une réelle fraternité humaine et une paix durable.

Notre objectif est de réhabiliter les peuples ayant été soumis à l'humiliante domination étrangère et de favoriser leur réintégration pleine et entière au sein de la société universelle. Il s'agit de prouver que l'intelligence, le courage, **la conscience politique et patriotique ne sont l'apanage d'aucun homme ni d'aucun peuple,** mais qu'ils relèvent, indistinctement, des capacités et des vertus de tous les peuples quel que soit, par ailleurs, leur degré de développement économique et d'évolution technique. La liberté recouvrée par l'Afrique et par l'Asie, les progrès économiques qu'enregistreront tous les pays sous-développés, l'égalité qu'ils revendiquent sur le plan international doivent leur permettre de se regrouper sur la base de la véritable fraternité, de l'égalité de tous et de la solidarité la plus consciente et la plus agissante.

Tant pour l'évolution interne de nos nations que pour la modification des rapports internationaux au bénéfice d'une solidarité effective entre tous les peuples, le Parti Démocratique de Guinée (P.D.G.) et **le peuple guinéen tout entier resteront présents sur le grand chantier de la transformation qualitative de l'Afrique et pour l'avènement d'un monde de sincère fraternité.**

Mais même si les aspirations des peuples d'Afrique demeurent justes et mobilisatrices, nous ne saurions oublier ou sous-estimer les forces contraires qui les entravent et les combattent. La révolution créant la contre-révolution, les progrès historiques réalisés par les peuples africains ne sont pas sans susciter chez les ennemis de notre émancipation, des sentiments de haine redoublés qui se traduisent par la recrudescence des manifestations réactionnaires les plus cyniques.

Par leur réaction anti-africaine, l'impérialisme et les puissances coloniales qui ne veulent rien comprendre à la portée et à la signification historique de l'éveil de la conscience humaine dans le monde, croient encore que la force et la ruse peuvent assurer la pérennité des vieux systèmes de domination économique, de mystification culturelle et de subordination politique. Nous savons que les mouvements qui ont été suscités dans certains Etats africains après la Conférence d'Addis-Abéba procèdent de la collusion des forces du mal qui agissent en Afrique et hors d'Afrique.

Pour mieux implanter le néo-colonialisme, la réaction organise la lutte idéologique et pratique contre l'unité et part en guerre contre les Partis uniques en Afrique. Pourquoi ? Parce que les premiers partis uniques ont pu résister aux assauts répétés et acharnés de la réaction-soutenue de l'extérieur-et maintenir, non seulement une ligne de développement anti-impérialiste et anti-capitaliste, mais encore réaliser effectivement l'égalité des hommes et des femmes comme cela se voit en Guinée et dans certains Etats Africains.

La lutte contre le système du parti unique n'a d'autre but que de peser sur le devenir de l'Afrique, pour empêcher nos peuples de dépasser leurs conditions actuelles, les orienter vers l'anarchie et la stagnation afin de perpétuer par la domination impérialiste, l'exploitation capitaliste de nos ressources matérielles et humaines.

Rappelons ici quelques faits historiques : La Révolution Française de 1789, dans ce qu'elle a signifié pour le peuple français et pour tous les autres peuples épris de liberté et de justice dans l'exaltation des idéaux d'égalité et de démocratie, n'a-t-elle pas canalisé les forces et l'énergie du peuple français dans un mouvement national ?

Faut-il rappeler également l'histoire des Etats-Unis d'Amérique, pays naguère divisé, colonisé et pauvre, dont 80 % des habitants ne possèdaient ni de quoi se nourrir ni de quoi se vêtir ?

Comment donc les Etats-Unis ont-ils réussi, en moins d'un siècle et demi, à utiliser toutes leurs potentialités et à atteindre un degré de développement économique tel, qu'ils sont à même, aujourd'hui, de garantir la sécurité et d'assurer le bien-être de tous les Américains? Si cela a été possible c'est parce que, au moment de la lutte pour l'indépendance, il s'est créé un seul courant qui, s'il regroupait, certes, des formations diverses, est finalement parvenu à constituer un mouvement, puis **un front national unique.** Cette victoire des colonies britanniques d'Amérique sur elles-mêmes leur a ainsi permis de gagner la grande bataille de l'indépendance, de l'unité et du développement ultérieur de l'économie américaine.

Plus près de nous, comment l'Union des Républiques Socialistes Soviétiques a-t-elle pu, en moins de 50 ans, réaliser la grande Révolution Socialiste, abolir toutes les structures féodales qui entravaient son développement, démocratiser la société, consolider l'indépendance politique et assurer la promotion économique et sociale de la Nation ? Comment, l'Union Soviétique, a-t-elle pu réaliser des progrès tels, qu'elle soit aujourd'hui en avance sur la plupart des pays européens qui tenaient naguère la Russie Tsariste sous leur domination économique ? Une telle révolution aurait-elle pu se faire en dehors de l'unité politique qu'a réalisée alors la nation russe ?

Et comment un pays comme la Chine, avec plus de 650 millions d'habitants, face à des problèmes colossaux comme ceux de son alimentation et de l'amélioration de ses conditions d'existence, comment ce pays a-t-il pu, depuis son indépendance et en dépit de nombreux dangers qui le menaçaient et des multiples difficultés qu'il avait à surmonter, imposer son indépendance et assurer son développement au point qu'aujourd'hui il est devenu une puissance nucléaire ?

Nous n'avons nullement à craindre nos responsabilités et nous ne devons pas cacher la vérité à nos peuples. La première leçon à tirer de ces illustres exemples c'est que ce sont les peuples qui font l'histoire, c'est-à-dire que ce sont eux, exclusivement, qui en sont le moteur. Et dans ce processus, il leur faut, non pas seulement de l'argent, des moyens techniques, des subsides charitables et anesthésiants, **mais le bien suprême de l'humanité, celui que ni les incendies, ni les guerres ne sauraient détruire, celui que le temps même ne saurait jeter bas, cette richesse qui n'est rien d'autre que la conscience politique,** cette haute faculté qui dicte et contrôle les activités humaines dans un sens de constante élévation et de progrès continu.

Notre Histoire, l'histoire de l'Afrique se fera, parce que les Africains aussi sont des hommes conscients qui aspirent à la liberté et au bonheur. C'est pourquoi malgré notre retard sur les autres pays d'Amérique, d'Europe occidentale ou orientale, nous réaliserons, grâce à notre unité nationale, ce que ceux-ci ont réalisé, en défendant puissamment, victorieusement, les acquis de notre révolution que nous accroîtrons toujours pour nous hisser à un niveau d'égalité absolue avec ces peuples et ces pays. Tel est le sens de notre devoir et tel est le sens de l'engagement de notre action.

En Afrique, il est vrai, nous avons, bien sûr, nos contradictions. Mais il est temps pour nous de les transcender et de faire face à nos communes responsabilités dans la sauvegarde de **notre liberté** et l'affirmation de **notre dignité.** Alors, l'avenir qui s'ouvre devant nous sera le fruit de nos activités fécondes. Et cet avenir sera sans nul doute un avenir merveilleux.

Nous nourrissons les mêmes désirs, les mêmes ambitions légitimes. Nous garderons ces ambitions, car elles sont nobles et justes. **Rien ne paraît plus juste, plus exaltant au malade, à l'ignorant ou au pauvre que la certitude de triompher de la maladie, de l'ignorance et de la pauvreté.** Rien de plus digne que de brûler à la flamme de la liberté. Mobilisons aujourd'hui toutes nos facultés, toutes nos énergies pour la solution heureuse de nos problèmes, pour que le bonheur que nos peuples ont pu trouver dans le mot magnifique et mobilisateur de « Liberté » puisse couronner efficacement leurs efforts et effacer les souffrances endurées. Exprimant notre confiance dans l'Organisation de l'Unité Africaine, nous réaffirmons notre volonté d'assurer notre présence sur la scène internationale, non en mendiants, mais en peuple digne, jaloux de sa dignité et soucieux d'œuvrer dans la voie qui permette demain à tous les hommes et à toutes les femmes, d'être ce qu'ils n'auraient jamais dû cesser d'être : **des frères défendant la même liberté, jouissant de la même sécurité et de la même dignité dans une profonde solidarité humaine et une paix durable.**

C'est pour rendre claires à la conscience des peuples du monde la doctrine politique et la méthodologie d'action du Parti Démocratique de Guinée que nous exposons ci-après les fondements philosophiques et les raisons politiques **du régime du parti unique** et de la démocratie nationale instaurés en République de Guinée depuis 1958 et sur lesquels maints prétendus spécialistes des problèmes du tiers-monde ont fourni des informations fausses et avancé des justifications erronées.

LE FONDEMENT PHILOSOPHIQUE DE LA DOCTRINE DU P.D.G.

Deux données fondamentales, deux idées essentielles caractérisent et dominent inéluctablement toutes les activités humaines, qu'elles relèvent de l'économique, du social ou du culturel : il s'agit, **de la fin et des**

moyens, du fond et de la forme. La capacité de les apprécier correctement en elles-mêmes et de déterminer la subordination de l'une à l'autre dans leur **liaison organique**, confère à l'intelligence de l'homme un pouvoir de création et à un peuple conscient une faculté de progrès qui constituent, l'un et l'autre, le ressort de toute évolution dynamique, assurée dans le total respect des intérêts solidaires de l'homme et de la société.

Or, ces deux données distinctes et pourtant en rapport d'unité directe et constante, sont bien souvent confondues dans l'esprit d'un bon nombre de penseurs qui, à travers un dogmatisme aveugle, sacrifient la fin aux moyens et les moyens aux formes.

La science de la vie, la base des connaissances rationnelles, le sens d'une analyse correcte des phénomènes et des évènements de la vie impliquent nécessairement les termes que renferment toutes les équations et les données de tous les problèmes que l'existence de l'homme et l'histoire des peuples posent à leur conscience sous forme de besoins matériels ou d'exigences morales.

S'il est vrai que toute activité procède d'une cause propre et s'exprime sous une forme donnée, s'il est aussi vrai qu'il n'y a ni pensée, ni acte qui soient sans but et sans effet sur l'être et sur la société, il est tout aussi vrai que l'homme ou le peuple, dans la lutte permanente pour sa survie et son dépassement constant, obéit obligatoirement à la loi des nécessités matérielles et morales, suit, de ce fait, une ligne évolutive, s'impose une orientation que lui dictent impérativement, soit à un stade de conscience élémentaire, les exigences de sa conservation, soit à un stade de réflexion supérieur, la conscience qu'il a de lui-même et des choses, le sens irréversible de l'histoire dont il est tout à la fois l'objet et le principal artisan.

Ainsi, l'homme se situe-t-il toujours entre le passé qui l'a façonné physiquement et intellectuellement, économiquement et socialement, moralement et culturellement et le **futur** qui l'attire de manière irrésistible vers ses aspirations à une vie toujours meilleure, la satisfaction de besoins toujours grandissants, l'élargissement constant de ses capacités et l'épanouissement infini de toutes ses facultés.

Si l'intelligence pouvait libérer l'homme de son passé et de son avenir, elle pourrait également séparer l'objet de ses activités de leur motivation, et la finalité de ses actes de la manière dont ils s'accomplissent. **Or, passé, présent, avenir, éléments d'une même unité dialectique, sont tout aussi indissociables que l'homme l'est de la société dont il est issu et qui le marque de son empreinte indélébile.**

C'est en raison de cette liaison dialectique qui unit étroitement l'être au groupe social, et de l'interdépendance absolue qui existe entre la fin et les moyens, entre la cause et l'effet qu'une même nature recouvre obligatoirement l'un et l'autre. « **Telle cause, tel effet ; telle fin, tels moyens** ». A cette équation à deux termes, ni le principe mathématique de la substitution, ni celui de l'identification des termes ne sont applicables car s'ils se confondent par leur nature commune, ils se distinguent l'un de l'autre par leur fonction propre qui ne peut être inversée.

Dans l'esprit de certains individus, la politique est l'art de contourner les obstacles et de réduire les problèmes en marge des exigences fondamentales de l'évolution lorsque les résultats ne se font pas à leur profit exclusif. Une telle conception relève de l'opportunisme et conduit à la démagogie hypocrite et à tous les travers et les maux qui en découlent et sont incompatibles avec une vie sociale féconde. Mais pour des hommes consciemment engagés dans une œuvre de **développement harmonieux et solidaire de la société,** la politique ne peut être qu'une science de l'histoire humaine, c'est-à-dire la science des sciences de la vie en groupe. Nous disons bien la vie du groupe qui transcende les facteurs temps et espace et se continue à travers les générations successives en accumulant, sur le chemin infini de l'histoire et du progrès humain, connaissances et expériences nécessaires à la qualification de la société et au développement des vertus humaines. Aussi affirmons-nous que l'homme, passager de la vie, élément temporel de l'humanité infinie, ne peut voir justifier son existence qu'autant qu'il agit concrètement et consciemment en tant que force active de l'éternelle machine humaine, tandis que nous ne considérons celui qui pense et agit exclusivement pour lui-même que comme un parasite social qui vole la part du patrimoine humain dont il dispose au sein de la société. L'homme, être pensant, subit inévitablement la société dans ses imperfections tout en étant tributaire de ses acquis positifs. Il a une personnalité propre qui le distingue de ses semblables. Etant la cellule de base de la société il est, congénitalement, le lien commun entre sa mère et son père, lesquels par voie de parenté ascendante, descendante et collatérale l'unissent, à travers le temps et l'espace, à l'ensemble de l'humanité avec laquelle il est en indiscutable parenté d'espèce.

Aucun homme ne peut être considéré comme étant inférieur à un autre. L'égalité dont il jouit, se mesure à

son degré de liberté, tandis que la solidarité qui régit la qualité de ses rapports au niveau des diverses organisations de groupe auxquelles il est intégré et qui vont de la famille à la société universelle, sanctionne son degré d'unité concrète avec l'humanité. C'est bien pourquoi le racisme, le régionalisme et le sectarisme religieux notamment, sont objectivement réactionnaires et inhumains.

Sans cette liberté et sans cette solidarité, l'individu ne se distinguerait pas des espèces animales inférieures et serait, comme ces dernières, incapables de se dépasser grâce à l'accroissement et à l'enrichissement de ses capacités physiques et de ses facultés intellectuelles. L'homme est, de ce fait, de par sa nature et son mode de vie, un être social, l'élément et le produit d'un ensemble dont il est indispensable.

Son bonheur, son perfectionnement, son élévation progressive et son dépassement débouchent obligatoirement sur la consolidation infinie de son équilibre interne et externe, c'est-à-dire sur le développement constant de l'harmonie qui caractérise ses conditions de vie objectives et morales et l'amélioration continuelle de la qualité de ses rapports avec la société au sein de laquelle il vit et agit.

En effet, si les minéraux, les végétaux, les animaux, à l'exclusion de l'homme peuvent exister isolés de leur semblables sans se dénaturer, **l'homme, quant à lui, perdrait sa nature humaine et ses qualités essentielles s'il devait s'isoler des autres hommes qui constituent en fait son milieu naturel.** Cette représentation permet de saisir plus aisément le lien intime qui rattache l'homme à son semblable et l'unit à la société de manière ininterrompue.

Aussi, les besoins vitaux de l'homme sont-ils nombreux et complexes ; les uns pouvant être satisfaits par ses propres efforts, les autres par ceux d'autrui, apports spécifiquement sociaux qui relèvent, soit de la famille, soit de la nation, soit encore de ce patrimoine commun aux hommes de tous les pays et de toutes les races et qui est l'héritage universel laissé par les générations successives depuis l'apparition de l'homme sur la terre.

Son équilibre, son bien être matériel et moral, en un mot son sort, étant subordonné simultanément à son action et à celle d'autres hommes, l'homme devient de ce fait, dans son évolution normale, le centre d'intérêt de toutes les manifestations conscientes de la société organisée.

C'est ce qui nous amène à situer la valeur de l'action sociale dans les trois domaines suivants :

1. **le sens de la vie pour l'homme, l'orientation politique pour le groupe** ;

2. **les structures ou les formes d'organisation des activités humaines** ;

3. **la qualité et les capacités des hommes incarnant une volonté ou une responsabilité sociale.**

De la famille, aux collectivités villageoises, nationales et internationales, ces trois facteurs méritent la même attention pour éviter de faire de l'homme l'instrument arbitraire d'un bonheur qui lui serait étranger. Le juste équilibre de l'homme est, de ce fait, nécessairement fonction de la place qui lui est faite au sein de la société, selon que sa liberté, sa dignité, ses intérêts y sont ou non sauvegardés, et le juste équilibre social ne peut exclusivement s'obtenir que par la pratique d'une démocratie de nature fondamentalement sociale, impliquant la liberté, l'égalité et la responsabilité individuelles en vue de dégager, par delà les personnalités individuelles, la personnalité homogène des groupes sociaux constitués et agissant dans les divers domaines de la vie afin de résoudre les problèmes généraux de l'existence humaine. C'est ici qu'il faut se poser la question de savoir qui, de l'homme ou de la société, en est la fin et qui en est le moyen ? En appréciant le caractère communautaire, le lien indissoluble, l'identité de sort qui marquent le mode de vie et de pensées de ces deux entités humaines étroitement interdépendantes, **ni l'homme, ni la société ne sauraient être un vulgaire moyen l'un pour l'autre, encore moins monopoliser au profit exclusif de l'un le fruit des activités de l'autre. C'est dire que l'un et l'autre, conformément au caractère conscient de leur indissolubilité et de leur complémentarité dialectique sont à la fois et de manière réciproque moyen et fin, objet et sujet.**

Cela revient à affirmer que l'homme, quel qu'il soit, ne saurait être sacrifié arbitrairement pour le bien de la société ou celui d'un de ses semblables. La vie de tous les hommes, leurs droits et leurs intérêts légitimes méritent la même considération, le même respect. C'est seulement lorsque l'individu compromet volontairement l'existence sociale du groupe dans la vie et les intérêts permanents de la communauté humaine dont il relève, que la morale universelle permet qu'il soit sanctionné et cela, non pour le simple plaisir de réprimer le mal qu'il a commis au détriment de ses semblables, **mais surtout pour le réhabiliter au sein de la société** et empêcher que son exemple néfaste ne soit suivi par d'autres hommes. Ceci posé, revenons aux trois exigences fondamentales d'une existence individuelle ou collective déterminant expressément la qualification de l'efficacité et de l'utilité sociales de l'homme.

DU SENS DE LA VIE POUR L'HOMME, DE L'ORIENTATION POLITIQUE POUR LE GROUPE

L'homme partage la plupart des sens et des facultés avec les êtres de l'espèce animale et il s'identifierait simplement à eux s'il ne disposait, en propre, de l'intelligence grâce à laquelle il peut « se réfléchir en lui-même ». Pouvoir énorme s'il en est puisqu'à travers lui et par lui l'homme cesse d'être guidé par son seul instinct qui se trouve subordonné à « la conscience », à « la raison » et à « la volonté », base de son génie créateur qui lui permet par le travail de modifier constamment à son profit ses rapports avec la nature, de se transformer lui-même qualitativement en vue de s'assurer une liberté toujours plus large, des capacités toujours plus grandes, une maîtrise de la vie toujours plus puissante.

Le sens de la vie doit interpréter objectivement **cette supériorité de l'homme sur l'espèce animale,** les biens et les forces de la nature et correspondre harmonieusement à l'intimité profonde qui sanctionne les liens entre la société et lui, afin que l'action individuelle renforce et serve utilement les bases et les intérêts matériels et moraux de la Société. Il va s'en dire que la présence de l'homme ne se justifie socialement que lorsque son sens de la vie est guidé par la **primauté de la conscience dans ses actes, la prééminence des intérêts de la société dans ses pensées, la manifestation de sa solidarité humaine dans son comportement.**

Cette obligation, pour la qualification humaine de l'homme n'exige-t-elle pas instruction, éducation et formation politique de chaque individu?

Certes oui, car il faut bien que l'homme se forme physiquement, socialement, professionnellement, moralement pour assurer progressivement l'élévation de sa conscience politique qui sera à tous les instants de son existence, le reflet de la somme, tant de ses connaissances théoriques et pratiques, que de ses aptitudes humaines.

Au niveau d'un groupe d'hommes organisés, d'une collectivité sociale qui se veut homogène parce qu'ayant une personnalité propre et des intérêts spécifiques, le sens de la vie devient une ligne politique basée sur les conditions et les critères conventionnels et rationnels fixés pour son bon fonctionnement.

Là, s'élaborent, face à la personnalité collective ainsi dégagée, une conscience collective, des facultés et des capacités collectives qui sont, il faut le souligner, **non la somme arithmétique des consciences, des facultés et des capacités individuelles des hommes concernés, mais la synthèse de leurs volontés et de leurs aspirations transcendentales.** En effet, les hommes bien qu'unis par l'essentiel de leurs intérêts sont en butte à des contradictions multiformes qui les opposent les uns aux autres. C'est l'organisation rationnelle de leur existence sociale qui seule peut, progressivement et finalement, liquider les bases de toute contradiction, les raisons de toute opposition et celà, à la faveur d'une conception collective, d'une détermination collective et d'une action collective en constante direction d'une harmonie sociale devant refléter tout à la fois une meilleure justice sociale, une solidarité plus profonde, un humanisme plus riche.

DES STRUCTURES OU DES FORMES D'ORGANISATION DES ACTIVITES HUMAINES

Les structures économiques et étatiques implantées dans un pays ainsi que les rapports sociaux qui y sont établis peuvent, selon qu'ils sont ou ne sont pas de nature démocratique, rationnelle et progressiste, **favori-**

ser de manière dynamique ou **freiner** dangereusement, l'évolution de la société considérée. C'est encore souligner ici combien et comment l'influence, la qualité libératrice et transformatrice des diverses organisations d'une collectivité agissent de **façon déterminante** sur la pensée et le comportement général des hommes qui la composent. La famille, le village, l'arrondissement, la région administrative, la nation, le syndicat, la coopérative, la société commerciale ou industrielle, tout organisme économique, social, culturel, tout groupe financier, en un mot toute collectivité organisée, tire son efficacité croissante, sa raison d'être même, du respect de cette loi fondamentale de la vie en commun.

Mais puisque la politique est la science ayant pour objet de servir la cause collective de façon permanente, en la développant continuellement, et en sauvegardant ses intérêts, **elle ne peut atteindre ce but qu'en se fondant effectivement sur les conditions objectives et morales des hommes qu'elle intéresse,** lesquels doivent mettre en commun toutes leurs ressources, toutes leurs connaissances et leurs expériences, toutes leurs volontés et leurs capacités créatrices pour **se dépasser individuellement** à travers le dépassement continu de la communauté et **engendrer ainsi une réalité supérieure** qui soit, pour chaque homme, une source de sécurité, un élément d'équilibre et un facteur de libération.

En considérant l'état de colonisation et de sous-développement général qui était celui du peuple guinéen à un moment de son histoire, l'homme le plus intelligent, le plus riche et le plus compétent restait marqué par l'indigence, la pauvreté et l'infirmité qui sont inévitablement le lot de la domination étrangère aggravé par les effets inéluctables de l'indignité et de l'irresponsabilité dues au fait colonial. L'on comprend mieux ici que la qualité de l'existence de l'homme relève de sa conscience et de son comportement social mais aussi et surtout des conditions générales faites à son peuple. L'on comprend aussi aisément que la nature d'un régime politique et les qualités de ses structures déterminent, pour une large part, la place sociale de l'homme.

En effet, l'histoire étant le registre où s'inscrivent les activités de tout peuple qui lutte pour satisfaire les exigences matérielles et morales de son existence sociale, **il devient alors possible à l'homme social de fixer à son action individuelle des objectifs qui requièrent des forces, des moyens et des capacités supérieures à ceux qu'il détient en propre et d'atteindre ces objectifs avec et grâce à l'apport collectif de ses semblables.**

Faute de cette unité d'action des hommes il ne peut être donné à aucun d'entre eux de modifier fondamentalement l'ordre des choses et encore moins d'assurer l'épanouissement de sa personnalité et le perfectionnement de ses facultés.

Etant donné qu'en dehors de la société humaine, l'homme est dépourvu des éléments indispensables à son perfectionnement, il est incapable de formuler des appréciations. Aussi il ne saurait exister en lui de manière **sui-generis** les concepts du beau, du vrai et du juste **Dans des conditions d'isolement total, l'homme n'est ni grand, ni petit ; ni bon, ni mauvais ; ni beau, ni laid ; ni ignorant, ni instruit ; ni riche, ni pauvre etc.** Il n'est qu'un objet de la nature. Non seulement la vie sociale élève l'homme en le personnalisant, mais encore sa conscience, en lui permettant de réaliser l'unité de son individu et d'établir le fondement de sa solidarité avec tous les autres hommes sans distinction de race, de religion ou de nationalité, lui permet de franchir une nouvelle étape de la qualification humaine pour atteindre à l'universalité.

On peut donc situer ici la hiérarchie des valeurs humaines en les identifiant aux qualités qui caractérisent l'homme au regard des diverses entités sociales dont il relève et qui sont schématiquement constituées par la famille, la nation, l'humanité. **Si la primauté de la conscience est reconnue dans le processus de qualification de l'homme, la prééminence des intérêts et de la volonté du peuple s'impose à toute collectivité et à toute société dont l'organisation est consciemment déterminée.**

Les conditions objectives et morale de l'unité populaire dans la pensée, dans l'action et dans les buts sont les conditions indispensables à l'éclosion et à l'épanouissement d'une civilisation universaliste qu'il convient d'apprécier correctement, non par l'importance et la valeur des biens matériels dont disposent les différentes entités sociales, mais bien par le degré d'élévation de son humanisme, lequel est étroitement fonction de la qualité démocratique des rapports politiques, économiques, sociaux et culturels établis au sein de l'ensemble social considéré.

Et puisque la civilisation et la culture, qui en est le fondement et l'expression, sont en rapport constant avec le degré et la nature du développement historique des peuples, n'est-il pas abusif de classer les nations en pays développés et en pays sous-développés, en tenant compte, exclusivement, de leur puissance économique et technique ?

Ceux qui apprécient le développement en termes d'économie se rendent-ils compte qu'ils escamotent le fait humain, le seul à être et à demeurer fondamental, et qu'ils trahissent, ainsi, la cause humaine des sociétés ?

On est d'ailleurs en droit de se demander ici dans quelle mesure cette conception relevant d'un matérialisme mécaniste de l'évolution des sociétés n'exprime pas une volonté latente de puissance et de domination à laquelle, par expérience, les peuples africains sont farouchement opposés.

Affirmer la prééminence du P.D.G., c'est donc reconnaître que c'est le peuple qui a reconquis son indépendance en mettant définitivement fin à la colonisation. C'est aussi vouloir placer la souveraineté nationale et tous ses attributs essentiels au niveau exclusif du peuple afin qu'il soit, de par les pouvoirs souverains qui lui sont dévolus, la source de la légalité et de la légitimité des actes publics de chacun et de tous. Or, le peuple renferme en son sein des hommes de toutes les croyances, de toutes les conditions sociales, en un mot des hommes ayant des modes de vie distincts, des pensées divergentes et des attitudes contradictoires. Il comporte certes des hommes pour tous les métiers nécessaires à la vie sociale, mais si parmi ceux-ci il en est qui sont engagés dans un sens juste du développement humain, d'autres ont, par contre, un comportement foncièrement égoïste et socialement dangereux.

Si l'on sait que la différence de nature des comportements sociaux traduit ou reflète nécessairement des niveaux de développement inégaux des consciences politiques et des différenciations notables dans les conditions et modes de vie, il devient compréhensible que chacun essaye, non pas d'exacerber ces différenciations et d'aggraver les contradictions qu'elles recouvrent, **mais de les transcender par le choix collectif** de dénominateurs communs qui sauvegardent la vie, les libertés, les droits, les intérêts légitimes des uns et des autres tout en les engageant, ensemble, dans une voie ouverte à l'action créatrice de bonheur collectif et individuel qui débouche sur l'harmonie et la solidarité sociales, la justice et la liberté. C'est justement en raison des options qu'ils font en vue de résoudre les contradictions que renferme la société, que les régimes politiques se classent en types différenciés les uns des autres ; le féodalisme, le capitalisme avec ses variantes, la démocratie parlementaire de type bourgeois et le socialisme. Chaque type comprend dans le sens de la réaction ou dans celui du progrès social divers modèles, lesquels expriment, de manière particulière, à des degrés plus ou moins avancés des contradictions internes propres aux sociétés considérées.

Pour mieux situer la signification progressiste ou la nature sociale des régimes politiques, il convient d'examiner concrètement les conditions de l'exercice du pouvoir : par qui, pour qui, pourquoi et comment il est exercé ?

Nous savons déjà que chaque homme a sa personnalité propre ; acceptons également que chaque société chaque peuple, chaque nation ait la sienne.

De ce principe étendu à l'histoire de l'humanité nous pouvons sans nous tromper reconnaître à chaque peuple une histoire propre qui correspond à une civilisation, à des valeurs matérielles, culturelles et morales propres, lesquelles sont forcément en rapport constant avec les conditions objectives et les aspirations propres à ce peuple. Ne constatons-nous pas de même que les régimes politiques de nature identique possèdent chacun des caractéristiques particulières qui les distiguent les uns des autres ?

Ainsi, il devient tout à fait normal d'affirmer que le régime instauré en Guinée par le P.D.G., régime qui est fondé sur une conception globale et révolutionnaire de la vie, obéit à des nécessités matérielles et morales données et suit une ligne de développement qui peut bien être identique à celle d'autres régimes de même type mais dont le processus, les étapes d'évolution et les formes d'action resteront exclusivement déterminés par les exigences et les nécessités engendrées par l'histoire du peuple guinéen.

A chaque peuple le régime qu'il mérite !

Ce principe est historiquement vrai.

Après l'exploitation féodale et la domination capitaliste en régime colonialiste, le peuple conscient de Guinée ne pouvait librement choisir une autre voie de développement qu'une voie non capitaliste, une voie qui le libère chaque jour davantage et qui garantisse à l'homme les plus grandes chances du bien-être matériel et moral auquel il aspire.

Et si le P.D.G. s'est refusé à être le parti d'une classe ou d'une couche sociale pour pouvoir se confondre réellement et intimement avec le peuple guinéen dans sa totalité, c'est parce que nos contradictions sociales sont mineures en regard de la puissance mobilisatrice et transformatrice que détient, en tant que dénominateur commun auquel le peuple guinéen s'est unanimement rallié, la Révolution nationale.

Ainsi est rejetée toute dictature de classe et de groupes d'intérêts au profit d'une action unitaire d'essence révolutionnaire qui sollicite la participation de tous les hommes dont les droits et les responsabilités ne peuvent se mesurer qu'à leur contribution, leur dévouement et leur fidélité dans l'œuvre de rénovation générale assignée à l'action collective et individuelle.

Débordant le cadre des dictatures de classe que traduisent avec plus ou moins de bonheur différents types de régimes, le P.D.G. a délibérément opté pour la seule dictature qui réponde fondamentalement au caractère de sa révolution nationale : **la dictature du peuple** dont l'application est assurée concrètement par l'exercice du centralisme démocratique qui prévaut à tous les niveaux du Parti et de l'appareil d'Etat.

Avec une telle conception « ommunaucratique » et historique de la vie sociale, seul un parti national unique, un parti par conséquent réellement populaire, démocratique et progressiste s'impose comme cadre à l'action multiforme des hommes et dont le contenu sera ce que ceux-ci voudront qu'il soit à chaque phase de leur évolution.

DE LA DEMOCRATIE NATIONALE

En créant un régime de « Démocratie Nationale », le P.D.G. a préféré à la lutte antagoniste des classes et des groupes d'intérêts, l'action unitaire du peuple qui reconvertit en fonction de ses objectifs démocratiques et progressistes toutes les valeurs et les hiérarchies anciennes.

Le peuple peut, sans division arbitraire, exercer effectivement son pouvoir de souveraineté pour défendre et accroître ses acquis, atteindre un plus haut degré de bien-être, édifier des bases plus solides d'équilibre humain.

Pour un tel régime, celui de la véritable démocratie, **celui du parti unique édifié sur la primauté de l'homme et la prééminence des intérêts du peuple,** il n'y a place ni pour les concepts d'inégalité des hommes ou des sexes, ni pour la discrimination de race ou de couleur, ni pour les pratiques de l'exploitation de l'homme par l'homme, ni pour la mystification religieuse ou culturelle et encore moins pour les méthodes démagogiques qui sont l'apanage des démocraties agissant par substitution. Dans un tel régime, l'arbitraire sous toutes ses formes, l'argument de la force, les complexes de supériorité, le paternalisme et, avec eux le règne de l'injustice et de la corruption dans les relations entre les personnes, cessent de régir le comportement social.

Il est entendu que chaque homme a une personnalité dont il a le droit et le devoir de sauvegarder la dignité et les intérêts propres. Mais pour des hommes investis par leurs semblables de la responsabilité et de la mission de conduire toute une collectivité, le suprême devoir est de mériter la confiance placée en eux en incarnant et en défendant avec dévouement et efficacité la cause qui leur est confiée. **Leur première qualité est et restera leur fidélité indéfectible à cette cause.**

La pratique de la responsabilité est la source du progrès pour l'homme et le peuple.

Le peuple guinéen est un peuple responsable qui n'entend aliéner aucune de ses libertés, aucun de ses droits, et c'est pourquoi il ne veut pas qu'un autre Etat, qu'un autre peuple dirige son destin à sa place.

Il n'est pas un peuple mineur et c'est sans aucun complexe qu'il affirme, face à son avenir, son option et les moyens qui lui conviennent pour atteindre ses buts. Il a l'ambition d'être utilement présent dans le monde en tant qu'entité digne du respect de toutes les nations.

Le régime qu'il a institué et qui exprime son **originalité** et sa volonté exclusive autorise et favorise l'utilisation de toutes les richesses que le pays recèle La responsabilité intégrale assumée par le peuple garantit tous les succès, toutes les victoires. **Des hommes peuvent échouer mais jamais un peuple fortement organisé et consciemment guidé vers son bien-être, ne peut échouer.**

Aussi longtemps que l'égalité entre les hommes, la démocratie progressiste dans le choix des programmes d'évolution et la participation libre et consciente des militants resteront les caractéristiques dominantes du Parti unique, notre régime de démocratie nationale se développera, et, avec lui, se multiplieront ses capacités à résoudre les contradictions internes de notre société et à engager le développement national avec maîtrise et compétence, dans la voie d'une évolution harmonieuse et équilibrée, celle d'un dépassement continu.

Les peuples qui connaissent des contradictions plus aiguës, qu'ils considèrent, à tort ou à raison, incompatibles avec l'existence d'une démocratie nationale et d'un parti unique, établissent, de par le monde, d'autres formes d'organisation politique et étatique et recourent à des adaptations empiriques de la démocratie. Selon que la prééminence est accordée aux intérêts d'une famille, d'une classe sociale ou d'un groupe donné, le régime et les conditions d'exercice du pouvoir revêtent divers aspects formels de la démocratie.

Pour les peuples et les Etats qui admettent la pluralité des formations politiques, donc la lutte antagoniste des groupes d'intérêts, **le peuple joue le rôle inactif de force anonyme** par référence à laquelle les nombreux partis justifient seulement leur choix, mais ils ne lui permettent jamais d'opérer lui-même ces choix.

La démocratie n'est, dans de tels Etats et pour de tels régimes, que la conséquence et le résultat de l'opposition des volontés et des intérêts cloisonnés en groupes distincts. Elle y est, non seulement dans ses formes, amputée du caractère populaire qui en est le fondement, mais elle devient aussi l'instrument de la désunion nationale que reflètent la division et les différenciations sociales.

C'est ainsi que le Parti unique et la démocratie nationale apparaissent à ceux-là, partisans de l'opposition classique des partis, comme une aberration, un non-sens, une hypocrisie qui cache son contraire, c'est-à-dire une dictature à vocation personnelle.

Or, si l'intelligence ne qualifie un mouvement de « démocratique » que lorsqu'il se définit négativement par rapport à un ou plusieurs autres mouvements, cela ne revient-il pas à dire que les hommes groupés dans chacun de ces mouvements ne se trouvent pas eux-mêmes dans des rapports démocratiques ?

Non, **la démocratie ne doit pas être définie par ses propriétés et encore moins par une seule de ses propriétés, mais par son essence et sa raison fondamentale en ce qu'elle permet aux hommes, entités individuelles distinctes, de se dépasser, de se confondre et même de se fondre en une réalité supérieure qui ne saurait porter atteinte aux droits et aux intérêts légitimes de ses composantes.**

Par cette définition, la démocratie est à la fois un cadre et un contenu à sauvegarder, et un moyen de perfectionnement, grâce à une rigoureuse et constante adaptation à ses objectifs.

Quand on comprend que la démocratie signifie liberté, égalité, responsabilité de tous pour la réalisation d'objectifs collectifs, l'on ne saurait définir le caractère démocratique d'un parti par sa faculté de s'opposer à un autre parti, sans reconnaître en même temps à celui-ci des caractéristiques fractionnelles et oppositionnelles qui sont en elles-mêmes les effets négatifs de la fonction démocratique.

Bien au contraire, s'il est vrai que les citoyens d'une nation sont égaux, l'on ne saurait tendre à la sauvegarde de la vie et des intérêts des uns, au détriment de la vie et des intérêts des autres, sans conférer à son action une fin injuste et anti-sociale.

Ce n'est donc pas l'opposition pour l'opposition qu'il faut souhaiter ou apprécier, mais la légitimé et la moralité des actes par rapport aux droits et aux aspirations de la société humaine. C'est pour cela que la démocratie nationale et le Parti unique constituent dialectiquement une forme d'organisation sociale, supérieure en efficacité et en utilité sociale, au principe de la pluralité des partis politiques.

Du point de vue historique, du reste, cette dispersion des organisations politiques est moins le résultat d'une philosophie sociale élaborée, à priori, que la prise en considération d'une situation de fait qui caractérise la physionomie des nations en cause que divisent des oppositions d'intérêts, d'aspirations et d'idéaux. Dans ces sociétés organiquement morcelées, le pluralisme politique apparaît ainsi comme une solution de rechange destinée à sauvegarder l'équilibre interne des nations considérées, dont il visait à fonder l'unité à partir de l'instabilité sociale qui les marquait et qui continue d'ailleurs de les marquer.

Ceux qui se font de la démocratie une conception toute formelle, ont pu dire que dans le régime de « démocratie nationale », les pouvoirs du parti étouffent le droit, car pour eux le droit reste le recours suprême, le fondement de toute législation. Pour nous au contraire, **la démocratie nationale fait dériver le droit directement**

des intérêts et de la volonté populaires sans qu'interviennent entre le peuple et l'Etat les multiples cloisonnements et obstacles qui résultent de la séparation des pouvoirs.

En réalité, la séparation des pouvoirs n'a d'autre résultat que de déposséder le peuple de ses prérogatives en faisant prévaloir sur ses intérêts, soit ceux de l'Etat, de l'armée, de la justice, soit, dans la démocratie parlementaire, ceux du parlement. En opposant au pouvoir du peuple souverain les pouvoirs de l'appareil d'Etat, on confisque purement et simplement la souveraineté dont il est le légitime et unique dépositaire. Conscients du fait que la démocratie ne pouvait conserver son contenu progressiste que si elle était effectivement exercée et placée sous le contrôle du peuple, **nous avons renoncé aux formes truquées qui la dénaturent pour lui conserver, sans partage, sa nature populaire** et c'est bien pourquoi nos institutions et notre gouvernement ne souffrent pas de la fragilité et de l'instabilité que connaissent un bon nombre de régimes dans le monde.

Il est bien évident, dans ces conditions, que la « démocratie nationale » doit, conformément à sa nature, déterminer sa doctrine en rapport étroit avec les facultés créatrices du peuple, ses capacités d'action, ses communes et légitimes aspirations, son degré de conscience politique. Ceci exclut que sous le couvert de la démocratie politique, soient imposées au peuple une doctrine et une orientation qu'il n'aurait pas préalablement acceptées et approuvées.

Ainsi, la démocratie nationale est impraticable sans l'existence d'un parti de masse parfaitement organisé et capable de promouvoir la constante qualification politique du peuple.

Il ne s'agit pas de créer un parti fort qui s'impose au peuple, mais de constituer un parti et d'élever un peuple hautement conscient à des responsabilités qui lui permettent de dominer son destin dans le sens d'une évolution historique tournée vers le progrès humain.

Examinons maintenant pourquoi, pour un peuple uni, au sein d'un même et seul parti, les responsables élus librement par les masses populaires peuvent, sans incompatibilité, exercer le rôle dirigeant tant dans le parti que dans l'administration ?

Tout d'abord, l'Etat est une création du peuple qui a pour mission d'être un instrument d'application des règles édictées par la société et un moyen de gestion de son patrimoine.

L'administration obéit à la nature du régime politique et, suivant que celui-ci est la chose d'une minorité, d'une majorité, ou celle du peuple tout entier, elle se comportera en conséquence de telle ou de telle autre manière à l'égard du peuple.

Chaque option fondamentale du peuple a ses propres prolongements, ses propres conséquences heureuses ou malheureuses. L'option d'engager de manière globale l'évolution historique de notre peuple à partir d'une base harmonieuse et équilibrée, fait que le parti national unique, le P.D.G., est devenu en fait le cerveau qui conçoit, le bras qui crée et l'estomac où tous les aliments se fondent en un tout qui fournit la substance nécessaire à la vie. De ce fait, les masses populaires ne fixent qu'un seul et même horizon. De ce fait aussi, **aucun secteur d'activité n'est fermé au regard vigilant du Parti qui doit élaborer la pensée collective,** établir le programme commun, définir la méthodologie pour les diverses activités concourant aux mêmes fins. Dans un tel contexte politique, le responsable des masses est celui qui détient et mérite, par sa fidélité rigoureuse au peuple, la confiance de celui-ci, le droit de participer effectivement à l'action concrète en vue de mieux traduire en réalité de bonheur, les aspirations des masses populaires. Dans un tel contexte, le responsable politique est fondamentalement un homme consciemment engagé pour une cause dont les objectifs populaires sont précis. Il ne joue pas un rôle mesquin d'arbitre entre les parties opposées d'un Etat ou d'une nation, **il est conducteur du véhicule de l'histoire de son pays**, en mouvement sur une voie conduisant à des destinations démocratiquement établies par tout le peuple, toute la nation.

Pourquoi donc dans un tel contexte, les leaders du Parti national n'assumeraient-ils pas un rôle dirigeant au niveau de l'Etat? Autrement dit, pourquoi le parti du peuple ne confierait-il pas les tâches d'orientation, d'exécution et de contrôle à ses responsables les plus sûrs, les plus dévoués, les plus compétents ?

Le concept d'unité populaire, entendu en tant que force active, ne postule-t-il pas en conséquence une volonté de direction unitaire qui ne peut revenir, quels que soient les secteurs considérés, qu'à ceux sur lesquels s'appuie l'unité du peuple, c'est-à-dire aux dirigeants et responsables que le peuple s'est librement choisis ?

Si l'unité du peuple a pour corollaire un parti unique et un Etat unitaire, on ne peut envisager, sans se placer à contre-courant de cette trilogie unitaire globale, d'opposer les pouvoirs du Parti aux pouvoirs de l'Etat en fractionnant les attributions, les compétences et les responsabilités.

Or, qui peut mieux assumer les charges d'exécution de la volonté populaire, sinon ceux que le peuple a choisis pour en assurer la réalisation concrète ?

Nous devons à nouveau souligner que la séparation des pouvoirs entre le Législatif, l'Exécutif et le Judiciaire, le rôle d'arbitre exercé au-dessus des partis politiques par le Chef d'un Etat bourgeois relèvent l'un et l'autre de la conception et du fait de l'existence d'une société marquée par l'antagonisme irréductible d'intérêts de groupes.

Si la théorie de la séparation des pouvoirs de l'Etat, en dehors de sa nature hypocrite, peut bien se justifier en identifiant la fragmentation des pouvoirs de l'Etat les uns par rapport aux autres à une forme de libéralisme qu'il reste à démontrer, elle n'en traduit pas moins l'existence de conflits sociaux profonds qui vident l'unité nationale de son contenu créateur et de son fondement populaire.

Là où l'organisation politique et les réalités économiques et sociales, culturelles et morales postulent l'harmonie et l'équilibre des facteurs, il ne peut plus exister qu'un peuple uni dans sa pensée et son action, uni dans ses aspirations et sa volonté.

Alors, le parti unique, que la volonté populaire impose et que la qualité des rapports humains maintient et renforce, restera le moteur de l'histoire et ses dirigeants comme ses militants demeureront les instruments conscients et actifs de l'histoire du peuple et de la construction de la nation.

Dès lors que le Parti unique groupe l'ensemble du peuple et en dirige les activités sur des bases rationnelles, il se confond avec le peuple, épouse ses aspirations et traduit sa volonté de façon militante.

Si le caractère démocratique de l'Etat ou de son administration se définit essentiellement par la moralité de ses actes, conformes aux intérêts du peuple, celui du

Parti tient à la fois de la fin et de la forme de ses activités par rapport à la volonté librement exprimée par le peuple.

Si l'Etat, à savoir l'ensemble des organes publics d'une nation, demeure un instrument d'évolution pacifique et de gestion du patrimoine commun, le parti, singulièrement un parti populaire unique, reste l'instrument suprême, le moteur décisif de l'évolution du peuple et du développement de son patrimoine.

C'est pour cette raison qu'en Guinée, le P.D.G. est le principal moyen de mobilisation, d'organisation et d'expression populaires.

C'est la même raison qui confère au P.D.G. l'exercice de l'autorité suprême, celle du peuple guinéen, sur tous les secteurs publics d'activité de la nation : les municipalités les conseils généraux, le parlement, l'exécutif, l'armée, et la justice qu'il a rendue humaine, rapide et totalement gratuite.

Aucune institution nationale, régionale ou locale de l'Etat n'échappe au pouvoir d'orientation et de contrôle du Parti.

C'est la raison du Parti, celle de notre peuple plutôt que la raison d'Etat qui prévaut dans le contexte politique guinéen.

C'est donc en tant que peuple organisé que les militants sont égaux au sein du parti et que les citoyens le sont au sein de la nation.

C'est seulement ainsi que la démocratie véritable, c'est-à-dire la pratique courante de la liberté, de l'égalité et de la responsabilité, demeure possible et effective, et c'est là que doit résider et s'exprimer à son profit, le pouvoir du peuple.

Ainsi dans chaque quartier des villes et des villages, l'ensemble de la population est organisé au sein des comités du Parti. Les travailleurs et les coopérateurs sont, par unité de production et par branche professionnelle, regroupés en syndicat ou en coopérative.

Au sein du parti, et intégrées à ses organismes, les sections féminines et de jeunesse participent à toutes les activités militantes et agissent dans le sens de la dynamique révolutionnaire contre toutes les vieilles coutumes, tous les préjugés anachroniques en vue de la promotion complète et rapide des femmes et des jeunes.

A tous les échelons et en chaque citoyen et citoyenne, **le P.D.G. tient à ce que le sens de la responsabilité civique et le niveau de la conscience militante s'élèvent constamment.**

Le P.D.G. qui est l'expression authentique de la volonté et des aspirations de notre peuple, détient et légitime ainsi sa supériorité et sa prééminence sur tous les organismes de l'Etat.

Par ailleurs, pour que le pouvoir du Parti ne reste pas dans le domaine théorique, **les structures de l'Etat guinéen ont été calquées et harmonieusement adaptées aux structures du P.D.G.,** ce qui confère concrètement au comité du village, au comité directeur de la Section, au bureau de la Fédération et au Bureau Politique National, le pouvoir d'actionner et de contrôler respectivement les autorités administratives du village, de l'arrondissement, de la région et de la Nation.

Il faut souligner du reste qu'au niveau du village, la direction du comité P.D.G. assume directement le pouvoir souverain du peuple tout en étant le conseil communal et le tribunal populaire.

Au niveau de l'arrondissement, le comité directeur de la section P.D.G. constitue le conseil d'assesseurs du tribunal dont le président est un magistrat de l'ordre administratif. Les conseillers généraux de la Région sont élus au suffrage universel parmi les membres dirigeants des sections fonctionnant dans la Région, et le Parti fait élire au même suffrage universel les députés de la nation parmi les membres des bureaux de ses fédérations.

La « dépersonnalisation » des fonctions parlementaires nationales ou régionales qui s'impose pour respecter le caractère populaire global des institutions étatiques, est assurée par la collégialité instaurée dans leur fonctionnement, laquelle collégialité est strictement règlée par les principes de même ordre qui prévalent au sein du Parti.

Rien d'étonnant alors que les élus de nos collectivités aux conseils généraux et à l'Assemblée nationale exercent de manière gratuite leurs fonctions législatives tournant ainsi dignement le dos au parlementarisme classique et à ses prérogatives négatives.

D'ailleurs, quand le contexte politique d'unité populaire exclut toute propagande personnelle, toute profession de foi individuelle, tout achat des consciences et tout « électoralisme », quelle autre autorité morale, quelle signification politique peut revêtir l'homme qui irait à contre-courant de la volonté populaire ?

Rien de surprenant non plus que conseillers généraux et députés ne puissent faire campagne en leur nom, rendre compte pour eux-mêmes de leur mandat, avoir une activité publique propre, mais sont au contraire tenus d'être constamment les porte-paroles du Parti et des populations auxquelles ils s'identifient et derrière lesquelles s'effacent leur individualité et les intérêts particuliers qui s'y rattachent, ne conservant à titre personnel et individuel que la responsabilité de leur comportement dont ils répondent à tout instant devant les instances du Parti.

Pour le P.D.G., le Chef de l'Etat, les ministres, les députés ne représentent historiquement rien s'ils ne s'identifient pas fidèlement au peuple qui les a choisis aux fins de le représenter, d'exprimer ses préoccupations et de décider exclusivement en son nom des actes conformes à ses intérêts permanents.

L'assemblée générale de chacun des 8.000 comités de base du Parti se tient au moins une fois par semaine et peut se saisir, en vue de décisions après débats démocratiques, de toutes les questions intéressant le village. Indépendamment des réunions hebdomadaires, de leurs directions respectives, la section, dans chacun des 175 arrondissements, la fédération dans chacune des 29 Régions, et le Bureau Politique National du P.D.G. organisent, entre leurs congrès, des sessions semestrielles réunissant tous les cadres politiques des échelons directement inférieurs, en vue de faire le compte rendu public de leurs activités, de procéder à la critique et à l'autocritique de leur action, de discuter, d'adapter ou d'établir leur programme de travail et cela, avec la participation effective des responsables des divers services de l'Etat, des syndicats ouvriers et de l'armée populaire fonctionnant dans le ressort de leur compétence.

Mais si tous ces cadres réunis peuvent apporter leur contribution aux débats, ce sont les élus du peuple, chargés de la responsabilité politique qui, seuls, peuvent prendre les décisions engageant le P.D.G. et la collectivité du village, de l'arrondissement, de la Région ou de la Nation.

L'important, ici, est que l'examen de tous les problèmes de politique économique, sociale, culturelle, s'effectue publiquement, avec la participation de tous ceux à qui, au titre du Parti National ou de l'Etat, ont été confiées des responsabilités dans la conduite des affaires de nos collectivités.

Cette unicité fonctionnelle du parti et de tous ses organes d'exécution : le Législatif, l'Exécutif et le Judiciaire permet une étude complète des problèmes conditionnant l'évolution du peuple, par le fait que chaque secteur fait apport de sa technicité particulière en vue de mieux comprendre et de dominer les différents aspects des problèmes que la communauté sociale doit résoudre.

L'armée n'échappe pas à l'action du Parti, car chaque camp militaire constitue un comité du P.D.G. dont les membres sont les militaires et leurs familles.

L'armée populaire, qui renonce à l'esprit de conquête et à toute mission répressive anti-populaire, est un secteur de formation civique et professionnelle des citoyens et des citoyennes. Son programme d'activités est complètement inséré dans celui du développement économique et social du peuple rivalisant d'ardeur et de dévouement dans l'œuvre de construction d'une nation prospère et heureuse.

Il en est de même des établissements scolaires d'internat où les élèves élisent leur direction et reçoivent les directives du Mouvement de la Jeunesse de la Révolution Démocratique Africaine (J.R.D.A.).

Le Parti, ses dirigeants et ses militants sont ainsi, grâce à l'organisation systématique et rationnelle de l'ensemble des activités populaires, au centre de tout ce qui se conçoit, se discute, se décide et se réalise relativement au développement économique, social et culturel du peuple guinéen. De même et pour les mêmes raisons, le peuple guinéen se trouve au centre des rapports de coopération internationale avec les peuples qui lui sont associés.

Bien que le P.D.G. cumule ainsi toutes les compétences, tous les attributs du pouvoir national, toutes les fonctions publiques, il interdit que ses dirigeants et ses élus cumulent des fonctions superposées afin d'assurer efficacement une plus juste répartition des responsabilités militantes entre les citoyens guinéens. C'est ainsi que le ministre et le gouverneur de Région ne peuvent assumer les fonctions de député, de conseiller général ou de maire, de même qu'aucun responsable du Parti ou du syndicat ne peut appartenir à la fois à deux instances de la même hiérarchie.

Par ailleurs, la continuité de la direction des appareils du Parti est garantie par l'existence de critères sélectifs pour l'élection des membres des différents organismes dirigeants :

— 3 années de vie militante sont nécessaires pour pouvoir appartenir à la direction d'un comité de base ;

— 5 années de vie militante sont nécessaires pour pouvoir devenir membre d'un comité directeur de section ;

— Il faut être obligatoirement membre de comité directeur de section ou de bureau fédéral pour pouvoir être élu respectivement au bureau de la fédération ou au Bureau Politique National du Parti.

Ces critères enlèvent systématiquement toute possibilité aux aventuriers, aux démagogues, aux réactionnaires et aux opportunistes de s'emparer, à quelque niveau que ce soit, de la direction du Parti.

Une autre garantie non moins importante de la stabilité et de la continuité politiques du régime guinéen résulte de l'application de l'Art. 27 de la Constitution de la République qui stipule : que «aucun membre du gouvernement ne peut exercer, à titre privé, une activité professionnelle ou lucrative ».

La solide implantation du P.D.G. dans les réalités guinéennes, grâce à une structure et à des méthodes d'action de la lutte populaire pour le progrès, favorise l'ordre et la discipline qui ne cessent de caractériser les puissantes manifestations de vitalité de nos masses, témoignant plus éloquemment du caractère de libre consentement des militants à se conformer aux principes et aux règles définis par le Parti.

Les meetings, les défilés, les assemblées périodiques n'ont besoin ni de gendarmes, ni de police autre que celle organisée avec vigilance par chaque militant ou militante, tant sur lui-même que sur ses voisins.

La repersonnalisation des peuples et des Etats africains exige non seulement la décolonisation de leurs structures et de leurs mentalités, mais aussi la « désoccidentalisation » de leur comportement et de leurs relations internationales.

Cela implique le nécessaire retour à l'Afrique, à ses valeurs et à ses richesses, c'est-à-dire la totale insertion des activités de tous les Africains — notamment ceux qui ont subi une déformation culturelle ou une intoxication intellectuelle — aux réalités de leur peuple.

L'expérience guinéenne nous permet d'affirmer que la lutte contre l'impérialisme et le colonialisme ne peut être efficacement menée sans que, conjointement, nos peuples ne mènent cette autre lutte combien importante la réhabilitation, qu'est la revalorisation des cultures originelles auxquelles ils sont d'ailleurs, dans leur immense majorité, plus sensibles et plus attachés.

Parler de culture, c'est s'intéresser à toutes les formes d'expression, à tous les fondements d'une morale collective, à toutes les règles établies par une société donnée en vue d'assurer la nécessaire coordination des activités et des intérêts des hommes qu'elle groupe. Parler de culture, c'est par conséquent définir à la fois le fondement matériel et moral et les formes d'expression ou d'affirmation de l'ensemble des acquis historiques d'un peuple.

Certes, parmi toutes les richesses culturelles, il en est, telle que la langue, qui jouent un rôle prépondérant dans la compréhension des hommes et dans la communication de la pensée. L'Afrique dans son développement ne peut et ne doit pas sous-estimer la nécessité qu'éprouvent ses peuples à user de leurs propres langues, à les enrichir constamment pour qu'elles soient à même d'exprimer avec exactitude toutes les nuances de leurs pensées tant sous la forme parlée qu'écrite.

Quand le P.D.G., au niveau de toutes les assemblées populaires, fait obligation de l'usage de la langue nationale, c'est non seulement pour permettre au peuple de comprendre toutes les interventions mais aussi et surtout pour favoriser le perfectionnement constant de cette langue. C'est le lieu d'affirmer que la démocratie nationale ne peut se maintenir et se développer sur des éléments étrangers aux intérêts, aux habitudes et à la culture de la Nation.

Le mode de fonctionnement du P.D.G., fondé à la fois sur sa polyvalence et sur la responsabilité précise et individuelle partagée par ses membres, confère à son action générale un caractère parfaitement adapté aux exigences du développement constant des bases matérielles, politiques et morales du régime guinéen, qui est celui d'une démocratie nationale reposant sur la **dictature démocratique du peuple.**

DE LA DICTATURE DEMOCRATIQUE ET POPULAIRE

C'est en partant du principe fondamental sur lequel repose notre option politique et selon lequel **tout part du peuple pour aboutir au peuple** que le Parti Démocratique de Guinée, instrument de l'indépendance nationale, a fondé le régime de l'Etat.

Si notre constitution définit les différents principes qui régissent la République, les règles de fonctionnement de l'Etat et les caractéristiques de ses institutions, il reste que la prééminence politique, en tant qu'expression directe de la souveraineté populaire, s'exerce constamment aux différents niveaux de l'appareil d'Etat et imprime au régime sa nature propre.

Ce n'est pas assez de dire que la Guinée est une République, car nous voyons bien, autour de nous, la multiplicité des régimes qui, pour gouverner, procédent structurellement de la forme républicaine. Cela est si vrai que de nombreux Etats ont recours à des dénominations plus précises exprimant à la fois le caractère et la personnalité politiques de leur régime, indépendamment de la forme républicaine qui le modèle. Entre les Républiques bourgeoises fondées sur le régime capitaliste et les Républiques socialistes fondées sur la dictature du prolétariat, il reste des formes de gouvernement aux aspects démocratiques et dont la particutarité est d'évoluer harmonieusement, tant il est vrai qu'un régime, quel qu'il soit, ne saurait être considéré comme le modèle achevé et l'image parfaite de l'organisation sociale. En juger autrement, conduirait à nier les capacités créatrices et transformatrices qui conditionnent le progrès des sociétés humaines.

Si les conditions sociales spécifiques à la plupart des pays africains et en particulier à la Guinée permettent de faire de l'Etat l'instrument de gestion du bien public et le garant de la laïcité dans la nation (par opposition aux Etats monarchiques, féodaux, oligarchiques ou théocratiques) elles imposent l'institution dans le cadre ainsi défini, d'un régime qui réponde tout à la fois à nos réalités et à nos aspirations.

Dépourvue d'une bourgoisie capitaliste développée, ayant liquidé la propriété foncière dans sa forme réactionnaire et rétrograde, possédant à peine un embryon de classe ouvrière dont les intérêts immédiats n'étaient pas en étroite harmonie avec les intérêts fondamentaux des masses laborieuses paysannes (dont la quasi totalité, en tant que producteurs agricoles indépendants, était privée des avantages, même dérisoires, attachés au régime salarial), la Nation guinéenne s'est trouvée placée devant un choix d'autant plus important qu'il était appelé à déterminer les capacités de notre pays à surmonter les difficultés de tous ordres et de toute nature qui découlaient de notre option historique du 28 septembre 1958 et de l'acharnement que les forces néo-colonialistes lui opposèrent afin que son indépendance se soldât par un «retentissant échec».

Aussi, les conditions dans lesquelles nous avons reconquis notre indépendance et les conséquences que notre liberté impliquait pour l'avenir de l'impérialisme en Afrique, nous interdisaient-elles de nous engager dans une voie susceptible de compromettre tant les conquêtes obtenues par la lutte politique de notre peuple que le principal fondement de son évolution : **l'indépendance nationale.**

Si la mutation positive qui fit passer la Guinée du statut colonial à l'indépendance pleine et entière a résulté de l'unité politique qui s'est manifestée dans le combat contre la domination coloniale, cette unité ne pouvait suppléer à l'absence d'une conscience nationale que soixante années de domination coloniale fondée sur la division entretenue au sein du peuple et les morcellements administratifs avaient empêché d'éclore et de se développer.

Bien que plus riche dans sa signification historique, l'unité politique ne pouvait cependant pas être bâtie sur un réflexe national qui la consolidât, encore qu'elle l'ait suscitée puisque c'est à elle qu'était dévolue la tâche d'édifier la Nation avec, pour seule base, un Etat juridiquement constitué mais historiquement désincarné. Processus inverse de ce qui s'était réalisé dans les pays de vieille souveraineté, **l'Etat ne résultait pas, en Guinée de l'organisation de la Nation mais c'était au contraire la Nation qui devait être bâtie à partir de l'Etat.**

Parmi les régimes des pays qui existaient autour de nous lequel pouvait répondre le mieux aux impératifs de la situation guinéenne telle qu'elle se présentait au premier jour de l'indépendance nationale ? En considérant cette situation dans son aspect tout à la fois global et singulier et en retenant le fait qu'elle constituait pour nous une expérience consciente qui nous permettait d'impulser une évolution dynamique, transformatrice des conditions d'existence de notre peuple, nous devons reconnaitre qu'aucun des régimes jusqu'ici instaurés dans le monde ne convenait à notre pays.

Le mérite de notre Parti, c'est d'avoir fait un choix qui tenait moins compte des exemples existants que des réalités objectives et subjectives avec lesquelles notre peuple était et continue d'être confronté, c'est d'avoir conservé à l'indépendance son caractère de moyen en évitant de la considérer comme une fin, c'est d'avoir placé les idées toutes faites et les philosophies politiques alors en vogue, non pas avant les faits mais derrière eux, pour qu'elles leur soient subordonnées ; son mérite enfin est d'avoir conservé intact le principe fondamental du Parti : **tout par le peuple et pour le peuple** Ceci appelait la définition d'un régime qui devait être à la fois l'œuvre et le bien du peuple, sa création et sa propriété, son instrument et son objet.

Depuis que la Guinée s'est dotée d'un régime se distinguant de tous les autres, moins par souci d'originalité que par volonté consciente d'efficacité, on a pu parler de « démocratie nationale » et reconnaitre à ce nouveau concept politique un bien-fondé historique et une justification sociale qui relèvent de conditions particulières propres aux pays ayant subi la domination coloniale.

Mais si cette prise en considération de la « démocratie nationale », assortie de nombreuses réticences, admet que les peuples libérés du joug colonial échappent aux données classiques de l'évolution historique des sociétés, telle qu'elle s'est accomplie et a été appréciée jusqu'à nos jours, dans la mesure où il appartient à ces peuples de résoudre, en matière de développement, de façon appropriée, les problèmes spécifiques engendrés ou aggravés par la colonisation, — elle-même insuffisamment étudiée sinon négligée par l'analyse classique de l'évolution des sociétés — la voie nouvelle dans laquelle ils doivent s'engager reste généralement mal comprise et incorrectement interprêtée.

En effet, sans vouloir nous définir négativement par

rapport aux diverses familles idéologiques qui prévalent dans les vieux Etats indépendants, nous pouvons affirmer qu'avant l'ère de l'indépendance africaine qui permettra et achèvera de réaliser dans cette décade même l'éclosion et l'épanouissement d'une nouvelle personnalité politico-sociale caractérisée par des conceptions et des formes d'organisation nouvelles et appropriées, la philosophie sociale n'avait procédé à aucune étude complète ni du processus de transformation qualitative des structures et des mentalités des peuples colonisés, ni de la méthodologie d'action susceptible d'assurer en un minimum de temps et avec le maximum d'efficacité la totale reconversion des structures et de l'héritage matériel et culturel légué par la colonisation.

La pensée et les esprits réactionnaires favorables à la colonisation n'ont rien apporté à la **compréhension des problèmes qui résultent de la domination et de la mainmise étrangères**, sinon des concepts uniquement basés sur la prétendue « fatalité » qui légitimait, selon eux, la nécessaire domination d'une race par une autre, ou encore la prétendue mission civilisatrice de la « race élue » auprès des peuples dits arriérés. L'Histoire ayant fait justice de ces sortes d'aberration qui ne cachaient en fait que des intentions inavouables et sordides, il nous revient également de préciser que les régimes qui ont eu le mérite de refuser et de dénoncer la domination étrangère n'ont, eux aussi, apporté qu'une contribution partielle à l'étude des problèmes coloniaux.

En effet, les thèses du marxisme s'appliquant à la situation coloniale ont été plutôt axées, d'un point de vue qui apparaît aujourd'hui plus tactique que fondamental, sur la possible alliance des peuples colonisés avec les partis communistes et ouvriers en lutte contre l'impérialisme.

De la sorte, la véritable vocation historique et les perspectives d'avenir des pays et des peuples coloniaux n'ont jamais pu être envisagées dans leur développement indépendant.

D'ailleurs, faut-il rappeler que pendant très longtemps, les Partis Communistes et Socialistes des pays colonisateurs, consciemment ou non, pris dans l'engrenage des structures et des réalités impérialistes, à travers leurs «sections coloniales» subordonnaient l'émancipation des peuples coloniaux à leur propre victoire politique, la lutte de nos peuples leur apparaissant ainsi comme une force d'appoint à leur lutte nationale? Ne percevant pas qu'à l'ère de l'impérialisme le centre de gravité de la lutte émancipatrice sur le plan international se situe chez les peuples colonisés et dans les pays sous-développés, ces partis ont escamoté, d'une façon coupable l'analyse scientifique complète des conditions historiques objectives dans lesquelles notre lutte et la leur devaient être conduites.

Cette démission idéologique et intellectuelle a été à l'origine de l'incompréhension qui a caractérisé, pendant la lutte de libération, nos rapports avec les partis communistes ou socialistes des pays d'Europe. La contradiction qu'elle a engendrée ne pourra être surmontée que si les doctrines dont ils se réclament se revivifient à l'air de la philosophie sociale et politique enrichie dont font apport aujourd'hui les peuples d'Afrique et d'Asie à la pensée révolutionnaire universelle.

Par delà les rapports sociaux de production créés dans les colonies par les puissances étrangères, la colonisation a délibérément imposé à toutes les couches sociales la même oppression, la même indignité, les confondant dans le même opprobre. Les différenciations économiques elles-mêmes qui furent introduites par l'impérialisme s'effacent devant cette réalité fondamentale, à savoir que le colonialisme égalise les diverses couches quant à leur personnalité, leur dignité et leur responsabilité qui leur sont déniées mais qui heureusement ont constitué le fondement de l'unité nationale de nos futurs Etats. Les mouvements sociaux, l'instabilité sociale constatés dans les pays africains devraient donc, de ce fait, être jugés plus comme des séquelles de la domination coloniale que comme les ressorts d'un mouvement propre à l'évolution interne de nos sociétés. Cela explique les raisons pour lesquelles l'Unité nationale, dans nos pays, doit être à la base de la révolution nouvelle qu'elle doit impulser en fonction des objectifs et des aspirations communs à nos peuples. Cela explique aussi la nécessité de fondre nos énergies et nos communes volontés dans le creuset d'un régime de démocratie nationale qui n'exclut, à priori, personne dans le partage des responsabilités qu'impose la conduite des destinées de nos jeunes nations.

Dans cet ordre d'idées, les nombreuses critiques qui nous ont été adressées de part et d'autre résultent d'une sous-estimation évidente de nos capacités créatrices, aggravée tantôt par une interprétation erronée de la signification historique qui s'attache à l'indépendance réelle des peuples africains, tantôt par le paternalisme persistant des politiciens étrangers qui croient détenir seuls, la Vérité et les capacités d'analyse et d'orientation de l'action historique des peuples du monde.

Avec les progrès considérables réalisés au cours des deux dernières décennies par les peuples d'Afrique, d'Asie et d'Amérique Latine dans leur lutte courageuse contre l'impérialisme et pour leur développement autonome, nous pouvons affirmer, sans crainte d'être démentis, que ceux-ci ont puissamment contribué à la modification des rapports de force tant en faveur du mouvement international pour le progrès social, la démocratie et la paix, qu'en faveur de la victoire politique des partis et des mouvements progressistes à l'intérieur des Etats colonisateurs ou réactionnaires.

L'Asie et l'Afrique comme tous les autres pays sous-développés ou dépendants, en se libérant totalement du joug de la domination étrangère, de l'emprise économique, militaire et culturelle des systèmes d'exploitation, **ont apporté plus de liberté et plus de capacité créatrices de bien-être et de dignité aux peuples qui subissent, à l'intérieur de leur nation et du fait de leur bourgeoisie,** le poids de l'injustice économique et de l'oppression sociale engendrées par la domination d'une classe exploiteuse. Mais la volonté que nous manifestons de fonder, sur le continent africain, des nations dont les intérêts des peuples constituants seraient solidaires et non antagonistes, devrait également inspirer l'action des classes exploitées des pays impérialistes. **Notre révolution est la leur comme leur révolution est la nôtre** en ce sens qu'elle affaiblit la puissance des pays qui entendent continuer de nous asservir. L'on comprend mieux ainsi pourquoi ce n'est pas dans le cadre étroit de la Guinée que notre Parti a pensé le régime guinéen : il l'a pensé dans les perspectives d'une évolution historique dynamique de toute l'Afrique, laquelle impose que soit également repensée, avec réalisme, intelligence et courage, la structuration géo-politique de notre continent, afin que nous puissions valablement résoudre, sur la base d'une philosophie politique consacrée au bonheur de l'homme, les problèmes extrêmement ardus d'un rapide développement économique qui conditionne la promotion sociale de nos peuples.

Mais le choix d'une voie spécifique supposait l'existence d'une personnalité qu'il fallait faire surgir en dépit des méfaits de l'aliénation sociale et psychologique liée à soixante années de domination étrangère, Fallait-il encore créer une force authentique non seulement dégagée de toute tutelle et de toute influence étrangères, mais encore suffisamment puissante pour réaliser le bond en avant qui caractérise la révolution et opérer rapidement la refonte fondamentale des structures et la reconversion des mentalités.

Inscrite dans le programme du P.D.G. (et il n'est pour s'en convaincre que de reprendre les résolutions des 3e et 4e Congrès tenus à Conakry avant l'indépendance en janvier et juin 1958) l'action que nous avons menée dans le domaine syndical, notamment pour la création de l'Union Générale des Travailleurs d'Afrique Noire (U.G.T.A.N), et d'une manière plus pratique l'utilisation que nous avons faite de la loi-cadre ont permis à notre Parti de se convaincre de la valeur que revêtaient les principes politiques de la « démocratie nationale » dont le fondement reste **l'unité consciente du peuple :** unité d'action, unité de pensée, unité d'engagement et de mobilisation qui devaient tout à la fois concourir à asseoir l'unité nationale tant sur le plan de la personnalité physique et morale du peuple que sur celui d'une solidarité réelle susceptible de réduire les antagonismes secondaires et les oppositions irrationelles qui divisent toute société.

En fonction du caractère spécifiquement africain qui singularisait notre option, le nationalisme étroit et chauvin devait être rigoureusement combattu ; c'est pourquoi l'unité de notre peuple ne pouvait reposer que sur une action politique commune définie et conduite par le peuple lui-même, grâce à une organisation de masse continuellement renforcée, donnant aux populations le loisir de s'exprimer le plus librement et le plus fréquemment possible par la confrontation des idées et l'analyse des situations sur des choix qui soient constamment conformes à leurs intérêts et à leurs aspirations.

Toutefois, la « démocratie nationale » n'est qu'un cadre qui ne nous parait pas seulement rationnel parce qu'il ne se définit pas par un passage arbitraire d'une forme sociale à une autre forme sociale, mais bien parce qu'elle repose sur une claire conscience de nos responsabilités et la confiance absolue que nous faisons au peuple. Ce cadre politique cerne et englobe le peuple tout entier, sa personnalité et l'ensemble de ses capacités créatrices. Mais en faisant preuve de capacités créatrices il nous faut faire la part des choses et tenir compte du fait qu'un voleur, un bandit, peuvent posséder, eux aussi, des capacités créatrices qu'ils utilisent à des fins négatives et anti-sociales ; de même l'exploiteur comme l'exploité possèdent des capacités créatrices. Aussi, lorsqu'on reconnait des capacités créatrices au niveau d'un ensemble d'hommes faut-il en déterminer la nature et procéder à un choix conforme aux intérêts du groupe humain concerné.

Quels sont donc les principes sur lesquels repose la « démocratie nationale » ?

D'abord le principe de **l'unité du peuple réalisée sur la base des aspirations communes et des intérêts fondamentaux propres à l'ensemble social. Ensuite, à partir de cette plate-forme qui en constitue le fondement, s'impose la nécessité d'organiser cette unité en force motrice, en puissance d'action ayant pour rôle de devenir un instrument efficace destiné à renforcer les facteurs**

d'unité du peuple afin de servir effectivement ses intérêts. Il ne s'agit donc pas ici d'une unité qui sacrifie l'homme à ses fins, d'une unité considérée comme un objectif absolu, mais de l'unité conçue en tant que moyen au service du peuple et de l'homme.

Ceci pose les principes de base de l'organisation de l'unité populaire : **liberté et égalité de tous au sein de l'organisation constituée ou à constituer pour tout ce qui concerne les principes de fonctionnement, et du centralisme démocratique, pour tout ce qui concerne les principes d'exécution des décisions arrêtées.**

Ceci pose également les conditions compatibles avec les transformations du milieu social, l'amélioration voulue de ses rapports économiques grâce à la mutation du « négatif » vers le « positif », c'est-à-dire la correction à apporter aux attitudes politiques répréhensibles, aux comportements économiques négatifs en même temps qu'à l'idéologie qui les exprime.

En effet, un parti qui groupe le commerçant, l'industriel, le planteur et leurs employés, ouvriers et clients, un parti qui unit en son sein les ministres, les gouverneurs, les directeurs des services et des entreprises ainsi que les agents placés sous leur autorité professionnelle, un parti qui groupe toutes les classes, toutes les couches sociales, bref tout le monde, ne peut efficacement agir dans le sens du progrès, s'il n'élabore pas un programme qui exprime non seulement les préoccupations essentielles et les aspirations justes de l'ensemble de ces classes et couches sociales, mais suscite aussi l'action concrète de cet ensemble en vue d'atteindre une nouvelle réalité qui réduise et supprime finalement les contradictions et les différenciations arbitraires qui sont le lot des hommes solidairement unis.

L'on sait qu'il n'y a pas de **juste milieu** entre la liberté et l'esclavage, entre la démocratie et l'inégalité, entre le vrai et le faux. Tout est question de mesure, donc de relativité.

La nécessité s'impose ainsi de **définir le sens du progrès général,** les moyens d'atteindre ce progrès et les conditions qui renforcent l'unité populaire de plus en plus puissamment afin d'éviter que le « démocratisme et le libéralisme » se substituent à la Révolution.

Notre conception de l'égalité absolue entre les hommes et entre les nations débouche sur le respect de l'intégrité territoriale et le respect de leurs institutions propres. Il ne peut exister d'association valable et durable que celle qui est librement consentie, association qui repose sur le respect de cette égalité et de la franche et sincère solidarité entre les associés.

En considérant à la fois l'égalité de tous les citoyens d'une même nation et la personnalité et les droits propres de cette nation, **il ne saurait être admis de groupes** religieux ou ethniques qui disposent d'une personnalité propre. C'est pourquoi les nombreuses références aux droits politiques que l'on reconnaîtrait à des minorités nationales ne sauraient avoir une justification ou un fondement démocratique. Nous affirmons quant à nous que dans une même nation, la diversité des cultures, des folklores ou des conditions climatiques ne sauraient déterminer valablement et rationnellement des cloisonnements politiques.

En Guinée, une profonde décentralisation politique et administrative basée, non sur les réalités religieuses, tribales ou ethniques, mais sur les données géographiques, démographiques et économiques permet la participation effective de tous les citoyens et de toutes les citoyennes, égaux en droits et en devoirs, à la lutte du Parti et aux activités de l'Etat.

Si nous analysons rapidement, ici, le principe d'unité en tant que moyen d'action donné au peuple et à l'homme, nous constatons qu'il renferme sa propre contradiction.

Comment, en effet, concilier l'unité du peuple avec la diversité des individus ? Il n'est pas besoin de s'enfermer longtemps dans ce dilemme, il importe simplement de conserver à l'unité son caractère d'instrument social pour situer tout à la fois les limites de la liberté individuelle et celles de l'action unitaire. En réalité, la contradiction que nous rencontrons ici est inhérente à la société elle-même, car si cette dernière est indispensable à la vie de l'homme et lui impose des obligations, donc une limitation de sa liberté, elle le libère par contre de toutes les contraintes que font peser sur lui les forces de la nature, en rendant possible le parfait épanouissement de sa personnalité, de ses capacités et de ses facultés. Aux interminables querelles byzantines qui s'établissent autour de la notion de liberté, nous devons substituer une conception réaliste de l'homme social, — c'est-à-dire de l'**homme lié à la société par le pacte de vie,** — non pas l'homme singulier, mais l'élément et le produit de la société.

Il est évident que certaines conceptions ayant trait à l'individu recouvrent une volonté délibérée d'asservissement et d'exploitation de l'homme par l'homme.

L'homme en tant qu'unité biologique ne possède des chances d'un meilleur développement de son être que dans son association avec d'autres hommes, ce qui accroît, par voie de multiplication, ses facultés et ses capacités ; **il n'est pour lui d'autre possibilité d'évolution**

que dans la socialisation qu'il doit réaliser avec ses semblables.

C'est pourquoi, la « démocratie nationale », en dehors des principes de liberté et d'égalité de tous au sein de l'organisation commune et en dehors du respect du centralisme démocratique, postule également la sauvegarde de la liberté de l'individu et celle de la société conformément aux intérêts solidaires du peuple et à la satisfaction de ses communes aspirations. Cette évolution bien dirigée débouche sur la transformation qualitative des données de notre existence à laquelle elle assigne des objectifs de progrès dont elle assume en même temps la réalisation. Cette évolution qui est révolution n'est possible que si le peuple, pleinement et clairement conscient de la nécessité d'assurer son propre développement dans tous les domaines de l'activité humaine, en manifeste la volonté de réalisation. Etant au centre de toutes les activités politiques, économiques, sociales, culturelles et même spirituelles — puisque aussi bien les musulmans élisent démocratiquement leurs Imams et que l'Eglise catholique de Guinée a su exiger qu'on la confie à un Archevêque africain — le Parti devient-il ainsi la grande Ecole de la vie qui éduque l'ensemble du peuple et dispense, de manière permanente, les connaissances et les expériences à tous ses militants en vue d'une meilleure qualification des individus et de la collectivité. A la base de la « démocratie nationale » il y a donc **l'unité populaire et consciente des masses organisées.**

Mais l'exigence d'unité politique, inhérente aux conditions spécifiques qui sont les nôtres, comporte ses propres impératifs. C'est ainsi, principalement, **qu'en tant que fondement de l'unité, le fait politique doit dominer, sans exception, tous les aspects de la vie natio-**

nale jusques et y compris l'appareil de l'Etat dont les activités doivent lui être continuellement subordonnées. Il s'en suit qu'en Guinée, il n'y a pas de pouvoirs séparés, l'ensemble est concentré dans les mains du peuple ; c'est ainsi que s'agissant (par exemple) du législatif, les projets de loi sont d'abord discutés en Congrès et en Conseil national de la Révolution par les véritables dirigeants du peuple. Ce sont ces instances qui déterminent la moralité des actes législatifs que le Parlement a seulement pour vocation de mettre en forme. Il en est de même pour le gouvernement dont le rôle consiste à appliquer, dans le domaine de l'exécutif, les décisions arrêtées par les Congrès et les sessions périodiques du Conseil National de la Révolution. Toutes ces activités sont suivies par le Bureau Politique National qui reste, entre le Congrès et le Conseil National de la Révolution, l'instance suprême du Parti. Par ailleurs, contrairement aux règles en usage dans d'autres Etats, en matière de planification, c'est le Parti qui décide, en Guinée, et de l'orientation et du programme des Plans de développement économique et social.

Nous avons vu plus haut que les antagonismes sociaux, compte tenu de la paupérisation qui affecte les populations, compte tenu également de l'inexistence d'une bourgeoisie nationale exploiteuse, n'avaient qu'un caractère secondaire face aux contradictions globales résultant de l'aliénation coloniale. Quelles que soient les différenciations qui caractérisent les principales couches de la société, chacune d'elles est directement intéressée par les problèmes qui concernent l'édification de la Nation et son développement. Toutes ces couches lui sont étroitement associées par le fait que les principaux problèmes particuliers qui se posent à chacune d'elles ne peuvent être résolus valablement que dans le cadre de la nation. Ceci explique que nos contradictions sociales soient fondamentalement différentes de celles qui existent dans les pays hautement développés et ne peuvent être surmontées qu'à travers les transformations sociales qui résulteront de l'élargissement des bases matérielles de l'évolution de notre société. Il en est également ainsi des contradictions qui existent entre vieux et jeunes, entre hommes et femmes, contradictions qui sont d'ailleurs plus accusées que celles, rarement antagonistes, qui peuvent exister entre l'ouvrier et le paysan, l'employé et l'artisan, le commerçant et le consommateur.

Si d'autres sociétés sont structurées en classes sociales plus ou moins antagonistes en fonction des régimes dont elles relèvent, en Afrique, la structuration la plus forte se traduit en termes de générations, ce qui est le propre des sociétés de type « communaucratique » ou collectiviste.

En sorte que c'est seulement au sein d'un parti de masses parfaitement homogène et largement démocratisé que peuvent naître les phénomènes d'osmose indispensables à l'appréciation et à la réduction des antagonismes qui caractérisent les générations anciennes et nouvelles et que peut ainsi être dégagée une voie non pas médiane, mais acceptable par tous, c'est-à-dire qui réponde aux intérêts et aux aspirations de tous.

L'Unité consciente du peuple se traduit ici, à travers la pratique démocratique, en unanimité de décision et d'action.

Ce qui à nos yeux revêt plus de prix que la définition que nous donnons à notre régime, c'est son contenu, sa nature réelle, la qualité sociale qu'il exprime, la valeur humaine qu'il recèle.

Loin d'escamoter la pratique de cette forme de démocratie soit en en limitant l'exercice, soit en lui retirant toute efficacité réelle, nous entendons que la démocratie nationale restitue à la pratique sociale sa nature populaire et son utilité effective afin qu'elle devienne une force créatrice de progrès mise intégralement au service de l'homme et du peuple. **L'on comprend dès lors que nous nous soyons refusés à institutionaliser le Parti unique, les lois étant faites pour le peuple et non le peuple pour les lois.**

Donner un caractère juridique à l'action du P.D.G. aboutirait, en la subordonnant à la loi, non seulement à priver notre Parti de la prééminence qu'il exerce sur l'ensemble des activités de la nation, mais également à lui retirer sa vocation populaire et son efficacité pratique. Il n'appartient pas à l'Etat d'assumer la responsabilité du Parti, mais bien au contraire, c'est au Parti que revient la fonction de diriger l'Etat selon les intérêts et la volonté du peuple.

Puisque cet objectif est au centre des préoccupations du Parti, est-il nécessaire, en lui conférant force de loi, de le prémunir contre lui-même et contre une possible désaffection de nos masses militantes ? En effet, **c'est au peuple en dernier ressort que doit rester le dernier mot ; c'est le peuple qui doit, si besoin est, triompher de son Parti, au cas où il ne mériterait plus sa confiance.**

Pour les jeunes Etats et les pays en voie de développement, la dictature démocratique et populaire demeure a la fois **un moyen pratique et une force politique** parfaitement capables d'assurer l'accélération du processus de transformation qualitative du peuple. Par elle, les divisions, les oppositions fondamentales entre les classes ou les couches sociales, revêtiront de plus en plus un caractère mineur jusqu'à leur élimination définitive; grâce à elle, l'intérêt général deviendra la boussole des activités économiques alors que la volonté de progrès qui s'empare du peuple restera le facteur décisif de sa mobilisation permanente dans le travail créateur de bonheur humain. Que de vieux Etats économiquement et politiquement puissants, socialement et culturellement évolués, se payent le luxe de la division, cela ne peut que freiner leur marche vers le « mieux-être » mais que des jeunes Etats politiquement et économiquement fragiles, socialement et culturellement non-développés, préfèrent la division stérilisante à l'unité féconde, voilà l'indice de l'inconscience, la preuve de l'incapacité de consolider les bases de l'indépendance politique et économique et assurer la promotion sociale et culturelle rapide du peuple. Pour que toute entreprise collective puisse réussir, il lui faut l'unité de direction, l'unité d'action, l'unité d'objectifs, une foi, une continuité, une discipline....

Pour liquider les séquelles de l'ancienne domination coloniale, empêcher le néo-colonialisme de se substituer au colonialisme, barrer la route aux féodalités financières, coutumières et bureaucratiques il faut réaliser l'unité populaire au niveau de chaque nation, de même que cette unité est requise sur le plan africain en vue du progrès général des peuples d'Afrique.

Les conditions de l'unité nationale et de l'unité africaine pour qu'elles puissent devenir des forces concrètes, des réalités historiques, doivent reposer notamment sur la dictature démocratique du peuple dans la nation et la coopération loyale des Etats et des peuples africains sur le plan continental.

C'est pourquoi convient-il d'affirmer, tant aux partisans qu'aux adversaires de l'UNITE POLITIQUE, que seule la libre adhésion individuelle des citoyens d'un pays peut donner à un parti politique, même minoritaire au départ, une puissance grandissante pouvant déboucher finalement sur l'unité totale et consciente de l'ensemble du peuple.

Le Parti, en tant que moyen d'affirmation des volontés individuelles sous une forme collective, tirera exclusivement sa vitalité de la confiance et de la sécurité qu'il saura inspirer à tous ses membres et, cela, grâce à la justesse de son programme, au caractère démocratique et progressiste de son action, et au libre consentement qui sera le fondement de sa discipline interne. L'on sait déjà que ni la force, ni la contrainte ou la répression ne peuvent engendrer la confiance et la sécurité et encore moins engager de manière inconditionnelle des hommes et des femmes de toutes professions, races et religions, dans une œuvre durable et féconde.

Le Parti unique et son corollaire, la démocratie nationale, constituent en conséquence la condamnation sans réserve des méthodes de contrainte, de corruption et d'exploitation. Le Parti unique et son régime de démocratie nationale sont nécessairement le produit de conditions historiques données, lesquelles, par la nature des événements et l'élévation des consciences individuelles, finissent par fondre, en une seule force de défense des intérêts collectifs, toutes les individualités et potentialités d'un peuple.

Les exemples historiques de la lutte du peuple français contre l'occupation, le combat du peuple égyptien pour maintenir la nationalisation du canal de Suez, l'héroïque lutte du peuple marocain pour le retour d'exil de S. M. MOHAMED, l'indomptable volonté du peuple

algérien uni au sein du F.L.N. pour la libération nationale, la résistance tunisienne, sans parler du cas des luttes héroïques dans l'unité des peuples vietnamiens, cubains, chinois, indonésiens, etc., illustrent d'une façon pertinente le fait que le Parti unique est essentiellement fondé sur l'unité d'action du peuple pour une cause qui ne peut être que la sienne. En cela, le Parti unique est le terme d'un processus que seul peut déclencher et développer l'état de mobilisation générale d'un peuple en vue de défendre et sa liberté et ses intérêts.

Les adversaires conscients du Parti unique et de la démocratie nationale en Afrique craignent, non pas le parti unique en tant que tel, mais son prolongement inéluctable ; l'affirmation puissante d'un peuple uni et la force indomptable qu'il recèlera dans la défense de tous ses droits et intérêts légitimes. Ils seraient par contre prêts à admettre et à favoriser le Parti unique conçu non comme un parti de lutte populaire, mais comme une organisation qui, en aliénant les moyens d'expression et d'action du peuple, favoriserait la domestication de l'Etat et la satellisation de la nation.

Par ailleurs, vouloir imposer le parti unique par le moyen législatif, c'est apporter, incontestablement, une importante contribution, fournir un argument de poids aux adversaires de ce système qui n'est et ne peut être en fait, que l'antinomie de toute forme de contrainte.

La « Démocratie Nationale » repose moins sur le Parti unique que sur l'unité populaire consciente, l'unité des volontés et des aspirations qui s'exprime, agit et se manifeste à travers le Parti. Son originalité, c'est de con-

férer au peuple la responsabilité réelle de la nation que non seulement il incarne, mais aussi qu'il gère, dirige et fait évoluer de façon positive et dynamique.

Question :

Qu'est-ce que la J.R.D.A. ?

Réponse :

La J.R.D.A. ou Jeunesse de la Révolution Démocratique Africaine est le mouvement national qui groupe l'ensemble de la jeunesse guinéenne âgée de 7 à 25 ans au sein d'une même organisation qui dépend structuralement du P.D.G. En réalité la J.R.D.A. est l'aile marchante du Parti Démocratique de Guinée.

Question :

Pourquoi le P.D.G. a-t-il créé la J.R.D.A. ?

Réponse :

La J.R.D.A. a été créée le 26 mars 1959 à Conakry au cours d'un congrès des jeunes, érigé en congrès constitutif.

La création d'un mouvement national unique de la jeunesse Guinéenne a été décidée par le P.D.G. afin de remédier à l'état d'inorganisation total dans lequel se trouvait celle-ci. En effet, avant l'indépendance nationale, la jeunesse guinéenne se répartissait dans une multitude de petites organisations qui avaient plus généralement le caractère de clubs et qui groupaient les jeunes, soit par affinité ethnique, soit par affinité professionnelle, etc. Les luttes ethniques qui existaient au sein de ces petites organisations remettaient continuellement en question leur existence. Cette situation qui était favorisée par le régime colonial, avait engendré la dispersion de ses efforts et sa division organique en créant des soit-disant centres culturels et de nombreuses petites sociétés sportives dans lesquels la jeunesse du pays se dissolvait.

Le P.D.G. conscient de l'état anarchique dans lequel se trouvait l'organisation de la jeunesse et de l'isolement quasi total dans lequel se trouvait plus particulièrement la jeunesse rurale, décidait au cours du Congrès du 23 mars 1959 de rassembler dans une même organisation toute la jeunesse guinéenne et de lui donner parallèlement le maximum de moyens devant favoriser son plein épanouissement. C'est ainsi que la J.R.D.A. dépend politiquement du P.D.G. Le P.D.G. a en effet estimé que si la jeunesse, en considération des conditions particulières dans lesquelles elle se trouve, a des problèmes qui lui sont propres, elle devait néanmoins être totalement intégrée à l'action révolutionnaire que conduisait, à travers le P.D.G., l'ensemble du peuple guinéen.

C'est pour ces différentes raisons que la J.R.D.A a été structurée de façon que :

1° les problèmes inhérents aux jeunes guinéens puissent être résolus dans le milieu de la jeunesse par la jeunesse elle-même.

2° que l'action de la jeunesse guinéenne soit une action politiquement déterminée pour l'amélioration du développement de la révolution.

Depuis sa création les Congrès Nationaux de la J.R.D.A. du 18 mai 1962 et de février 1964 ont mis en évidence la justesse de cette position.

Question :

Quelle est la structure de la J.R.D.A. ?

Réponse :

La J.R.D.A. se compose de Comités de quartier et de village dirigés chacun par un bureau de 10 membres.

Les activités des différents comités de village ou de quartier sont coordonnées par un comité de Section de 10 membres.

Au niveau de chaque région il existe un comité régional de la J.R.D.A. composé de 10 membres. Au niveau de Conakry il existe un comité spécial de la J.R.D.A. au niveau de chacune des huit sections et un comité régional au niveau de chacune des deux Fédérations.

Les Comités régionaux sont placés sous l'autorité d'un Conseil National de la J.R.D.A. comprenant 4 délégués par comité régional et qui se réunit une fois par an. Un congrès national de la J.R.D.A. réunissant l'ensemble des comités régionaux, se tient tous les deux ans.

Le Conseil National, comme le congrès, sont placés sous l'autorité du Haut-Commissariat à la Jeunesse relevant directement du Bureau Politique National du P.D.G.

La J.R.D.A. se subdivise en deux grandes sections :

— la Section Sportive qui se subdivise en autant de Fédérations qu'il y a de sports pratiqués sur le Territoire de la République.

— la Section Générale qui comprend 6 départements spécialisés :

a) le Département de la Jeunesse Féminine

b) le Département de l'action Economique et Sociale

c) le Département Arts et Culture

d) le Département Scolaire et Universitaire

e) le Département des Pionniers

f) le Département de la Milice Populaire.

Au niveau de chaque fédération sportive et de chaque Département spécialisé, fonctionne une commission nationale technique chargée de l'élaboration des programmes et de l'organisation des stages de formation des Cadres.

Question :

Quel est le but du Service de la Milice Populaire ?

Réponse :

Le Service de la Milice Populaire a pour but de donner à tous les jeunes de la République de Guinée une formation politique, militaire et civique qui développe en eux le civisme, la conscience nationale et le sens de la responsabilité dans l'édification de la patrie africaine.

Cette formation, inséparable d'une élévation du niveau culturel et professionnel des jeunes, repose sur l'acquisition pratique de toutes les techniques propres à améliorer la vie des groupements ruraux. Elle inculque aux jeunes, en leur faisant réaliser des travaux effectifs, l'idée du progrès fondé sur l'effort de chacun, l'organisation collective du travail et la recherche incessante de tous les perfectionnements.

De retour dans leur village, les jeunes de la Milice Populaire contribueront, par leur enthousiasme et leurs connaissances, à la rénovation du paysannat, au développement de l'économie rurale.

Question :

La Milice Populaire est-elle une organisation mixte ?

Réponse :

Oui, la milice populaire groupe en son sein les jeunes des deux sexes âgés d'au moins 19 ans.

Question :

Quelles sont les conditions de recrutement dans la Milice Populaire ?

Réponse :

Les conditions de recrutement dans la Milice Populaire sont les mêmes que celles du recrutement dans l'Armée régulière de la République.

L'EDUCATION POPULAIRE

Question :

Quel est le rôle de la Direction de l'Education Populaire ?

Réponse :

La Direction de l'Education Populaire oriente, coordonne et contrôle l'ensemble des départements dont les programmes embrassent d'une manière générale toutes les activités d'éducation populaire aussi bien dans le domaine politique et civique, que dans les domaines économique, social et culturel.

La Direction de l'Education Populaire s'occupe de la lutte contre l'analphabétisme, de l'organisation de toutes les activités dirigées de la jeunesse : colonies de vacances, chantiers de jeunes, centres de formation féminine ; elle organise les échanges de jeunes au niveau de la Nation et avec les autres pays. Elle s'occupe de la formation des jeunes cadres des mouvements de jeunes par l'organisation de stages en République de Guinée, ou en exploitant des stages organisés dans d'autres pays.

Question :

Qu'est-ce qu'un responsable national ?

Réponse :

Un responsable national est un militant convaincu, fidèle à la ligne politique du Parti et nommé par la Direction Nationale pour encadrer la jeunesse guinéenne, compte tenu de sa formation technique et de ses aptitudes.

Question :

Quest-ce qu'une commission nationale technique?

Réponse :

La Commission Nationale Technique, composée de techniciens politiquement engagés, est chargée d'examiner tous les problèmes relatifs à la bonne marche du Département.

Elle élabore son programme annuel d'activités. En cas de stage ou de toute autre activité dans le cadre du Département, elle est chargée de la préparation technique et du choix des instructeurs. Elle a un bureau présidé par le Responsable National du Département de tutelle ainsi que des secrétaires et des rapporteurs. Elle établit son calendrier de réunions et son règlement intérieur.

La Commission Nationale Technique n'est pas un organisme de décision. Elle fait des propositions.

Question :

Qu'est-ce que le Service des Sports ?

Réponse :

Le Service des Sports est l'Organisme national spécialement chargé d'impulser la politique sportive du Parti à travers les différentes couches de la population guinéenne. Il organise et contrôle toutes les activités sportives dont il assure en même temps le développement.

Question :

Quelle est la structure du Service des Sports et comment fonctionne chacun de ses éléments ?

Réponse :

Le Service des Sports comprend actuellement :

a) une direction générale des sports ;

b) un comité national des sports ;

c) 10 fédérations.

A savoir :

— Fédération Guinéenne de Foot-ball ;
— Fédération Guinéenne de Basket-Ball ;
— Fédération Guinéenne de Boxe ;
— Fédération Guinéenne de Judo ;
— Fédération Guinéenne de Natation ;
— Fédération Guinéenne d'Athlétisme ;
— Fédération Guinéenne de Cyclisme ;
— Fédération Guinéenne de Volley-Ball ;
— Fédération Guinéenne de Moto - Club ;
— Fédération Guinéenne de Ping - Pong.

Question :

Comment la Fédération est-elle représentée à l'intérieur du pays ?

Réponse :

Au niveau de chaque section du Parti existe une Ligue de chaque discipline dont les membres sont élus par les responsables des formations sportives de base.

Ces Ligues composées de 17 membres, contrôlent la pratique des sports sur l'étendue de la section. Cette structure de base est identique à celle de la Fédération.

Question :

Quels sont les rapports entre Fédération et Ligue ?

Réponse :

La Fédération est l'instance technique qui supervise toutes les ligues sportives. A ce titre la Ligue est tenue de fournir à la Fédération par l'intermédiaire des Inspecteurs régionaux les calendriers, les bordereaux pour le renouvellement des licences.

Question :

La Guinée participe-t-elle aux compétitions sportives internationales ?

Réponse :

Oui ; pour mémoire nous pouvons citer les rencontres de Foot-ball avec : la République Populaire de Tchécoslovaquie, la République Fédérative de Yougoslavie, la République Démocratique Allemande et l'Union Soviétique, la rencontre de football avec le Libéria, les rencontres de foot-ball, de basket-ball, de volley-ball, d'athlétisme et de boxe avec la République du Ghana, les rencontres avec les marins Américains de passage à Conakry en basket-ball, celle avec les marins Nigériens en foot-ball, etc.

Question :

Existe-t-il des formations nationales sportives en République de Guinée ?

Réponse :

Dans les confrontations internationales, les couleurs guinéennes sont défendues par une équipe Nationale de 15 membres en foot-ball et des sélections nationales dans les autres disciplines.

Question :

Comment sont organisés les élèves et étudiants au sein de la J.R.D.A.?

Réponse :

a) **à l'intérieur du pays.**

L'organisation de la J.R.D.A. dans les établissements du second degré est la suivante :

1° **Le sous-comité** constitue l'organisation de base; il se réunit une fois par semaine sous la présidence d'un délégué du Comité de la J.R.D.A. de la section dont relève l'établissement, ou d'un délégué du comité de coordination. Son bureau qui comprend 6 membres élus pour un an, est composé comme suit :

— un secrétaire général;

— un secrétaire aux sports;

— un secrétaire aux arts et à la culture;

— un secrétaire aux pionniers;

— un secrétaire à l'organisation;

— un secrétaire à l'information.

2° **Le Comité**

Au-dessus du sous-comité, un comité est constitué par promotion avec un bureau de 13 membres élus en assemblée générale pour un an. Il tient une assemblée générale une fois par mois sous la présidence d'un membre du comité régional de la J.R.D.A. Au niveau de chaque établissement fonctionne un comité de coordination au sein duquel chaque comité est représenté par son Secrétaire général.

Il tient mensuellement une assemblée générale sous la présidence d'un membre du comité directeur assisté d'un délégué du comité régional de la J.R.D.A. et d'un représentant du Ministre de la Jeunesse.

b) **à l'Etranger.**

A l'étranger les étudiants sont organisés de la manière suivante :

— au niveau de chaque centre universitaire fonctionne un sous-comité, organisation de base, dirigé par un bureau de 6 membres élus pour un an en assemblée générale.

— au-dessus du sous-comité est un comité constitué au niveau de la ville et dirigé par un bureau de 13 membres élus.

— un comité de coordination, composé de 13 membres élus en assemblée générale coiffe l'ensemble des sous-comités et comités d'un même pays. Ces membres élus sont seuls habilités à débattre des questions estudiantines avec l'Ambassade dont ils relèvent. Le comité de coordination tient obligatoirement deux assemblées générales sous la présidence de l'Ambassadeur de la Guinée ou de son délégué.

Question :

Les étudiants guinéens à l'Etranger peuvent-ils s'affilier à des organisations étrangères ?

Réponse :

Les comités ne peuvent s'affilier collectivement à des organisations étrangères et leurs activités extraordinaires ne sauraient engager ni le Parti ni le Gouvernement.

Mouvement national des Pionniers

C'est l'organisation politique de masses qui groupe en son sein tous les enfants et adolescents de la République de 7 à 18 ans. C'est l'école du Parti et la réserve de la Milice Populaire.

Question :

Quel est son but ?

Réponse :

a) donner une éducation progressiste et révolutionnaire, tant du point de vue individuel que social, à la génération montante ;

b) la faire participer à la lutte révolutionnaire du P.D.G. ;

c) former des citoyens d'un type nouveau.

L'objectif du Mouvement National des Pionniers est de former :

— des êtres pensants et socialement responsables, aimant s'instruire sans arrêt, ennemis de la sclérose morale et intellectuelle, partisans du progrès dans tous les domaines.

— des citoyens qui mettent leurs connaissances au service de la Nation.

— des hommes actifs, utiles à la société, des instruments conscients du progrès et de la justice sociale.

— des êtres généreux, justes et solidaires de tous ceux qui travaillent, souffrent et luttent.

— enfin des êtres sains de corps et d'esprit, aimant ce qui est grand et beau, pratiquant le sport, la vie au grand air et l'hygiène.

Question :

Quelles raisons imposent son existence et son développement ?

Réponse :

La réalisation des objectifs poursuivis par notre Parti, le Parti Démocratique de Guinée, exige la mobilisation totale de toutes les forces vives de la Nation. La génération montante (enfants et adolescents) est l'une de ces forces. Elle représente une partie numériquement importante de la population de notre pays. Elle recèle surtout des qualités très précieuses pour notre Révolution. Ses caractéristiques, qui la distinguent des adultes : malléabilité, disponibilité, besoin de se dépenser, de créer, de s'enthousiasmer, font d'elle une mine inépuisable d'énergie humaine.

Faire participer pleinement ce potentiel de forces vives à la Révolution guinéenne, c'est travailler à mettre au service de la Nation une immense source de constructeurs enthousiastes et de militants qualifiés d'une Guinée nouvelle.

Ne pas le faire, c'est exposer notre pays aux déboires que représentent les fléaux sociaux dont la jeunesse peut être affectée : vagabondage, parasitisme, débauche, délinquance juvénile, etc. La rupture de certaines traditions et mœurs entraînées par la Révolution : l'exode rural, la détribalisation, occasionnées par la modernisation du pays, risque d'être dangereuse pour la jeune génération, si le nécessaire n'est pas fait pour lui donner un nouveau cadre de vie et une éducation appropriée.

Le Mouvement National des Pionniers est la forme idéale, le meilleur outil dans les mains du Parti pour grouper, encadrer, éduquer, orienter et engager la jeunesse dans le combat révolutionnaire. Toute sa structure, ses activités, ses méthodes, sa morale, ses traditions, ses formes d'organisation, ses caractéristiques, etc., l'adaptent à cette mission·

Le rôle qu'il est appelé à jouer au sein de la Nation est indispensable et irremplaçable.

En effet, le rôle joué dans l'éducation et l'engagement de la jeunesse par les trois milieux naturels de l'enfant : la famille, l'école et la « rue », est anarchique et incomplet. Si les deux premiers : la famille et l'école, malgré certaines insuffisances, sont positifs et indispensables, le troisième milieu : la rue, est presque toujours négatif et doit être remplacé par un milieu éducatif sain et orienté, c'est-à-dire par le Mouvement National des Pionniers.

Question :

Quelles sont les tâches du Mouvement National des Pionniers ?

Réponse :

a) remplacer l'éducation négative de la « rue » par l'éducation « pionnière ».

Le Mouvement doit combler le vide éducatif entre la vie familiale et la vie scolaire par des activités de loisirs et d'éducation extra-scolaires devant passionner et occuper les moments disponibles de l'enfant.

b) combler les insuffisances éducatives familiales.

— inculquer les principes élémentaires d'hygiène
— assurer aux enfants de bonnes fréquentations
— donner une éducation progressiste, etc.

c) aider l'œuvre scolaire :

— organiser l'émulation dans les études, la discipline, l'ordre, la propreté, etc.

— organiser l'aide que peuvent apporter les bons élèves à leurs camarades retardataires

— intègrer les activités pionnières dans le cadre du programme scolaire et collaborer avec les maîtres et professeurs dans leur réalisation

— donner un contenu dynamique, révolutionnaire à l'instruction par l'éducation politique, morale et civique.

d) combler les lacunes du manque d'instruction dans la partie de la jeunesse non scolarisée : alphabétisation, cours techniques, etc.

D'une manière générale, la tâche du Mouvement National des Pionniers est d'adapter au niveau des enfants et des adolescents la ligne politique et la morale révolutionnaire du P.D.G.

Question :

Quelles sont les activités du Mouvement National des Pionniers ?

Réponse :

Le Mouvement National des Pionniers organise toutes les activités juvéniles qui satisfont les besoins, curiosités et intérêts des enfants et adolescents de 7 à 18 ans.

Il allie le souci d'être agréable aux enfants à celui d'être utile à la révolution. Pour cela, les activités « pionnières » ne sont jamais gratuites, inutiles; elles poursuivent toujours des buts bien précis : santé et joie des enfants, éducation positive complète.

Etant un Mouvement juvénile, il est certain qu'en premier lieu tiennent place les activités gaies, sportives, saines : veillées, feux de camp, sorties, camping, pratique de différentes disciplines sportives (foot-ball, basket-ball, volley-ball, etc.).

La vie dans la nature dont les Pionniers cherchent à pénétrer les secrets, y tient une grande place.

C'est l'école des expériences pratiques et celle où l'on apprend également certaines techniques modernes : notions de mécanique, d'électricité, d'agronomie, de cinéma, de photographie, de circulation routière, etc.

Les activités éducatives s'expriment par :

— des causeries politiques, morales et civiques.

— des projections de cinéma, l'écoute collective de la radio.

— les bibliothèques, la lecture à haute voix et les contes faits par les moniteurs, le théâtre de plein air (saynètes, dialogues, danses).

— les excursions, visites, enquêtes du milieu, expositions, voyages, etc.

La participation à la vie de la Nation prend aussi différentes formes :

— participation aux manifestations, défilés, haies d'honneur.

— participation aux activités de la J.R.D.A. : gardes de vigilance, travaux d'investissement humain, cours d'alphabétisation, cours de spécialisation, lutte contre les feux de brousse, reboisement, etc.

— activités utilitaires et de solidarité : jardins potagers, cueillette de fruits, campagnes de propreté ou de ramassage de vieux métaux, organisation de fêtes, aide aux malades et aux vieilles personnes.

Dans les établisssements scolaires, les pionniers collaborent avec leurs maîtres et professeurs dans toutes les activités qui peuvent être utiles à leur école et aux études de tous. Les pionniers participent aussi à toutes les activités ayant pour but le resserrement des liens d'amitié et de solidarité avec les enfants du monde entier : séminaires, rencontres, échanges de correspondances, campagnes de solidarité, etc.

Sur le plan national, les pionniers sont toujours prêts à participer à toute action de sauvetage en cas de cataclysme ou de catastrophe.

Question :

Quelles sont les méthodes et les formes d'organisation du Mouvement National des Pionniers ?

Réponse :

Les méthodes et les formes d'organisation du Mouvement sont établies en fonction des traits caractéristiques de l'enfant.

L'enfant au départ ignore la discipline et les contraintes sociales ; il cherche à satisfaire ses intérêts et besoins immédiats : manger, boire, dormir, courir, jouer, etc. Il ne comprend pas la nécessité de s'instruire, de travailler, d'aider son prochain. Le but du Mouvement est de faire de l'enfant un bon citoyen, un bon militant du P.D.G.

Les méthodes et les formes d'organisation du Mouvement ont pour objectif de conduire graduellement l'enfant du stade de l'irresponsabilité, de l'égocentrisme et de la dépendance envers les adultes, au stade de l'exercice total de ses responsabilités, à la sociabilité et à l'indépendance. Pour cela, différents moyens éprouvés sont employés :

— **la méthode d'éducation active** qui s'efforce d'obtenir l'adhésion et la participation de l'enfant aux efforts qui lui sont demandés dans les domaines de l'instruction et de l'éducation.

— **la pédagogie active liée aux réalités de la vie du pays** qui aide l'enfant à mieux comprendre le monde matériel et social dans lequel il vit en le faisant participer aux activités politiques, sociales, économiques, culturelles, etc.

— **l'apprentissage de l'auto-direction** qui « prend l'enfant au sérieux » et qui adapte graduellement des responsabilités à sa mesure.

— **l'émulation,** qui entraîne l'enfant à s'initier et à franchir les étapes prévues, qui le font passer graduellement du simple membre de la collectivité, qu'il est lors de son arrivée dans le Mouvement, à celui de pionnier modèle.

— qui l'encourage à gravir les différents échelons de la **hiérarchie** du Mouvement.

— qui le pousse à s'assimilier toutes sortes de techniques au moyen des **brevets de spécialisation.**

— **l'uniformisation** qui a un puissant attrait sur les enfants et qui facilite l'ordre et la discipline, par sa tenue, ses insignes, ses brevets, ses règlements, etc.

— **le cérémonial** qui influence énormément les enfants par tout son appareil : salut, lever et descente des couleurs, promesse, récitation de la loi du Pionnier, etc.

— il facilite le travail des éducateurs en inculquant le respect des couleurs nationales et de la morale « pionnière».

Question :

Quels sont les problèmes matériels et financiers du Mouvement ?

Réponse :

La vie et les activités du Mouvement nécessitent de nombreuses dépenses en équipements et en frais de tous ordres. Celles-ci sont supportées :

— par les sections, pour les dépenses à caractère local : sorties, formation de base, petits déplacements, rencontres interdistricts, locaux pour les enfants, etc.

— par les régions, pour les dépenses à caractère régional : camps-écoles préparatoires, déplacements inter-régionaux, matériel de campement, tenues, fanfares, maisons des pionniers, etc.

La Nation fait des efforts gigantesques pour l'instruction de sa jeunesse ; le sport de son côté connaît aussi une grande expansion dans notre République.

Mais à quoi et comment seront employés ces têtes bien remplies et ces muscles développés par la pratique du sport, si le complément indispensable, l'éducation, est négligée?

Il faut dire par ailleurs que les efforts financiers consentis pour l'éducation de nos enfants est bien plus rentable que cela ne paraît au premier abord :

a) par certaines activités : organisation de fêtes, troupes théâtrales, jardins potagers et bien d'autres. Le Mouvement peut pratiquer en partie son autofinancement.

b) l'action du Mouvement National des Pionniers peut seule enrayer et faire disparaître les fléaux sociaux de la jeunesse, qui sont source de lourdes charges pour le pays.

En effet, l'improductivité des vagabonds et des parasites sociaux, la débauche, coûtent des sommes énormes à la Nation ; de même la délinquance juvénile entraîne de nombreuses dépenses inutiles au budget de l'Etat : création et fonctionnement des centres de redressement, frais de personnel spécialisé, d'éducateurs, de juges d'enfants, etc.

c) l'éducation et la formation dispensées par le Mouvement National des Pionniers préparent une nouvelle génération travailleuse productive et politiquement consciente.

Cette génération ainsi éduquée est la principale garantie du développement et de l'exploitation des richesses nationales au bénéfice exclusif du peuple.

Question :

Quels sont les buts du Service Arts et Culture ?

Réponse :

a) la réhabilitation de la Culture et de l'Art Africains.

b) l'éducation de la jeunesse par le théâtre, la musique, le dessin, etc., dans le cadre des principes de notre Parti.

c) la formation de techniciens nécessaires à la Nation dans les divers domaines de l'Art et de la Culture.

d) l'orientation des activités artistiques et culturelles de la J.R.D.A. dans le sens du développement et de l'enrichissement constant du patrimoine artistique et culturel de la République de Guinée en vue de l'épanouissement d'une inspiration et d'un génie authentiquement africains.

e) la réalisation avec les autres pays du monde des échanges culturels propres à créer et à resserrer les liens de fraternité et de coopération entre les peuples.

Question :

Qu'est-ce que l'information et quelle est son utilité ?

Réponse :

L'information est un moyen d'accroître les connaissances d'un homme, d'un groupe d'hommes, d'une société.

Il y a lieu de noter ici la différence de nature qui marque ce que l'on peut nommer « les connaissances » dont on distingue deux grandes catégories :

a) **la connaissance théorique,** qui est le résultat de la réflexion, l'aboutissement d'un travail purement intellectuel.

Etablie au niveau des ressources de la pensée, la théorie a un caractère abstrait constant. Son utilité est d'augmenter la somme des connaissances concrètes qui lui servent de fondement intellectuel et de dépasser ces connaissances concrètes pour atteindre un pouvoir humain plus grand.

A ce titre, la théorie est à considérer comme l'élément intellectuel du progrès humain. Elle est la force dynamique de l'évolution humaine. C'est elle qui oriente la recherche, guide l'édification, dirige la réalisation, suscite l'initiative, etc. Elle est la manifestation de la pensée active, par opposition à la pensée passive, laquelle se limite au champ des connaissances acquises.

Il faut noter que seule la mise en pratique de la théorie, son expérimentation peuvent établir la qualité de la pensée théorique et par conséquent sa valeur d'emploi.

Une théorie est juste lorsque sa mise en pratique ou son emploi permettent d'aboutir au résultat recherché.

b) **la connaissance pratique,** est le résultat de l'expérience, l'appréciation des faits, le résultat des ressources humaines acquises.

Etablie au niveau des pratiques humaines, elle a un caractère concret constant. Son utilité est d'harmoniser les capacités humaines; par conséquent elle favorise l'égalité des ressources intellectuelles entre les hommes, entre les groupes d'hommes, entre les sociétés.

Si la théorie est considérée en tant que force dynamique de l'évolution humaine, la connaissance pratique motive l'action. Il est évident que deux hommes ayant dans un même domaine des connaissances pratiques différentes n'agiront pas de la même façon.

La connaissance pratique détermine donc l'attitude de l'homme devant les phénomènes de la vie. Elle est à l'origine des actions et des réactions conscientes de l'homme, dans la société.

La connaissance pratique est par nature objective puisqu,elle comporte tout à la fois le motif et l'objet.

La distinction qui vient d'être faite ici dans le domaine de la connaissance a une très grande importance pour l'appréciation de la qualité d'une information en particulier et de l'information en général.

Elle permet de situer la valeur de l'emploi de l'information et ses ressources d'utilisation, soit dans le domaine théorique, soit dans le domaine pratique, étant entendu que l'information est considérée ici comme moyen de perfectionnement à la fois individuel et collectif.

L'information est par excellence le véhicule de l'intelligence, c'est-à-dire que par les moyens dont elle dispose, elle transporte et diffuse le fruit de la pensée humaine, fait connaître les activités humaines et leurs résultats. A cet égard, elle crée, pour la connaissance réciproque, des liens de compréhension entre les hommes, les groupes d'hommes, les sociétés. En effet, la connaissance précède toujours la compréhension et il est normal de constater que pour qu'un fait, un phénomène, une action ou une pensée soient bien compris, il faut, au préalable, qu'ils soient bien connus.

Il est classique de dire que l'information favorise l'échange et la confrontation des idées ; ceci l'entraîne à favoriser soit la coopération, soit l'antagonisme intellectuel. C'est surtout sous cet angle spéculatif que l'on a tendance à employer l'information et insensiblement elle devient non plus un moyen mais une fin. Elle perd ses qualités vulgarisatrices et documentaires et ne contribue ainsi que de moins en moins à l'accroissement positif des connaissances et à l'amélioration de la compréhension objective. D'instrument éducatif, elle devient source de polémique.

Il faut considérer que si l'information, par sa nature, influe sur le comportement social, elle ne peut prétendre s'exclure des problèmes humains.

Question :

Peut-on affirmer que l'information publique est objective ?

Réponse :

En réalité, ce que l'on nomme improprement l'information objective, n'existe pas en tant que telle à partir du moment où, par voie de conséquence, elle intervient dans le comportement social de l'homme. Or, c'est précisément à cette intervention qu'aboutit l'information publique, celle qui a pour objet de faire connaitre à une société donnée, les faits de la vie de cette société et de celle d'autres sociétés, d'en vulgariser les conceptions intellectuelles, d'en refléter les activités. Par l'importance donnée à tel fait par rapport à tel autre, par la manière dont une action ou une pensée est interprètée, autant que par la manière dont les idées et les faits sont appréciés et présentés, il y a nécessairement choix ou option préalable qui affecte la nature objective des faits ou des idées.

En réalité, l'information technique ou scientifique, basée sur des connaissances concrètes, peut seule se prévaloir de l'objectivité relative de la technique et de la science.

Si nous considérons l'information comme moyen, force nous est de lui assigner un objet.

Question :

Quel est l'objet de l'information ?

Réponse :

Si l'information a pour fonction d'accroître les connaissances et d'améliorer la qualité de la compréhension humaine, le premier objectif de l'information est l'accroissement des connaissances et l'amélioration de la qualité de compréhension, favorables au développement et à l'évolution des activités humaines.

Tout emploi de l'information qui irait à l'encontre du mouvement de développement et d'évolution constitue, de ce fait, une entrave au processus de développement et d'évolution de la société.

Tout emploi de l'information qui a pour résultat de maintenir les conditions politiques, économiques, sociales ou culturelles est négatif par définition, puisque un tel emploi nie implicitement le progrès par lequel se définissent le développement et l'évolution de l'homme et de la société ; à plus forte raison l'emploi de l'information qui a pour but de revenir à des conditions du passé, est-il réactionnaire et anti-social.

Ainsi, qu'on le veuille ou non, l'utilisation des moyens de l'information suppose un choix préalable, qui constitue un engagement.

L'information en soi, par les conséquences qui en résultent, les influences qu'elle exerce dans les rapports sociaux, les interventions qu'elle cause dans le comportement de l'homme dans la société est une **manifestation engagée** des activités humaines. C'est donc un élément participant de ces activités.

Or si l'information est une manifestation engagée, si elle est un élément participant des activités humaines, on doit rejeter toute notion qui tente de ramener l'information à un rôle négatif et à un emploi passif.

Il est évident que si l'information devait avoir un rôle négatif, elle serait sans utilité humaine, ni justification sociale.

La loi de l'évolution et du développement impose constamment à l'homme social la recherche des moyens de cette évolution et la détermination de leur emploi pour un développement aussi efficace que possible.

Par ses capacités de propagation, l'information constitue un puissant moyen d'évolution et de développement, mais encore faut-il que ce moyen soit employé à des fins déterminées, que lui soit assigné un objet en rapport avec les conditions, les capacités et les aspirations évolutives du milieu social dans lequel elle doit être employée.

La propagation en pays Kissi des activités boursières de New-York ou d'Amsterdam n'apporterait rien aux sociétés de ces régions.

Question :

Quels sont les moyens de l'information ?

Réponse :

Il existe quatre moyens distincts d'information :

— l'information écrite : presse, livres, manuscrits, etc.
— l'information orale : conférences, réunions, entretiens, chants, radiodiffusion, etc.
— l'information visuelle : photos, images, affiches, expositions, défilés, etc.
— l'information audiovisuelle : cinéma parlant, théâtre, télévision.

Chacun de ces moyens est soumis à deux actions :

— receuillir — propager.

Chacun de ces moyens a des caractéristiques propres.

Question :

Quelles sont les caractéristiques propres de chacun des moyens de l'information ?

Réponse :

Si l'information écrite sollicite fortement l'intelligence et la réflexion, elle se heurte à deux difficultés, la première dans l'expression, la seconde dans l'interprètation de l'expression.

Les hommes n'ont pas tous la même faculté ni la même façon de s'exprimer d'abord, d'interprèter ensuite. Le moyen de remédier à ces difficultés est de s'exprimer aussi simplement que possible, tout en recourant fréquemment à l'explication.

En réalité l'information écrite est insuffisante en tant que moyen d'accroître les connaissances d'une société, tant que les hommes de cette société ont des connaissances de valeur différente. En effet l'expression écrite une fois élaborée devient statique ; elle s'impose au lecteur sans tenir compte de ses capacités d'interprétation et de compréhension.

En augmentant considérablement ses capacités de propagation, elle perd une partie de ses qualités didactiques. Dans ce cas, en effet, elle s'impose à l'auditeur. Il n' y a pas de contact direct entre l'informateur et l'auditeur et en conséquence, aucune possibilité d'adaptation intime.

Si l'information orale sollicite moins la réflexion que l'information écrite, elle permet, sous forme de réunions et de conférences, de mettre l'information à la portée directe du public, voire d'engager le dialogue avec ce dernier. Ses capacités didactiques de propagation sont donc meilleures mais aussi plus limitées ; en fonction de cela, elle devrait constituer le complément de l'information écrite, qu'elle permet d'utiliser au maximum en l'explicitant, en la détaillant, en lui donnant une forme et une qualité expressive en rapport avec le milieu humain dans lequel elle est utilisée. C'est, par excellence, l'information éducative. A cet égard elle peut s'étendre dans le temps autant qu'il est nécessaire, modifier sa forme d'expression, se mettre en harmonie avec l'auditeur, se répéter, renouveler la nature didactique de l'information, etc.

L'information visuelle est incontestablement celle qui frappe le plus, qui éveille le mieux l'intérêt et agit sur l'opinion avec une grande efficacité. Elle a un caractère particulier, elle présente sans expliquer, laissant au spectateur le soin de tirer les enseignements de ce qu'il a vu, ce qui suppose de sa part de saines facultés d'appréciation. Jusqu'à l'apparition de la technique cinématographique, l'information par l'image (photo, dessins, affiches, expositions, etc. etc.) était statique. En tant qu'information visuelle, il n'y avait que les manifestations sociales organisées dans le sens de l'information (théâtre de mime, danse, manifestations sportives, défilés). Par ses capacités démonstratives, elle avait un pouvoir didactique supérieur à l'information visuelle statique. Ce pouvoir a été très sensiblement augmenté par la technique audio-visuelle (théâtre, cinéma parlant, télévision).

Question :

L'emploi des moyens de l'information peut-il être socialement néfaste ?

Réponse :

Incontestablement, la technique a ouvert à l'information des possibilités considérables. Les capacités de propagation qui sont les siennes se sont multipliées à l'infini et par voie de conséquence, son pouvoir de mobilisation de la pensée, ses capacités d'action sur la conscience de l'homme, ses facultés d'intervention se sont extraordinairement accrus. La presse atteint des tirages de 500.000, un, deux, cinq ou huit millions d'exemplaires. La puissance des émissions radiophoniques atteint des centaines de millions d'auditeurs, les circuits cinématographiques passent à travers les plus petits villages ; il a été édifié des stades de 120 et 200 mille places et des théâtres de plusieurs dizaines de milliers de places, mais en réalité, à mesure que les capacités techniques augmentaient les moyens de propagation de l'information, ceux-ci étaient exploités à d'autres fins. Pour un film documentaire, il est tourné près de 24 films commerciaux ; pour une heure d'information radiophonique, il y a de 6 à 7 heures d'émissions de variétés ; la presse d'opinion est devenue le support politique des milieux d'affaires et des puissances d'argent ; celle dite « d'information » est devenue commerciale, avec tout ce que cela suppose comme déformation dans la recherche du sensationnel et de l'amoralité. L'Art, moyen d'expression par excellence, n'a pas échappé à la délirante influence du profit commercial.

Les moyens de l'information sont devenus, pour ceux qui en détiennent les instruments, des moyens de profit, une source d'exploitation et cette tendance a fortement marqué la conception didactique de l'information ; le rôle d'élévation de la conscience populaire, les pouvoirs éducatifs ont été subordonnés à l'intérêt commercial ce qui a conduit à la médiocrité, la mystification et l'annihilation à peu près systématique des ressorts intellectuels et moraux de l'homme social.

Question :

Quel est le rôle de l'information dans la révolution nationale ?

Réponse :

Que se soit sur le plan syndical, politique, national ou idéologique, l'information reste le moyen le plus efficace de l'élévation de la conscience sociale ou politique, nationale ou idéologique.

Nous avons examiné son pouvoir de propagation selon ses natures diverses (écrite, orale, visuelle). Dans la recherche d'une propagation efficace de l'information, les organisations de combat se heurtent invariablement à un défaut de moyens matériels qui s'aggrave par suite d'une utilisation insuffisante de leurs services d'information.

Prenons un exemple : la direction d'une organisation édite périodiquement un bulletin d'information polycopié qu'elle diffuse à ses différents organes. Généralement la propagation de l'information s'arrête là, alors que chaque organe destinataire devrait par ses propres moyens (réunions, conférences, meetings, études collectives) utiliser les matériaux d'information qui lui sont adressés et assurer leur propagation.

Nous avons vu que les moyens d'information sont extrêmement nombreux, qu'ils pouvaient se compléter l'un l'autre ; il est donc aisé d'assurer, avec les seuls moyens matériels dont on dispose, une information parfaitement adaptée au milieu auquel elle est destinée. Pour cela, les moyens d'information ne doivent pas être considérés comme une fin. Le fait d'éditer un journal, d'utiliser l'émission radiophonique ne suffit pas. Il faut avoir toujours présent à l'esprit l'objectif que l'on se propose d'atteindre par l'information.

Dans une organisation de masse, qui s'est mise résolument au service de la masse pour que triomphent ses justes aspirations, il n'y a qu'un objectif : l'intérêt de la masse.

C'est pour ce but que l'on opère la mobilisation militante, que l'on cherche à élever la conscience du militant, à éduquer, à améliorer ses connaissances et son pouvoir de compréhension, lequel détermine sa volonté de lutte. Dans ces perspectives comment ne pas trouver, quel que soit le milieu, quels que soient les moyens, la solution juste aux problèmes que pose l'information ?

Il n'est pas besoin de se demander pourquoi les puissances d'argent tentent continuellement de contrôler les moyens de l'information (presse, radio cinéma, théâtre, télévision, etc.) si ce n'est justement pour être maîtresses de « l'opinion », qu'elles déforment et refaçonnent afin de la rendre inoffensive pour leurs entreprises ?

Poser la question, c'est y répondre.

Les organisations populaires, les mouvements démocratiques, toutes les sociétés qui représentent authentiquement le peuple disposent pour mener leur combat, de moyens tout aussi puissants que la grande presse, les radios subversives, les chaînes de cinéma, etc. c'est le pouvoir de mobilisation et d'organisation du peuple autour d'un programme juste au regard des aspirations populaires.

Les possibilités de mobilisation et d'organisation augmentent à mesure que se développe la volonté de lutte. Or, celle-ci dépend principalement des capacités d'appréciation de l'ensemble des militants.

Quels que soient le milieu dans lequel il vit et les conditions qui sont les siennes, l'homme social est nécessairement un homme engagé, puisqu'aussi bien il participe à la vie de la société, en assume une partie des charges et des responsabilités. Or, à toute société se pose un choix entre deux attitudes : « subir ou dominer son destin » ; ce qui décide de son comportement est en rapport avec les capacités d'appréciation ou, si l'on préfère, le degré de la prise de conscience de ses membres. C'est le rôle de l'information de favoriser cette prise de conscience par l'enseignement, l'éducation, la démystification, la propagation d'un programme et des objectifs auxquels doit aboutir l'action sociale du peuple. En réalité, il n' y a pas d'information qui soit sans influence sur le comportement de l'homme social.

Il n'y a pas d'information qui n'intervient pas dans le domaine psychologique soit en tant qu'élément d'animation, soit en tant qu'élément anesthésiant des facultés intellectuelles d'un homme ou d'un groupe d'hommes.

Si l'information est un instrument du progrès social, c'est nécessairement un instrument de combat.

Question :

Qu'est-ce que l'ensemble instrumental de la Radiodiffusion Nationale ?

Réponse :

C'est un ensemble musical constitué uniquement d'instruments traditionnels, dont l'objet est de réhabiliter, développer et populariser l'art musical africain.

Question :

Quelle est l'origine de la création de l'Ensemble Instrumental ?

Réponse :

L'idée de la création de l'Ensemble Instrumental Africain a été émise pour la première fois par le Président Sékou TOURE à la Conférence Nationale de Kissidougou en novembre 1960.

Question :

Qu'est-ce qu'une agence de presse ?

Réponse :

Une agence de presse est une entreprise de statut commercial privée ou publique qui a pour objet principal la recherche de nouvelles et la fourniture aux journaux et périodiques des articles, informations, reportages, photographies et tous autres éléments de rédaction qui en constituent les principales ressources financières.

Question :

Les agences de presse ont-elles un caractère national ou un caractère international ?

Réponse :

Le caractère de l'agence dépend de son champ d'activités. Si son champ d'activités se limite à la recherche des informations nationales et qu'elle recourt pour les informations mondiales à des agences internationales, elle est considérée uniquement comme une agence nationale. Si par contre elle possède un réseau d'agents, de correspondants de distribution et de liaisons électro-magnétiques en dehors du pays, elle est considérée comme agence internationale.

Question :

Quel est le but de l'Agence Guinéenne de Presse (A.G.P.)?

Réponse :

L'A.G.P. est un organisme d'Etat qui a pour but :

1) la collecte et la diffusion des nouvelles de la République ;
2) par contrat avec les agences internationales installées ou non en République de Guinée, la réception et la diffusion des nouvelles du monde ;
3) l'édition et la diffusion de toute brochure ou publication périodique en vue de mieux faire connaître, à l'intérieur comme à l'extérieur, la vie nationale guinéenne ;
4) la formation sur place ou à l'étranger de cadres techniques et de rédacteurs.

Question :

Quel est le rôle du Ministère de la Fonction Publique.

Réponse :

Le Ministère de la Fonction Publique est chargé de la gestion administrative de l'ensemble du personnel civil de l'Etat, de la préparation et du contrôle de l'application de la législation du Travail.

Question :

Qu'entend-on par gestion administrative du personnel civil de l'Etat ?

Réponse :

On entend par gestion administrative du personnel civil de l'Etat, les nominations aux emplois civils et tous les actes concernant la carrière ou l'activité professionnelle d'un fonctionnaire ou employé de l'Etat (titularisations, avancements, mutations, congés, détachements, mises en disponibilité, sanctions disciplinaires etc.).

Question :

Quels sont les emplois considérés comme comportant des responsabilités particulières ou assurant la représentation de l'Etat à l'étranger et par conséquent, réservés au Président de la République ?

Réponse :

Les emplois dans lesquels la nomination est réservée au Président de la République sont ceux des fonctionnaires suivants :

a) Ambassadeurs, Ministres plénipotentiaires, chefs de mission ou envoyés extraordinaires à l'étranger et auprès d'organismes internationaux,

b) Gouverneurs de régions administratives et leurs adjoints et Commandants d'arrondissements,

c) directeurs et chefs de service, magistrats de tous ordres, inspecteurs des affaires administratives, trésoriers régionaux et autres responsables de caisses publiques,

d) directeurs, directeurs adjoints et chefs de cabinet de ministres.

Question :

Le pouvoir de gestion du personnel civil de l'Etat conféré au Ministre de la Fonction Publique subit-il d'autres limitations en dehors des nominations réservées au Président de la République?

Réponse :

Oui, le pouvoir de gestion du Ministre de la Fonction Publique subit une limitation importante prévue par le Décret n° 035 PRG. du 12 janvier 1962 au profit des régions administratives dans le cadre de la politique de décentralisation administrative poursuivie par notre Gouvernement. En vertu de ce décret, tous les actes de gestion concernant les auxiliaires appartenant aux services régionaux sont de la compétence exclusive des Gouverneurs de régions, ainsi que les mutations du personnel à l'intérieur de la région. Il est institué, à cet effet, dans chanque région administrative, un bureau du personnel chargé de préparer les actes à soumettre à la signature du Gouverneur de région.

Question :

Le Ministère de la Fonction Publique a-t-il d'autres attributions en dehors des nominations aux emplois publics et des actes de gestion courante?

Réponse :

Oui, le Ministre de la Fonction Publique est, en outre, chargé :

a) de veiller à l'application du Statut Général de la Fonction Publique et d'assurer la conformité des dispositions complémentaires propres à chaque Administration ou service avec les principes généraux qu'il énonce.

b) de préparer les textes législatifs ou réglementaires concernant les fonctionnaires ou agents de l'Etat (Statuts, régime de la solde, régime des congés, régime des déplacements, etc.) et de veiller à l'application de ces textes.

c) de procéder à la formation professionnelle et au perfectionnement des agents, en organisant et en faisant fonctionner, à ce sujet, l'Ecole Nationale de Secrétariat, principalement chargée de la formation des secrétaires dactylographes et sténo dactylographes.

d) de procéder, en accord avec les ministres, au perfectionnement des méthodes de travail.

e) de constituer une documentation et des statistiques d'ensemble concernant la Fonction Publique et d'organiser un fichier central du personnel de l'Etat.

Question :

Quels sont les organismes consultatifs institués près du Ministère de la Fonction Publique ?

Réponse :

Les organismes consultatifs institués auprès du Ministère de la Fonction Publique sont :

1°) Le Comité consultatif de la Fonction Publique présidé par le Ministre de la Fonction Publique et composé de 18 membres qui sont les représentants désignés des organisations syndicales de fonctionnaires. Il a une compétence générale s'étendant à toutes les questions intéressant les fonctionnaires et, en particulier, à la détermination des éléments constitutifs des rémunérations, à l'élaboration des régimes de congé, des avantages sociaux et des retraites.

2°) Les commissions d'avancement, présidées par le Ministre de la Fonction Publique ou son représentant et comprenant, pour chaque corps de fonctionnaires, le Ministre intéressé ou son représentant et quatre membres désignés par les organisations syndicales du personnel intéressé et nommés par arrêté du Ministre de la Fonction Publique.

Ces commissions ont compétence pour la confection des tableaux d'avancement et d'une façon générale pour l'organisation de la carrière des fonctionnaires ainsi que pour toutes les questions contentieuses à caractère individuel.

Question :

Quelle est la définition du fonctionnaire ?

Réponse :

Aux termes du Statut Général de la Fonction Publique, sont fonctionnaires les personnes qui, nommées dans un emploi permanent, ont été titularisées dans un grade de la hiérarchie des cadres d'une Administration.

Ainsi donc, pour avoir la qualité de fonctionnaire, il faut, non seulement occuper un emploi permanent, mais être intégré et titularisé dans un cadre de l'une des Administrations de l'Etat.

Question :

Existe-t-il des agents de l'Etat n'ayant pas la qualité de fonctionnaires ?

Réponse :

Oui. Ces agents sont :

1°) Les auxiliaires, personnel d'appoint n'appartenant à aucun cadre et occupant un emploi à titre essentiellement précaire.

2°) Les contractuels, personnel spécialisé, lié à l'Administration par un contrat individuel à durée déterminée.

Question :

Quelles sont les conditions générales d'accès à la fonction Publique ?

Réponse :

Pour être nommé à un emploi public, il faut :

1°) Etre guinéen,

2°) Jouir de ses droits civiques,

3°) Se trouver en position régulière au regard de la loi sur le recrutement de l'Armée,

4°) Remplir les conditions physiques exigées pour l'exercice de la fonction et être reconnu, soit indemne de toute affection tuberculeuse, cancéreuse ou nerveuse, soit définitivement guéri ;

5°) Etre âgé de 18 ans au moins et de 30 ans au plus, cette limite pouvant être prorogée d'une durée égale à celle du service militaire effectué, sans cependant que le bénéfice de cette mesure ait pour effet de proroger la limite d'âge au-délà de 35 ans.

Question :

Comment s'effectue le recrutement dans les emplois des diverses administrations.

Réponse :

Le recrutement s'effectue :

— soit sur titre, parmi les candidats possesseurs d'un diplôme délivré par une école d'application ou une école spéciale ;

— soit sur concours direct, ouvert aux candidats justifiant de certains diplômes ou de l'accomplissement de certaines études ;

— soit sur concours professionnel, ouvert aux candidats fonctionnaires ayant accompli une certaine durée de service public.

Question :

Quelles sont les pièces que le candidat doit produire pour la constitution de son dossier ?

Réponse :

Le candidat doit produire pour la constitution de son dossier les pièces suivantes :

1° Un extrait de l'acte de naissance ou du jugement en tenant lieu ;

2° Un extrait du casier judiciaire ayant moins de trois mois de date ;

3° Un état signalétique et des services militaires ou toute pièce établissant que l'intéressé est en règle au regard des lois et règlements sur le recrutement de l'Armée ;

5° Un certificat de visite et de contre-visite délivré par les autorités médicales agréées, indiquant d'une part, que l'intéressé est apte au service administratif pour l'emploi postulé et d'autre part, qu'il est indemne de toute affection tuberculeuse cancéreuse ou nerveuse ou qu'il en est définitivement guéri.

Question :

Les candidats admis dans un cadre doivent-ils ou non effectuer un stage et dans quelles conditions ?

Réponse :

Sauf dérogation expresse prévue par les textes organiques, tout candidat agréé dans un cadre doit obligatoirement accomplir dans l'emploi qui lui est attribué, un stage d'une durée d'un an, à l'expiration duquel il est, soit titularisé, soit licencié, soit autorisé à effectuer un nouveau stage d'une année, à l'issue de laquelle il sera titularisé ou licencié, cette autorisation ne pouvant, en aucun cas, être renouvelée.

Question :

Comment est réparti le personnel de chaque cadre ou corps ?

Réponse :

Le personnel de chaque cadre ou corps est réparti en grades ou classes et chaque grade ou classe, en échelons.

Question :

Qu'entend-on par grade ou classe ?

Réponse :

On entend par grade ou classe, le titre qui confère à ses bénéficiaires vocation à occuper l'un des emplois qui leur sont réservés ; on dira par exemple, commis de 3e classe, commis de 2e classe, commis principal.

Question :

Comment se font les avancements de classe ou de grade ?

Réponse :

Les avancements de grade ou de classe se font exclusivement au choix par voie d'inscription à un tableau d'avancement rendu public conformément aux dispositions du Statut Général de la Fonction Publique.

Question :

Comment s'effectuent les avancements d'échelon?

Réponse :

Les avancements d'échelon sont fonction de l'ancienneté. La durée moyenne du temps normalement passé dans chaque échelon est de deux ans, sauf à l'échelon le plus élevé du grade où, pour passer au grade supérieur, qui a lieu au choix, il faut une ancienneté minimum d'un an.

Question :

Comment sont répartis les différents cadres ou corps ?

Réponse :

Les différents cadres ou corps sont répartis en cinq hiérarchies (A, B, C, D, E) définies par le niveau de recrutement ou le degré de qualification des emplois groupés en allant des plus élevés aux moins élevés.

Question :

Comment sont recrutés les agents de ces diverses hiérarchies ?

Les agents des diverses hiérarchies sont recrutés soit par voie de concours direct ou professionnel soit sur titre parmi les candidats titulaires de certains diplômes.

Question :

Comment se calcule la rémunération ?

Réponse :

La rémunération, dans le système actuellement en vigueur, se calcule à partir des indices affectés aux différents échelons des différents grades et emplois de la hiérarchie.

Question :

Quelles sont les positions dans lesquelles peuvent être placés les fonctionnaires ?

Réponse :

Tout fonctionnaire est placé dans l'une des positions suivantes :

1° la position d'activité qui constitue la position normale et à laquelle est assimilé le congé ;

2° le service détaché ;

3° la position hors cadre ;

4° la disponibilité ;

5° la position sous les drapeaux.

Question :

Qu'entend-on par position d'activité ?

Réponse :

L'activité est la position du fonctionnaire qui, régulièrement titulaire d'un grade, exerce effectivement les fonctions de l'un des emplois correspondants.

Question :

Et le congé ?

Réponse :

Le congé est une dispense momentanée d'exercer son emploi accordée à un fonctionnaire, soit pour lui permettre de se reposer après un certain nombre d'années de service (congé administratif), soit pour raison de santé (congé de maladie, congé de convalescence) soit pour affaires personnelles, soit pour un examen, soit pour un stage de formation professionnelle, soit pour maternité.

Question :

Qu'entend-on par détachement ?

Réponse :

Le détachement est la position du fonctionnaire placé hors de son cadre d'origine, mais continuant à bénéficier dans ce cadre du droit à l'avancement et à la retraite. Il ne peut avoir lieu qu'auprès d'une Administration, d'un Office ou d'un Etablissement public de l'Etat ou auprès des Communes et Etabilssements publics, pour exercer un enseignement, ou remplir une mission publique à l'étranger, ou encore pour exercer une fonction publique élective ou un mandat syndical.

Question :

Qu'entend-on par position hors cadre ?

Réponse :

La position hors cadre diffère du détachement en ce que le fonctionnaire intéressé cesse de bénéficier de ses droits à l'avancement et à la retraite. En ce qui concerne les conditions, le Statut Général de la Fonction Publique prévoit que : le fonctionnaire comptant quinze années de service effectif en position d'activité ou sous les Drapeaux dans un emploi conduisant à pension, détaché, soit auprès d'une administration ou d'une entreprise publique, dans un emploi ne conduisant pas à pension, soit auprès d'organismes internationaux, pourra, dans un délais de trois mois suivant son détachement être placé, sur sa demande, en « hors cadre ». La mise hors cadre ne comporte aucune limitation de durée.

Question :

Quentend-on par disponibilité ?

Réponse :

La disponibilité est la position du fonctionnaire qui, placé hors de son administration d'origine, cesse également de bénéficier dans cette position de ses droits à l'avancement et à la retraite.

Elle est prononcée soit d'office, dans le cas où le fonctionnaire ayant épuisé ses droits aux congés de convalescence ou de longue durée pour maladie ne peut, à l'expiration de la dernière période, reprendre le service, soit sur demande de l'intéressé mais seulement dans le cas d'accident ou de maladie grave du conjoint ou d'un enfant ou pour études ou recherches présentant un intérêt général, ou pour l'exercice d'une activité relevant de la compétence de l'intéressé dans une Entreprise publique ou privée.

Le fonctionnaire mis en disponibilité sur sa demande n'a droit à aucune rémunération.

Question :

Qu'entend-on par position sous les Drapeaux ?

Réponse :

La position sous les Drapeaux est celle dans laquelle est placé le fonctionnaire incorporé dans une formation militaire pour son temps de service légal. Ce fonctionnaire perd alors son traitement d'activité et ne perçoit que sa solde militaire.

Question :

Quels sont les droits des fonctionnaires ?

Réponse :

Les fonctionnaires ont droit, sans distinction de sexe :

— à la protection contre les attaques, les menaces, outrages, injures ou diffamation dont ils peuvent être l'objet à l'occasion de l'exercice de leurs fonctions ;

— au traitement et à la pension ;

— à l'exercice du droit syndical et du droit de grève ;

— à la Sécurité Sociale.

Question :

Quels sont les devoirs des fonctionnaires ?

Réponse :

Les devoirs des fonctionnaires sont les suivants :

1° Tout fonctionnaire est responsable de l'exécution des tâches qui lui sont confiées ;

2° Tout fonctionnaire est lié par l'obligation de la discrétion professionnelle, pour tout ce qui concerne les faits et informations dont il a connaissance dans l'exercice ou à l'occasion de l'exercice de ses fonctions ;

3° Il est interdit à tout fonctionnaire, quelle que soit sa position, d'avoir par lui-même ou par personne interposée et sous quelque dénomination que ce soit, dans une entreprise soumise au contrôle de son administration ou service, des intérêts de nature à compromettre son indépendance ;

4° Il est interdit à tout fonctionnaire d'exercer, à titre professionnel, une activité privée lucrative de quelque nature que ce soit.

Lorsque le conjoint d'un fonctionnaire exerce, à titre professionnel, une activité privée lucrative, déclaration doit en être faite au Ministre dont il relève pour permettre à l'autorité compétente de prendre, s'il y a lieu, les mesures propres à sauvegarder les intérêts de l'Administration.

Question :

A quoi s'exposent les fonctionnaires en cas de fautes commises dans l'exercice de leurs fonctions, de manquements aux obligations ou prohibitions générales ou particulières auxquelles ils sont soumis ?

Réponse :

Toute faute commise par un fonctionnaire, dans l'exercice ou à l'occasion de l'exercice de ses fonctions, tout manquement aux obligations ou prohibitions générales ou particulières auxquelles il est soumis, donneront lieu à l'application des sanctions disciplinaires, sans préjudice des peines prévues par la loi pénale.

Question :

Quelles sonts le sanctions disciplinaires prévues par le Statut Général de la Fonction Publique ?

Réponse :

Les sanctions disciplinaires sont :

1° l'avertissement ;

2° le blâme ;

3° la radiation du tableau d'avancement ;

4° le déplacement d'office ;

5° l'abaissement d'échelon ;

6° la rétrogradation ;

7° la révocation sans suspension des droits à pension ;

8° la révocation avec suspension des droits à pension ;

9° l'exclusion temporaire des fonctions pour une durée qui ne peut excéder six mois, avec privation de toute rémunération à l'exception des allocations à caractère familial.

Question :

A qui appartient le pouvoir disciplinaire?

Réponse :

Le pouvoir disciplinaire appartient à l'autorité investie du pouvoir de nomination.

Il convient de préciser que l'avertissement, le blâme, la mise à pied jusqu'à 10 jours peuvent être prononcés par le Chef de Service à charge d'en rendre compte au Ministre intéressé ; La mise à pied jusqu'à 15 jours peut être prononcée par le Ministre intéressé sur proposition du Chef de Service à charge d'en rendre compte au Ministre de la Fonction Publique. Les autres sanctions (radiations du tableau d'avancement, retrogradation, révocation) sont prises par le Ministre de la Fonction Publique après avis du Conseil de discipline.

Question :

Quelle mesure provisoire peut prendre immédiatement le Ministre de la Fonction Publique en cas de faute grave commise par un fonctionnaire ?

Réponse :

En cas de faute grave commise par un fonctionnaire, qu'il s'agisse d'un manquement à ses obligations professionnelles ou d'une infraction de droit commun, l'auteur de cette faute peut être immédiatement suspendu de ses fonctions par décision du Ministre de la Fonction Publique sur rapport du Ministre dont relève le fonctionnaire. Il est, dans ce cas, privé de son traitement pendant la durée de la suspension et ne perçoit que la totalité des allocations pour charges de famille.

Sa situation doit être réglée dans un délai de deux mois à compter du jour de la suspension, ou en cas de poursuites pénales, après la décision rendue par la juridiction saisie.

Question :

Qu'entend-on par travailleur, d'après le sens du Code du Travail de la République de Guinée ?

Réponse :

Est considéré comme travailleur, au sens de la loi actuelle, quel que soit son sexe et sa nationalité toute personne qui s'est engagée à mettre son activité professionnelle, moyennant rémunération, sous la direction et l'autorité d'une autre personne, physique ou morale, publique ou privée. Pour la détermination de la qualité du travailleur, il ne sera tenu compte, ni du statut juridique de l'employeur, ni de celui de l'employé.

Question :

Qu'entend-on par Délégué du Personnel ?

Réponse :

On entend par Délégué du Personnel une personne démocratiquement élue par un groupe de travailleurs de la même branche d'activité pour les représenter auprès de la direction de l'entreprise où ils sont employés.

Question :

Quelles sont les conditions d'adhésion à un syndicat ?

Réponse :

Les personnes exerçant la même profession, des métiers similiaires ou des professions connexes concourant à la fabrication de produits déterminés, ou la même profession libérale ou relevant **d'un même secteur professionnel**, peuvent constituer librement un syndicat professionnel. Tout travailleur ou employeur peut adhérer librement à un syndicat de son choix dans le cadre de sa profession.

Question :

Qu'est-ce qu'un contrat de travail ?

Réponse :

C'est un engagement écrit, verbal ou tacite entre un employeur et un travailleur pour exécuter un travail pendant un temps déterminé ou indéterminé.

Question :

Qu'est-ce qu'un contrat d'apprentissage ?

Réponse :

Le contrat d'apprentissage est celui par lequel un Chef d'Etablissement industriel ou agricole, un artisan ou un façonnier s'oblige à donner ou à faire donner une formation professionnelle méthodique et complète à une autre personne et par lequel celle-ci s'oblige en retour, à se conformer aux instructions qu'elle recevra et à exécuter les ouvrages qui lui seront confiés en vue de sa formation, le tout sous conditions et pendant un temps convenus. Le contrat doit être constaté par écrit, sous peine de nullité. Il doit être soumis au visa et au contrôle des autorités compétentes.

Question :

Qu'est-ce qu'une Convention Collective ?

Réponse :

La Convention Collective de travail est un accord relatif aux conditions de travail conclues entre, d'une part, les représentants d'un ou plusieurs syndicats ou groupements professionnels de travailleurs et d'autre part, une ou plusieurs organisations syndicales d'employeurs ou tout autre groupement d'employeurs ou, un ou plusieurs employeurs pris individuellement. La Convention peut mentionner des dispositions plus favorables aux travailleurs que celles des Lois et Réglements en vigueur. Elle ne peut déroger aux dispositions d'ordre public définies par ces Lois et Réglements.

Les Conventions Collectives déterminent leur champ d'application. Celui-ci peut être international, national, régional ou local.

Question :

Quel est le rôle d'un Délégué du personnel ?

Réponse :

Le Délégué du Personnel a pour mission :

De présenter aux employeurs toutes les réclamations individuelles ou collectives qui n'auraient pas été directement satisfaites concernant les conditions de travail et la protection des travailleurs, l'application des Conventions Collectives, des classifications professionnelles et des taux de salaires.

De saisir l'Inspection du Travail et des Lois Sociales de toute plainte ou réclamation concernant l'application des prescriptions légales et réglementaires dont elle est chargée d'assurer le contrôle.

De veiller à l'application des prescriptions relatives à l'hygiène et à la sécurité des travailleurs et à la prévoyance sociale et de proposer toutes mesures utiles à ce sujet.

De communiquer à l'employeur toutes suggestions utiles tendant à l'amélioration de l'organisation et du rendement de l'entreprise.

De veiller à la prise de conscience professionnelle et au sens de la responsabilité de l'ensemble des travailleurs et à leur éducation au niveau de l'entreprise. Il doit assurer conjointement avec le Chef d'Entreprise, le fonctionnement des œuvres sociales de l'Entreprise.

Question :

Quel est le rôle d'un syndicat professionnel ?

Réponse :

Le rôle d'un syndicat professionnel consiste à grouper le personnel exerçant la même profession ou des professions connexes et il a exclusivement pour objet l'étude et la défense des intérêts économiques, industriels, commerciaux, agricoles, moraux et sociaux d'ordre professionnel.

Question :

Qu'entend-on par salaire ?

Réponse :

Par le Contrat de Travail, l'employeur s'engage à payer une rémunération convenue appelée le salaire. Le salaire est donc la contrepartie du travail fourni.

Question :

Quel est le mode de paiement du salaire ?

Réponse :

Le salaire doit être payé en monnaie métallique ou fiduciaire ayant cours légal, nonobstant toute stipulation contraire sous peine de nullité. Le paiement de tout ou partie du salaire en alcool ou en boissons alcoolisées est formellement interdit. Le paiement de tout ou partie de salaire en nature est également interdit. Cependant, la nourriture et le logement peuvent constituer une partie du salaire. Afin d'éviter des abus, le législateur a fixé la valeur de ces avantages en nature en même temps que le salaire minimum interprofessionnel garanti, pour les cas où les organisations syndicales, n'auraient pas, par Conventions Collectives, procédé à leur évaluation.

Question :

Qu'entend-on par repos hebdomadaire?

Réponse :

Pour des raisons d'ordre social, le législateur doit intervenir pour assurer aux travailleurs le repos nécessaire à leur santé, ainsi donc, est-il interdit d'occuper plus de six jours par semaine un même employé, ouvrier ou apprenti sans lui octroyer le temps nécessaire à son repos qui est d'une durée minima de 24 heures consécutives et qui a lieu en principe le dimanche.

Question :

Quel est le rôle d'une Commission consultative ?

Réponse :

La Commission consultative du Travail est chargée d'étudier les éléments pouvant servir de base à la détermination du salaire minimum : étude du minimum vital, étude des conditions économiques générales.

Question :

Qu'entend-on par durée légale du Travail ?

Réponse :

Dans tous les Etablissements publics ou privés, la durée légale du travail des employés ou ouvriers de l'un ou de l'autre sexe, de tout âge, travaillant à temps ou aux pièces, ne peut excéder 45 heures par semaine, mais la loi ne s'oppose pas à ce que les employeurs pratiquent dans leurs établissements un horaire de travail d'une durée inférieure ou supérieure à la durée normale, compte-tenu du caractère particulier de ces entreprises et de celui spécifique du secteur agricole.

Question :

Qu'entend-on par travail de nuit ?

Réponse :

«Tout travail entre 22 heures et 6 heures est considéré comme travail de nuit » aux termes du Code du travail ; mais dans l'industrie de la boulangerie et de la pâtisserie, le travail effectué après 4 heures du matin n'est plus considéré comme travail de nuit.

Question :

Qu'entend-on par congé payé ?

Réponse :

Sauf dispositions plus favorables des Conventions collectives, le travailleur acquiert droit au congé payé à la charge de l'employeur, à raison d'un minimum d'un jour et demi ouvrable par mois de service effectif, sauf en ce qui concerne les jeunes gens âgés de moins de 18 ans qui auront droit à deux jours ouvrables.

Question :

Quand doit-on bénéficier du congé payé ?

Réponse :

Tous les travailleurs sans exception bénéficient des congés annuels payés. Pour avoir droit au congé normal, il faut avoir travaillé pendant un an dans la même entreprise ; mais après avoir effectué un mois de travail dans un Etablissement, le salarié a droit à une partie de congé annuel payé, même s'il quitte volontairement sa place.

Question :

Quelle est la composition de la Commission Consultative de travail en Guinée?

Réponse :

La Commission consultative du Travail de Guinée comprend :

1 inspecteur du Travail, membre de droit,

4 membres de l'Assemblée Nationale désignés par elle,

8 représentants des travailleurs et 8 représentants des employeurs.

Des experts et des techniciens ayant voix consultative peuvent être appelés à siéger.

Question :

Quel est le mode d'élection des délégués du personnel ?

Réponse :

L'élection des délégués du personnel doit avoir lieu au scrutin secret et sur les listes établies par les organisations syndicales les plus représentatives au sein de chaque Etablissement, pour chaque catégorie de personnel. Si le nombre des votants est inférieur à la moitié des inscrits, il sera procédé à un second tour de scrutin pour lequel les électeurs peuvent voter pour des candidats autres que ceux proposés par les organisations syndicales. L'élection a lieu à la représentation proportionnelle, le reste des voix étant attribué à la plus forte moyenne.

Question :

Quelles sont les conditions de licenciement d'un délégué du personnel ?

Réponse :

Tout licenciement d'un délgué du personnel envisagé par l'employeur ou son représentant devra être soumis à la décision de l'Inspection du Travail et des Lois Sociales.

Toutefois, en cas de faute grave, l'employeur peut prononcer immédiatement la mise à pied provisoire de l'intéressé, en attendant la décision définitive. Pendant cette supension, le salaire du délégué est dû intégralement jusqu'à décision de la juridiction compétente saisie.

Question :

Quelle est la première obligation de toute personne qui se propose d'ouvrir une entreprise ?

Réponse :

Toute personne qui se propose d'ouvrir une Entreprise de quelque nature que ce soit, doit au préalable en faire la déclaration conjointement à l'Inspection du Travail et des Lois Sociales et à l'Office de la Main-d'œuvre.

Question :

Qu'entend-on par grève ?

Réponse :

La grève, c'est la cessation collective concertée du travail pour exercer une pression sur l'employeur ou sur les pouvoirs publics, dans le but de faire triompher certaines revendications.

Question :

Les délégués du personnel ont-ils droit à un temps nécessaire pour exercer leurs fonctions ?

Réponse :

Le chef d'établissement est tenu de laisser aux délégués du personnel, dans les limites d'une durée qui, sauf circonstances exceptionnelles, ne peut excéder quinze heures par mois, le temps nécessaire à l'exercice de leurs fonctions.

Ce temps est payé comme temps de travail.

Question :

Le travailleur licencié a-t-il toujours droit à l'indemnité de licenciement ?

Réponse :

Non, pas toujours. Pour que le travailleur licencié ait droit à cette indemnité, il faut qu'il ne soit pas congédié pour une faute grave et qu'il ait accompli dans la même Entreprise au moins douze mois d'activité, s'il est recruté sur place et vingt-quatre ou trente mois s'il est expatrié.

Question :

Qu'est-ce qu'une faute grave ?

Réponse :

Une faute grave est une faute entraînant de lourdes conséquences, des dommages importants aux intérêts de l'entreprise et dont la mauvaise volonté, l'inconscience, ou même la volonté manifeste de nuire du travailleur, constitue la cause déterminante.

Question :

Quest-ce que l'indemnité de licenciement ?

Réponse :

C'est l'indemnité à laquelle peut prétendre un travailleur licencié de son emploi dans certaines conditions spécifiques.

Question :

A quoi est égale l'indemnité de licenciement ?

Réponse :

Elle est composée de trois éléments :

a) 20 % du salaire global mensuel moyen des douze derniers mois par année de service effectif et pour les cinq premières années ;

b) 25 % du salaire global mensuel moyen des douze derniers mois pour la période comprise entre la 6ᵉ et la 10ᵉ année incluse ;

c) 30 % du salaire global mensuel moyen des douze derniers mois pour la période s'étendant au-delà de la 10ᵉ année.

Question :

Quelles sont les diverses prestations assurées par la Sécurité Sociale ?

Réponse :

La Sécurité Sociale verse les prestations suivantes :

a) les allocations familiales,

b) les allocations de retraite-vieillesse,

c) les allocations accidents du travail,

d) les allocations pour maladie et invalidité,

e) les allocations de décès.

Question :

Qu'est-ce que les allocations familiales ?

Réponse :

Les allocations familiales sont les indemnités qu'on verse à un travailleur qui a des enfants à charge. Il y a plusieurs sortes d'allocations familiales.

Question :

Quelles sont les différentes Allocations familiales?

Réponse :

Il y a :

a) les allocations prénatales,

b) les allocations de maternité,

c) les allocations familiales.

Question :

A quel moment le travailleur peut-il bénéficier de l'une de ces Allocations ?

Réponse :

Le bénéfice des allocations familiales n'est acquis qu'aux travailleurs immatriculés à la Sécurité Sociale en qualité d'allocataires.

Question :

Comment le travailleur peut-il être allocataire à la Sécurité Sociale ?

Réponse :

La qualité d'allocataire est obtenue après la constitution d'un dossier comprenant :

— des pièces d'Etat civil ;

— et des renseignements fournis en réponse à des questionnaires de la Sécurité Sociale.

Les bulletins de renseignements à remplir sont délivrés par les services de la Sécurité Sociale.

Question :

Qu'entend-on par allocation prénatale?

Réponse :

On appelle allocations prénatales les indemnités dont bénéficient les femmes en grossesse, qu'elles soient salariées ou épouses de salariés immatriculés à la Sécurité Sociale.

Question :

Que faut-il faire pour bénéficier de l'allocation prénatale ?

Réponse :

Pour prétendre aux allocations prénatales, il faut présenter un carnet de grossesse et de maternité délivré par la caisse de Sécurité Sociale, établi au vu du certificat médical confirmant l'état de grossesse, par suite d'une visite chez le médecin ou la sage-femme, avec l'identification de la date présumée de l'accouchement.

Question :

Comment l'allocation prénatale est-elle versée ?

Réponse :

Elle est payée en trois fractions :
aux 3e, 6e et 8e mois de grossesse, chacune des visites faisant l'objet de la mention du médecin ou de la sage-femme et donnant lieu au détachement d'un feuillet du carnet correspondant à la période considérée.

Question :

Qu'arrive-t-il si l'allocataire ne se soumet pas à toutes les visites médicales prescrites ?

Réponse :

Toute visite non effectuée fait perdre le bénéfice de la fraction d'allocation correspondante.

Ainsi, l'observation de ces visites permet-elle de suivre régulièrement les femmes enceintes afin d'éviter des accidents et sauver le maximum de nouveaux-nés.

Question :

Quand peut-on prétendre à l'allocation de maternité ?

Réponse :

C'est lorsqu'une femme qui travaille ou que l'épouse d'un salarié est accouchée qu'il est attribué une allocation de maternité.

Question :

Quelles sont les conditions exigées pour prétendre à l'allocation de maternité ?

Réponse :

1) que l'enfant soit né viable et sous contrôle médical ;

2) que l'enfant ait été déclaré à l'Etat civil ;

3) que la visite au 8e mois de grossesse ait eu effectivement lieu.

Question :

Dans le cas où il y a naissance de jumeaux, quels sont les droits de l'allocataire?

Réponse :

Si la femme est accouchée de jumeaux, elle bénéficie du double des allocations de maternité, chaque enfant étant considéré comme une naissance séparée.

Question :

Quels sont les droits de la mère en cas de décès de l'enfant ?

Réponse :

En cas de décès de l'enfant, la mère bénéficie des allocations jusqu'à la fin du mois où le décès a eu lieu.

Question :

Quelles sont les conditions pour bénéficier des allocations familiales ?

Réponse :

1. — Etre immatriculé comme allocataire ;
2. — Travailler au moins 18 jours ou 120 h. par mois ;
3. — Avoir des enfants à charge, âgés de 1 à 14 **ans.**

Question :

Quelles sont les pièces exigées ?

Réponse :

L'allocataire doit :

Adresser chaque trimestre un bulletin de présence signé de son employeur et attestant qu'il a travaillé 18 jours ou 120 heures par mois ;

Remettre à la Sécurité Sociale l'acte de naissance de chacun de ses enfants.

Les allocations familiales sont payables tous les trimestres.

Question :

Qu'est-ce que l'Allocation de retraite ?

Réponse :

Lorsqu'un salarié immatriculé à la Sécurité Sociale a accompli de 10 à 30 années de travail et qu'il a atteint l'âge de 55 ans, il a droit à une pension de retraite, à condition qu'il ait arrêté tout travail salarié.

Cette pension est versée tous les trois mois, ou suivant le cas, tous les mois.

Question :

Quelles sont les autres conditions exigées pour bénéficier de l'allocation de retraite ?

Réponse :

Il suffit de fournir la preuve qu'on a 55 ans et qu'on a travaillé plus de dix ans. La preuve de l'âge est fournie par l'acte de naissance de l'intéressé, celle du nombre d'années de travail, par les certificats de travail de l'intéressé.

Question :

Que se passe-t-il dans le cas où le travailleur retraité meurt ?

Réponse :

Lorsque le travailleur retraité meurt, on continue à verser à ses veuves et à ses enfants une partie de la pension du défunt.

Question :

Quelles conditions doivent remplir les ayants-droit, pour bénéficier de ces allocations ?

Réponse :

Les pièces d'Etat Civil les concernant étant déjà dans le dossier de l'allocataire, il suffit de faire parvenir à la Sécurité Sociale :

— l'acte de décès du retraité ;

— pour les veuves, il faut que le mariage ait été contracté au moins un an avant le décès du retraité.

Question :

Qu'est-ce que l'assurance Accidents du Travail ?

Réponse :

L'assurance Accidents du Travail, consiste à garantir toute personne au service d'une autre, au titre de salarié contre les risques que cette personne court, dans l'exercice de son travail :

Accidents corporels de circulation pour les chauffeurs ;

Chutes d'un échafaudage pour les maçons, etc.

Ainsi, lorsqu'un travailleur est blessé sur un chantier ou sur le chemin en allant de chez lui au travail, la Sécurité Sociale supporte :
— les frais de médicaments et d'hospitalisation,

— le salaire de l'intéressé pendant le temps que la blessure le rend inapte à remplir son emploi

— le coût des appareillages si le travailleur a perdu une jambe, un bras, etc.

S'il meurt, sa famille bénéficie d'une rente.

Question :

Quels sont les droits du travailleur accidenté en cas de guérison ?

Réponse :

Lorsque le travailleur est guéri, on évalue le pourcentage de capacité que l'accident lui a enlevé et on lui donne une rente d'invalidité.

Question :

Quelles sont les conditions à remplir pour bénéficier de la rente d'invalidité ?

Réponse :

Il suffit que l'accident ait eu lieu par le fait ou à l'occasion du travail.

Après l'accident, le travailleur se fait délivrer un certificat médical que son employeur transmet à la Sécurité Sociale, avec indication du salaire, de l'ancienneté et de la situation de famille de la victime.

L'OFFICE NATIONAL DE LA MAIN-D'ŒUVRE

Question :

Que faut-il faire pour avoir un emploi ?

Réponse :

Il faut s'adresser à un Bureau de Placement de l'Office National de la Main-d'œuvre qui enregistre la demande et procède au placement.

Question :

Quelles conditions faut-il remplir pour avoir un emploi ?

Réponse :

— Etre en âge de travailler (au moins 14 ans révolus) ;

— Faire une demande d'emploi écrite ou verbale ;

— Etre libre de tout engagement vis-à-vis d'un employeur précédent ou être en quête de son premier emploi ;

— Produire le ou les certificats de travail éventuels; la carte de travail ou toute autre pièce en tenant lieu (par exemple, le permis de travail s'il s'agit d'un étranger).

Question :

Que doit faire un employeur qui cherche à pourvoir un poste ?

Réponse :

Il doit s'adresser à un Bureau de placement de l'Office National de la Main-d'œuvre.

Question :

L'offre d'emploi est faite sous quelle forme ?

Réponse :

L'offre d'emploi est faite verbalement ou par écrit, avec description précise du ou des emplois à tenir.

Question :

En quoi consiste l'opération technique du placement ?

Réponse :

Lorsque la demande d'emploi correspond à une offre déterminée ou vice-versa, il est donné au demandeur une carte de présentation qui, rappelant l'offre, est remise à l'employeur. Une partie détachable de ce document constitue la carte-réponse de l'employeur, qui fait connaître son acceptation ou son refus et dans ce dernier cas, s'il faut présenter un autre candidat.

DU RECOURS OBLIGATOIRE

Question :

Le travailleur est-il obligé de s'adresser au Bureau de placement ?

Réponse :

Tout travailleur recherchant un emploi est tenu de requérir son inscription à l'office local de son domicile.

Question :

L'employeur est-il obligé de s'adresser au Bureau de placement ?

Réponse :

Tout chef d'entreprise ou d'établissement est tenu de s'adresser à l'Office de la Main-d'Œuvre du ressort pour le recrutement du personnel de toutes catégories.

Tout Chef d'établissement est tenu de notifier à l'office du ressort, tout emploi vacant dans son Entreprise.

Question :

Le travailleur est-il tenu d'accepter l'emploi qui lui est proposé ?

Réponse :

Non, mais le motif du refus doit être indiqué.

Question :

L'employeur est-il tenu d'agréer le salarié qui lui est présenté par le Bureau de placement ?

Réponse :

Non, mais le motif du refus doit être porté sur la carte-réponse.

Question :

Le Chef d'Entreprise peut-il proposer l'engagement d'un travailleur donné de son choix ?

Réponse :

Le Chef d'Entreprise ou d'Etablissement public ou privé qui se propose d'engager un travailleur donné de son choix, même à l'essai, doit en saisir l'Office de la Main-d'Œuvre, par note d'intention d'engagement.

Question :

L'utilisation systématique de la note d'intention est-elle admise par l'Office de la Main-d'Œuvre ?

Réponse :

Non, l'offre d'emploi étant la règle, le système de la note d'intention d'engagement constitue l'exception. Si la note d'intention d'engagement est acceptée, il est délivré à l'employeur un accord d'engagement.

IMMATRICULATION

Question :

En quoi consiste l'immatriculation ?

Réponse :

En vue de suivre le travailleur tout au long de sa carrière, il lui est affecté un numéro d'identification. Ce numéro est transcrit sur un dossier individuel ou le permis de travail. C'est l'ensemble de ces opérations qui constitue l'immatriculation.

Question :

Quelles indications sont données par le numéro d'immatriculation ?

Réponse :

Le numéro d'immatriculation qui est un Code renseigne sur le sexe du travailleur, l'année et le lieu de sa naissance, le métier, le bureau qui a ouvert le dossier du travailleur et l'ordre d'inscription de l'intéressé sur le Registre d'Immatriculation.

Question :

A quelle catégorie de travailleurs la carte de travail est-elle délivrée?

Réponse :

Il est ouvert un dosier et délivé une carte de travail à tout travailleur, qu'il soit demandeur d'emploi ou en position de travail, relevant du champ d'application du Code du Travail.

Question :

Qui doit faire viser le contrat de travail ?

Réponse :

L'employeur.

Question :

Quelle est la procédure du visa ?

Réponse :

Le contrat de travail écrit, signé des deux parties et accompagné :

— d'un extrait du casier judiciaire ;

— d'un certificat médical d'aptitude à tenir l'emploi et d'un curriculum vitae, avec copies de diplômes et certificats de travail. Le contrat est déposé en six exemplaires au Ministère du Travail qui le vise après avis des Services de l'Immigration et de l'Office de la Main-d'œuvre.

Question :

Un délai n'est-il pas imparti pour le visa de contrat ?

Réponse :

Si l'autorité compétente pour accorder le visa n'a pas fait connaître sa décision dans le mois qui suit la demande de visa, ce visa sera réputé avoir été accordé.

Question :

Le visa du contrat de travail est-il onéreux ?

Réponse :

Le contrat écrit est exempt de tous droits de timbre et d'enregistrement.

Question :

Dans quelles conditions le permis de travail est établi ?

Réponse :

Il est établi pour tous les étrangers salariés un permis de travail à la charge de l'employeur, au tarif de cinq mille francs l'an.

Question :

Le permis est-il établi aux fonctionnaires étrangers employés dans l'Administration guinéenne ?

Réponse :

Les fonctionnaires étrangers employés dans l'Administration guinéenne bénéficient gratuitement du permis de travail contre trois photos d'identité.

Question :

Quelle est la procédure d'établissement et de délivrance du permis de travail ?

Réponse :

Le permis de travail est établi et délivré par la direction de l'Office National de la Main-d'Œuvre après visa du contrat de travail, et production par l'employeur d'une quittance de versement au Trésor, de la taxe correspondante, de trois photos d'identité du travailleur intéressé et d'un relevé de renseignements comportant : les noms et prénoms, les date et lieu de naissance, la filiation, la domiciliation, la profession, la nationalité, ainsi que le numéro du passeport ou du carnet d'étranger du travailleur.

Question :

Quelle est l'autorité qui signe le permis ?

Réponse :

Le permis est établi par l'Office National de la Main-d'œuvre et signé par le Ministre du Travail.

Question :

La taxe de 5.000 francs par permis est-elle renouvelable ?

Réponse :

Oui, annuellement.

Question :

Le permis est-il la propriété de l'employeur ?

Réponse :

Non, le permis est à la charge de l'employeur en ce qui concerne l'établissement et le renouvellement, mais il est détenu par le travailleur.

Question :

Dans quelles conditions est établi et délivré le duplicata du permis ?

Réponse :

En cas de perte ou de détérioration du permis et sur demande du travailleur, il est établi et délivré duplicata du permis de travail, à la charge du salarié.

Question :

Quand est-ce que le permis est retiré ?

Réponse :

Le permis est retiré par la Direction de l'Office de la Main-d'Œuvre au départ du titulaire de la Guinée, que ce départ soit temporaire ou définitif. Il peut être restitué au titulaire à son retour en Guinée, après vérification de validité.

Question :

Comment l'Office est-il avisé du départ d'un salarié ?

Réponse :

L'Office de la Main-d'Œuvre est avisé par écrit, aux soins de l'employeur, de tout départ définitif ou en congé de salarié étranger. C'est cette occasion qui est saisie par l'Office pour retirer le permis de travail.

Question :

Quel est le rôle de l'Office de la Main-d'Œuvre en matière de statistique ?

Réponse :

En règle générale, la réunion et l'analyse d'informations sur les besoins immédiats et à courte échéance de travailleurs et sur les disponibilités de main-d'œuvre incombent au service de l'emploi.

Question :

De quel matériel statistique dispose l'Office de la Main-d'Œuvre ?

Réponse :

La déclaration d'entreprise, la déclaration de mouvements du travailleur, la déclaration périodique de la situation de main-d'œuvre, la nomenclature nationale des activités collectives, la nomenclature des activités individuelles, les registres et les fichiers.

Question :

Quel est le type et la portée des statistiques de l'Office de la Main-d'Oeuvre ?

Réponse :

Nos satistiques couvrent la main-d'œuvre au travail, la main-d'œuvre en quête d'emploi, les excédents ou les déficits de main-d'œuvre, ventilés par secteurs d'activité économique, par profession, sexe, âge, nationalité et région.

Question :

Que signifie l'abréviation S.M.I.G. ?

Réponse :

C'est le salaire minimum interprofessionnel garanti.

Question :

A quoi correspond le S.M.I.G ?

Réponse :

Le S.M.I.G. correspond à un salaire minimum au-dessous duquel un travailleur ne peut être rénuméré.

Question :

Comment détermine-t-on le S.M.I.G.?

Réponse :

Le S.M.I.G. est obtenu en divisant le nombre annuel d'heures comprises dans la durée légale du travail par le montant total des dépenses nécessaires à la vie de tout travailleur.

Question :

Comment obtient-on le montant total de ces dépenses annuelles ?

Réponse :

C'est la somme des dépenses nécessaires répartie en douze postes qui sont :

1. Alimentation ;
2. Combustible ;
3. Eclairage.
4. Habillement ;
5. Couchage ;
6. Ameublement ;
7. Entretien ;
8. Loyer ;
9. Blanchissage ;
10. Hygiène ;
11. Distraction ;
12. Impôts.

Question :

Que savez-vous de l'Armée Guinéenne?

Réponse :

L'Armée guinéenne est une armée populaire qui a été formée au lendemain du 28 Septembre 1958. Son action est intimement insérée dans l'action globale du peuple de Guinée tant dans le domaine de la défense de l'intégrité du territoire national que dans la construction et le développement de l'économie nationale.

Question :

Que savez-vous des Services de Sécurite?

Réponse :

Les services de sécurité comprennent :

1° La Direction de la Sécurité Nationale qui englobe la sécurité proprement dite et la police judiciaire;

2° La Gendarmerie Nationale;

3° La Garde Républicaine;

4° La Police économique;

5° La Police routière.

L'ensemble de ces services est placé sous le contrôle d'une Direction Générale des Services de Sécurité.

Question :

Quelles sont les caractéristiques des Services de Sécurité?

Réponse :

Si l'appareil policier revêt traditionnellement un aspect préventif et répressif, la nature démocratique du régime guinéen exige la nécessité de développer la vocation préventive et éducative des services de Sécurité.

Question :

Quel est l'organisme qui coiffe et coordonne l'ensemble des services de Sécurité?

Réponse :

C'est la Direction Générale des Services de Sécurité

Sa mission est d'étudier toutes les questions relatives au fonctionnement harmonieux des différents organismes de sécurité et de coordonner leurs efforts dans l'accomplissement des tâches qui leur incombent. Sa tâche, pratiquement, est de rechercher, de constater, de centraliser tous les cas de crime et délit, d'atteinte à la Sûreté intérieure et extérieure de l'Etat, d'en rassembler les preuves et d'en livrer les auteurs aux juridictions compétentes. C'est également elle qui assure le contrôle technique de l'Ecole Nationale de Police. La Direction Nationale des Services de Sécurité est assistée par la Direction Nationale de la Sûreté Nationale.

Question :

Que savez-vous de la Direction Nationale de la Sûreté Nationale?

Réponse :

La Direction de la Sûreté Nationale groupe l'ensemble des services de Police et de Sûreté de la République. Elle contrôle et coordonne sur toute l'étendue du territoire national le fonctionnement de la Police Administrative, de la Police Judiciaire et de l'identité. Elle assure une mission de maintien de l'ordre public et de la sécurité publique. D'autre part, elle supervise les Polices Régionales et harmonise leurs activités à travers des sections centrales spécialisées qui sont : La Section Administrative ;

La Section nationale d'antrhopométrie et d'identité judiciaire ;

La Section Nationale de l'immigration et de l'émigration ;

Le Bureau des renseignements généraux.

Question :

Quels sont les rôles des Commissariats de Police?

Réponse :

Le personnel des Commissariats de Police, Commissaires de Police, leurs adjoints et les agents de Police sont essentiellement chargés de la police judiciaire. En cette qualité ils recherchent crime, délit et contravention et défèrent leurs auteurs devant les Tribunaux. Ils reçoivent plaintes et dénonciations et recherchent les preuves ou indices à la charge de ceux qui sont présumés coupables des faits à eux dénoncés.

Question :

Que savez-vous sur la Gendarmerie Nationale?

Réponse :

La Gendarmerie Nationale est un service paramilitaire de sécurité chargé du maintien de l'ordre. Elle a une mission de police militaire, de sécurité publique au même titre que les services de police et de Sûreté Nationale avec lesquels elle collabore pour la sauvegarde principalement préventive de la santé politique et morale de la Nation. Elle est plus particulièrement chargée de la Police et du contrôle des frontières. La Gendarmerie Nationale est placée sous la Direction d'un Officier de l'Armée Populaire.

Question :

Que savez-vous de la Garde Républicaine?

Réponse :

De même que la Gendarmerie Nationale, la Garde Républicaine qui relève statutairement de la Fonction Publique est soumise sur le plan disciplinaire aux règlements militaires. Sa Direction est assurée par un Officier de l'Armée guinéenne qui prend le titre d'inspecteur de la Garde Républicaine et qui est placé sous l'autorité du Directeur Général des services de Sécurité. Dans les multiples aspects de son utilisation, la Garde Républicaine est chargée d'assurer le maintien de l'ordre et de la sécurité en général.

Question :

Que savez-vous de l'Inspection Générale de la circulation routière ?

Réponse :

Elle a pour rôle de règlementer la circulation routière et d'éduquer les usagers de la route par le respect absolu du code de la route en vue de réduire les accidents; sa compétence s'étend sur l'ensemble du territoire national. Dans les régions Administratives, les Commissaires de Police, les Commandants de brigades de gendarmerie et de la garde républicaine sont habilités à traiter de tous problèmes de prévention routière en liaison directe avec l'inspection générale de la circulation routière. La brigade féminine motorisée de la Gendarmerie Nationale lui est rattachée.

Question :

Que savez-vous de cette dernière?

Réponse :

La création de la Brigade féminine de la circulation routière remonte à 1960. Outre, sa vocation militaire, pour la défense de l'intégrité du territoire national, elle est utilisée au même titre que les formations analogues masculines dans toutes les activités des services de sécurité :

Escorte motorisée;

Police administrative et judiciaire, etc.

Question :

Que savez-vous du recrutement et de la formation professionnelle des agents de la Brigade féminine de la circulation routière?

Réponse :

Recrutées au niveau du Certificat d'Etudes Primaires, les jeunes filles âgées de 17 à 25 ans suivent les cours de formation militaire complète à l'issue desquels elles sont nanties du diplôme de sous-officier; après quoi elles sont spécialisées à l'Ecole Nationale de Police dans le domaine de la prévention routière et dans la police générale.

Question :

Comment est constituée la Police Economique et quel rôle joue-t-elle?

Réponse :

La Police économique regroupe l'ensemble des agents des services de Sécurité qui se consacrent à la recherche et à la constatation des infractions à la réglementation économique.

Question :

Que signifient les initiales P.T.T. que l'on voit sur certains bâtiments dans toutes les villes de la République de Guinée ?

Réponse :

Les initiales P.T.T. sont les abréviations des mots : POSTES — TELEGRAPHE — TELEPHONE. Ces trois mots inscrits sur les bâtiments signifient que ces bâtiments abritent un Service ou des Services Publics relevant des activités du Ministère des POSTES, TELEGRAPHE et TELEPHONE.

Question :

Comment sont rémunérés par les usagers les différents services rendus par l'Administration des Postes, télégraphe et téléphone?

Réponse :

Ils sont rémunérés par acquittement de taxes soit en monnaie, soit à l'aide de timbres et suivant un barème qui tient compte des différents frais attachés aux services rendus.

Question :

Comment se décompose la valeur d'un timbre pour une lettre expédiée de Guinée au Maroc ? (par exemple).

Réponse :

Elle comprend la quote-part réservée à la poste guinéenne ; la quote-part réservée au transporteur (compagnies maritimes ou aériennes) et la quote-part réservée à la poste marocaine qui en assure la réception et la distribution.

Question :

Quelles sont les attributions de ce Service dans la vie de la Nation ?

Réponse :

Les attributions des Postes et Télécommunications sont multiples et se divisent en deux grandes catégories :

a) **Pour la Poste :**

— l'acheminement et la distribution de correspondances,

— l'acheminement et la distribution de colis,

— l'acheminement et la distribution de sommes d'argent et d'objets précieux,

— la garde, pour le public, de ses économies,

— la perception des sommes dues par des clients à d'autres clients se trouvant souvent dans d'autres villes.

b) **Pour les Télécommunications :**

— la transmission à distance par des moyens électro magnétiques de la pensée écrite grâce au télégraphe,

— la mise en contact de personnes éloignées pour leur permettre d'échanger les paroles grâce au téléphone,

— la possibilité de transmettre des photos ou d'autres documents manuscrits, etc...

Question :

L'administration des P. et T. peut-elle être concurrencée par une autre entreprise ?

Réponse :

Non ! l'Etat lui réserve le privilège d'assurer seule, sans concurrence, le transport et la transmission des objets de correspondances postales, télégraphiques et téléphoniques. C'est ce qu'on appelle un monopole.

Il est donc interdit à toute personne étrangère à l'administration des P. et T. de s'immiscer dans le transport et la transmission des objets compris dans le monopole.

Question :

Pourquoi ce monopole est-il institué ?

Réponse :

Pour mieux assurer le secret de la correspondance (les agents des P.T.T. sont des fonctionnaires assermentés) et pour mieux garantir la liberté de parole et de presse de nos nationaux fixée par l'Art. 40 (Titre X) de notre Constitution ; enfin pour protéger l'inviolabilité des correspondances expédiées ou destinées à des nationaux ou à des étrangers.

Question :

Les Postes et Télécommunications existant dans tous les pays du monde, quelles sont les règles des relations internationales au point de vue P. et T.

Réponse :

Il existe pour les Postes de tous les pays du monde, un organisme international appelé **l'Union Postale**

Universelle qui établit les règlements généraux de fonctionnement de toutes les postes du monde, définit les rapports devant exister entre elles par des règlements auxquels chaque Poste Nationale adhère librement.

Il existe également pour les Télécommunications un autre organisme international appelé **l'Union Internationale des Télécommunications,** chargé de règlementer les rapports entre tous les Services des Télécommunications du monde.

Question :

Quel a été le développement des télécommunications ?

Réponse :

Avant l'application de l'électricité dans les télécommunications, il existait différents systèmes de transmission à distance : système employant la portée du son (tam-tam), système employant la portée de la lumière, soit de nuit, soit par réflexion de jour (héliographe et cémaphore). Cette transmission s'opère selon un code.

Le mot « télégraphe » est un emprunt fait aux anciens grecs, lesquels avaient inventé un système de signaux par torche lumineuse, combinés de façon à représenter les lettres de l'alphabet grec. C'est en s'inspirant des transmissions par code qu'a été mis au point l'alphabet morse, adapté à la transmission électro-magnétique.

Question :

Quelles ont été l'origine et l'évolution de l'emploi du téléphone ?

Réponse :

C'est après l'invention du télégraphe électrique que fut transmise la première phrase intelligible à distance de la parole, en utilisant les possibilités de l'électro-aimant. C'est le 10 mars 1876 que fut transmise la première phrase intelligible communiquée par téléphone.

La vulgarisation de l'emploi du téléphone a été, dès ce moment, généralisée. Cependant ce ne fut qu'en 1915 que furent établies des relations téléphoniques transcontinentales.

A la transmission électro-magnétique par fil s'est substituée la transmission radiophonique sans fil. C'est en 1915 que les premiers essais concluants de radio-téléphonie et de radio-télégraphie eurent lieu. Mais ce mode de transmission ne pouvait pas être employé pour de grandes distances. Ce n'est qu'en 1926 que des essais de radio-télécommunication transcontinentale donnèrent des résultats satisfaisants. Depuis lors, les réseaux de radiotélégraphie et de radio-téléphonie se sont considérablement développés.

Question :

Quelle a été l'évolution de la réglementation internationale des télécommunications ?

Réponse :

C'est à la suite de la généralisation de l'usage du télégraphe électrique qu'est apparue la nécessité d'établir une réglementation internationale concernant les télécommunications. La première convention à caractère international remonte à 1849. Elle fut suivie en 1865 par une conférence qui portait création de l'Union télégraphique internationale.

Cette union comprend, indépendamment de la conférence des plénipotentiaires et de la conférence administrative, qui discute périodiquement des problèmes de radio-télécommunication au niveau international, le conseil d'administration, le secrétariat général, le comité international d'enregistrement des fréquences et 3 comités consultatifs internationaux : télégraphe, téléphone et radio-communication.

Question :

Qu'entend-on par affranchir une lettre ?

Réponse :

C'est acquitter, par l'apposition d'un timbre, la valeur de la taxe correspondant à son acheminement et à sa distribution.

Question :

Qu'est-ce qu'un envoi recommandé ?

Réponse :

C'est un envoi clos dont l'acheminement et la distribution sont garantis par le service des Postes. C'est ainsi qu'un envoi en recommandé ne peut être délivré sans que le destinataire en donne décharge au service des postes.

Question :

Qu'est-ce qu'un envoi avec accusé de réception ?

Réponse :

C'est un envoi clos dont l'acheminement et la distribution sont garantis par le service des postes et dont ce dernier avise l'expéditeur de sa remise au destinataire.

Question :

Qu'es-ce qu'un compte chèque postal ?

Réponse :

C'est un dépôt d'argent fait par un usager auprès du service des postes, qui en assure la garde et procède pour le compte du dépositaire aux mouvements que ce dernier lui ordonne (virement, retrait, encaissement, etc.).

Question :

Quels sont les différents titres qui permettent, soit d'envoyer, soit de recevoir des sommes d'argent par voie postale ?

Réponse :

Ce sont : le chèque de virement, le chèque d'assignation, le mandat lettre, le mandat carte, le mandat télégraphique.

Question :

Qu'est-ce que la Caisse d'Epargne ?

Réponse :

C'est un service de la poste qui reçoit les sommes que lui confient les usagers et sert à ces derniers un intérêt sur leur dépôt. Chaque déposant à la caisse d'épargne est muni d'un livret nominatif sur lequel sont inscrites, au fur et à mesure, les différentes opérations de dépôt et de retrait. Les dépôts des usagers sont remboursables en partie ou en totalité au gré du déposant.

Question :

Qu'entend-on par inviolabilité de la correspondance ?

Réponse :

On entend par inviolabilité de la correspondance, la prohibition faite spécialement aux fonctionnaires des P. et T. de porter atteinte de quelque façon que ce soit à la correspondance d'autrui. C'est ainsi qu'il est formellement interdit de faire disparaître ou d'ouvrir un objet de correspondance.

En République de Guinée le secret de la corresdance est garanti par la Constitution (Titre X article 43).

Question :

Il est également interdit à quiconque de divulguer un secret dont il a eu connaissance dans l'exercice de ses fonctions. Dans les P. et T. où le personnel est pour ainsi dire le confident universel, des dispositions spéciales ont-elles été prises pour sauvegarder le secret de la correspondance ?

Réponse :

Oui, des textes interdisent aux fonctionnaires des P. et T. de divulguer le contenu de tous objets confiés au service, la teneur des conversations téléphoniques ou même seulement les noms des correspondants, de certifier qu'un objet de correspondance a été reçu ou expédié, de faire connaître le nom des personnes qui ont expédié, ou reçu une correspondance ou qui ont effectué une opération de service quelconque.

Toute personne admise à participer à l'exécution du service doit prêter le serment de garder et d'observer le respect dû au secret des correspondances et de dénoncer aux tribunaux les contrevenants.

Le serment est prêté devant le Tribunal de Première Instance ou le Juge de Paix, pour les titulaires ou les stagiaires, devant le Chef immédiat pour les agents appartenant aux autres catégories de personnel.

Question :

Qu'appelle-t-on lettre ?

Réponse :

a) Au point de vue du monopole : on appelle « lettre » toute correspondance manuscrite ou imprimée ayant vis-à-vis du destinataire un caractère actuel et personnel ;

b) Au point de vue de la taxe : on considère comme « lettre » :

1) Tout papier manuscrit ou imprimé ayant vis-à-vis du destinataire le caractère d'une correspondance personnelle et actuelle ou pouvant en tenir lieu ;

2) Tout objet dont le mode de fermeture est tel qu'on ne puisse en vérifier le contenu sans briser ou détériorer l'enveloppe ;

3) Tout envoi effectué aux conditions prévues pour les objets à prix réduit et contenant des inscriptions manuscrites non autorisées ;

4) Les échantillons du régime international dépassant 500 g et destinés à des pays n'acceptant pas les « petits paquets ».

Question :

Quel est le poids maximum d'une lettre ?

Réponse :

3 kg dans le régime intérieur et 2 kg dans le régime international.

Question :

Quelles sont les interdictions concernant les lettres?

Réponse :

Il est interdit d'insérer dans les lettres ordinaires des billets de banque, bons, pièces de monnaie ; matières d'or ou d'argent, objets dangereux ou salissants.

Question :

Qu'appelle-t-on carte postale ?

Réponse :

La carte postale ordinaire est une feuille de carton suffisamment résistant, dont la moitié droite au moins du recto est réservée à l'adresse du destinataire et aux indications de service ; l'envoyeur dispose donc pour sa correspondance de la moitié gauche du recto et de tout le verso.

Question :

Qu'appelle-t-on carte postale illlustrée ?

Réponse :

C'est une carte postale dont le recto est entièrement occupé par une illustration ou gravure à l'exclusion de tout texte publicitaire.

Question :

Quels sont les objets à prix réduit (O.P.R.) ?

Réponse :

Ce sont : les papiers d'affaires, les imprimés, les échantillons et les petits paquets.

Question :

A quelles conditions doivent satisfaire les objets à prix réduit ?

Réponse :

1°) Etre non clos et facilement vérifiables ;

2°) Ne comporter aucune mention pouvant tenir lieu de correspondance personnelle.

Question :

Qu'appelle-t-on papier d'affaires ?

Réponse :

Tous documents écrits en tout ou en partie à la main qui n'ont pas vis-à-vis du destinataire le caractère d'une correspondance actuelle et personnelle. Ex. : un plan, un devis, des lettres de date ancienne, des factures, des actes d'officiers ministériels, des relevés de compte, des devoirs d'élèves, etc.

Question :

Qu'appelle-t-on imprimés ?

Réponse :

On appelle imprimés toutes impressions ou reproductions obtenues sur papier, parchemins, cartes etc.., au moyen de procédés mécaniques ou chimiques autres que le décalque, la machine à écrire et le papier carbone.

Question :

Qu'appelle-t-on imprimés périodiques ?

Réponse :

Ce sont : les publications, journaux, recueils, annales, bulletins, etc., édités dans un but d'intérêt général pour l'éducation, l'instruction, l'information du public.

Question :

Comment sont réglés les rapports entre l'Administration des P. et T. et les particuliers ?

Réponse :

Les agents des Postes et Télécommunications s'inspirent d'un ensemble de textes officiels pour régler leurs rapports avec les particuliers. Ces textes se trouvent condensés dans une instruction générale sur les P. et T. approuvée par décision ministérielle et dont la réglementation s'adapte aux besoins de la clientèle et aux conditions d'exécution du Service.

Question :

Quels sont les régimes de la correspondance?

Réponse :

Il existe le régime intérieur qui concerne toutes les relations à l'intérieur de la République de Guinée et le régime international qui concerne toutes les relations entre la République de Guinée et l'extérieur.

Question :

Qu'appelle-t-on échantillons ?

Réponse :

a) Tous envois d'objets ou de marchandises jusqu'au poids de 3 kg dans le régime intérieur ;

b) Tous envois de fragments de marchandises neuves ou d'objets usagés, donc dépourvus de valeur marchande, ne dépassant pas 500 g dans le régime international.

Question :

A quels conditionnements spéciaux doivent satisfaire les échantillons?

Réponse :

a) **objet d'une pièce** : peut être envoyé à découvert, muni d'une étiquette (clef, pièce de bois ou de fer, etc..) ;

b) **objet en verre** : doit être inclus dans une boîte solide ;

c) **liquides et corps gras** : doivent être insérés dans des récipients hermétiquement fermés qui sont placés dans des boîtes métalliques ou en bois résistant et entourés de matières absorbantes telles que : sciure, coton, etc.

d) **poudres colorantes** : il doit être également fait usage d'un double emballage : boîte résistante et sac en toile ;

e) **animaux vivants** : (abeilles, sangsues médicinales). L'emballage doit être tel que tout danger soit écarté : cage double à barreaux pour les abeilles ; sangusues placées dans la mousse et introduites dans un double emballage, etc.

Question :

Qu'appelle-t-on petits paquets ?

Réponse :

Les petits paquets permettent l'envoi par la poste à un tarif inférieur à celui des lettres, de marchandises passibles ou non de droits de douane jusqu'au poids de 1 kg dans les pays destinataires et, par suite, d'objets que leur valeur marchande ou leur poids ne permet pas d'expédier comme échantillons.

Le service des petits paquets n'existe que dans le régime international et tous les pays ne les admettent pas. Les renseignements y relatifs sont fournis par le guide officiel des P.T.T.

Question :

Qu'est-ce que le Timbre Poste ?

Réponse :

Le Timbre Poste est une feuille de papier très mince que la Poste fait imprimer et qui a valeur de monnaie servant à acquitter les droits d'acheminement et de distribution des objets de correspondance. Le Timbre Poste a été créé en Angleterre en 1819.

Ces Timbres Postes en plus de leur valeur monétaire intrinsèque représentant une gamme de valeurs correspondant aux différents tarifs d'affranchissement, doivent être un instrument d'éducation, d'information du public tant en Guinée qu'à l'étranger et ils doivent être une représentation, une figuration aussi fidèle qu'il se peut, de l'état d'esprit, des caractéristiques et même des aspirations de notre Pays.

Il ne faut pas oublier aussi que le Timbre Poste est un messager et qu'il peut être le plus parfait des instruments de propagande. C'est dire donc tout le sérieux qui doit présider au choix du Timbre Poste justement à cause de cet autre rôle qui est de pouvoir reflèter l'état d'âme et même les options fondamentales d'un Peuple.

Question :

Le Timbre Poste est-il utilisé à autre chose qu'à l'affranchissement ?

Réponse :

Oui, il existe de par le monde entier des collectionneurs appelés philatélistes qui ont pour violon d'Ingres la collection des Timbres émis par les administrations postales.

Ces collections permettent de connaître et de suivre toute la vie d'une nation non seulement dans ses différents aspects physiques mais aussi dans les différentes phases de son évolution.

Question :

Qu'appelle-t-on objet affranchi ? quel est le mode d'affranchissement le plus courant ?

Réponse :

Un objet est « affranchi » lorsque l'expéditeur a acquitté au dépôt la taxe due — les timbres-poste constituent le mode d'affranchissement le plus courant.

Question :

Quels timbres-poste sont valables ? Quel est le délai de validité d'un timbre-poste ?

Réponse :

Les seuls timbres-poste utilisables pour l'affranchissement sont ceux du pays d'origine de l'objet de correspondance. En général les timbres-poste sont valables indéfiniment, il est fait exception pour ceux dont une loi a fixé la validité. La cessation de validité peut être prononcée aussi par décret.

Question :

Quels sont les autres modes d'affranchissement ?

Réponse :

Coupon-réponse, chiffre-taxe, affranchissement à la machine, affranchissement en numéraire.

Question :

Quel est l'avantage du coupon-réponse ?

Réponse :

Le coupon-réponse a pour but de permettre à un expéditeur de faire à un destinataire même résidant à l'étranger, l'avance du montant de l'affranchissement de la réponse qu'il sollicite. Il existe donc deux catégories : le coupon-réponse du régime intérieur guinéen et le coupon-réponse du régime international.

Question :

Comment le coupon-réponse est-il utilisé par le destinataire ?

Réponse :

Après l'avoir échangé au prorata de sa valeur contre des timbres-poste.

Question :

A quoi servent les machines à affranchir ?

Réponse :

Les machines à affranchir sont des appareils destinés à imprimer sur les objets de correspondance des empreintes de couleurs valant affranchissement au même titre qu'un timbre-poste pour tous objets et dans tous les régimes. Elles sont louées par des concessionnaires agréés par l'Administration. Une remise sur le total des affranchissements est consentie aux usagers.

Question :

En quoi consiste l'affranchissement en numéraire ?

Réponse :

Ce mode d'affranchissement qui n'est admis que pour les imprimés (ordinaires et périodiques) permet de remplacer les timbres-poste par des empreintes portant la mention « P P » (Port payé).

Question :

A quoi servent les chiffres-taxes ?

Réponse :

Tout objet non ou insuffisamment affranchi est « taxé » à l'arrivée. Il est perçu en règle générale, le double de l'insuffisance d'affranchissement. Cette taxe est représentée sur l'objet par l'apposition de figurines spéciales appelées chiffres-taxes.

Question :

Qu'appelle-t-on franchise postale ?

Réponse :

C'est le privilège dont jouissent certaines correspondances qui sont acceptées et acheminées gratuitement.

Question :

Quelles sont les correspondances qui bénéficient de la franchise postale ?

Réponse :

1° Tous les plis du Service des Postes et Télécommunications ;

2° Les plis et documents concernant le service de l'Etat (correspondance officielle) ;

3° Les correspondances relatives aux services des colis postaux et des chèques postaux ;

4° Les correspondances émanant ou destinées aux militaires en campagne pour chaque campagne un décret détermine la date à partir de laquelle le bénéfice de la franchise est acquis,
— Exemple : la campagne de l'Armée Guinéenne au Congo ;

5° Les bulletins de notes adressés aux parents d'élèves.

Question :

Comment s'effectue le dépôt des correspondances?

Réponse :

a) les lettres et cartes postales doivent être déposées dans les boîtes aux lettres ;

b) les O.P.R. (objet à prix réduit) sont obligatoirement déposés soit aux guichets, soit dans les boîtes qui leur sont réservées.

Question :

En quoi consiste « la Recommandation » ?

Réponse :

C'est un traitement spécial appliqué d'office ou sur demande des expéditeurs à des objets qui sont enregistrés au dépôt, transmis dans des conditions particulières et remis contre signature.

Question :

En quoi consiste le « chargement » ?

Réponse :

Le chargement est un traitement spécial qui se rapproche sensiblement de la recommandation mais qui en diffère par des garanties supplémentaires faites à l'expéditeur concernant les risques de perte, de détérioration ou de spoliation.

Question :

Combien de catégories de chargements existe-t-il?

Réponse :

Trois. Ce sont :

a) les lettres avec valeur déclarée (appelées C.H.L.) ;

b) les boîtes avec valeur déclarée (appelées C.H.B.) ;

c) les paquets-poste avec valeur déclarée (appeles P.V.D.). Cette dernière catégorie n'est pas admise dans le régime international.

Question :

Quel est le rôle de « l'avis de réception » ?

Réponse :

L'avis de réception est une attestation signalant à l'expéditeur la remise de l'objet. Il peut être demandé au dépôt de l'objet, ou postérieurement, par poste ou télégraphiquement.

Question :

Selon leur caractére d'urgence, quelles sont les distinctions faites entre les correspondances quant à leur acheminement?

Réponse :

a) **Objets dont l'acheminement ne peut être différé :**

— lettres missives et cartes postales à plein tarif;
— factures, bordereaux et avis d'expédition ;
— journaux et écrits périodiques;
— plis en franchise ;
— imprimés urgents ;
— sérums et vaccins ;
— imprimés électoraux ;
— imprimés pour aveugles ;
— mandats-carte.

b) **Objets dont l'envoi peut être différé en cas d'encombrement :**

— paquets ;
— échantillons ;
— imprimés non périodiques et non urgents.

Question :

Le retrait d'une correspondance est-il possible ?

Les rectifications d'adresse sont-elles permises ?

Réponse :

L'expéditeur conserve la libre disposition d'un objet de correspondance tant que la livraison au destinataire n'en a pas été faite. Il a donc le droit d'en réclamer le retrait ou d'en modifier l'adresse à son gré.

Toutefois, l'Administration se doit de sauvegarder le secret des correspondances et de prévenir toute confusion et toute fraude.

La demande de retrait ou de rectification doit être faite par écrit et signée. L'auteur doit préciser qu'il est l'expéditeur de l'objet et qu'il se porte garant et responsable envers qui de droit de tous les effets de sa demande.

Question :

Comment sont remis les objets recommandés et chargés ?

Réponse :

a) les O.P.R. (objets à prix réduit) et les P.V.D. en bon état (paquets valeur déclarée) sont remis au destinataire, à son fondé de pouvoirs, ou à toute personne qui le représente à son adresse.

b) les C.H.L. (chargements-lettres), les C.H.B. (chargements boîtes) et les P.V.D. en mauvais état (paquets valeur déclarée) sont remis au destinataire, ou à son fondé de pouvoirs seulement.

Question :

Quelle est l'utilité du service des boîtes postales ?

Réponse :

Le service onéreux des boîtes postales permet à certains usagers de retirer eux-mêmes leur courrier à une heure de leur choix. L'autorisation est accordée par le Receveur et seulement aux personnes qui possèdent leur domicile ou un établissement commercial ou industriel dans la circonscription du bureau distributeur.

Question :

Quelle est l'utilité du service de la Poste restante ?

Réponse :

La Poste restante a pour but de permettre aux personnes qui se déplacent fréquemment (voyageurs de commerce en particulier) de se faire adresser leur courrier dans une localité où elles ne font que passer sans avoir à se préoccuper d'indiquer à leurs correspondants un domicile qu'elles ignorent et les dates de séjour qu'elles ne peuvent préciser.

Pour des motifs de convenance personnelle, certains usagers ont très souvent recours à la poste restante qui leur assure toute discrétion dans la remise de leur correspondance.

Question :

Le service de la poste restante est-il ouvert à tout le monde ?

Réponse :

La remise des correspondances adressées en poste restante est interdite aux mineurs non émancipés de moins de 18 ans.

La remise d'objets adressés en poste restante sous des initiales, chiffres ou toute autre désignation anonyme, est également interdite.

Question :

Comment sont distribués les objets adressés en poste restante ?

Réponse :

La remise d'objets adressés en poste restante ne peut être faite qu'au destinataire ou à son fondé de pouvoirs. S'ils ne sont pas connus, ils doivent justifier de leur identité.

Question :

Quel est le rôle de la carte d'abonnement à la poste restante ?

Réponse :

Elle a pour but de permettre aux usagers, moyennant un versement forfaitaire, de retirer sans surtaxe toutes leurs correspondances adressées poste restante. Elle est valable un an.

Question :

Quel est le délai de garde des objets adressés en poste restante ?

Réponse :

Les objets sont gardés par la poste jusqu'à la fin de la quinzaine qui suit la date d'arrivée.

Question :

D'une façon générale, les correspondances peuvent-elles être remises à des mineurs, interdits, femmes mariées ?

Réponse :

Oui, sauf décision contraire d'un tribunal.

Question :

A qui sont remises les correspondances adressées aux commerçants en faillite ou en état de liquidation judiciaire ?

Réponse :

Les correspondances sont remises au syndic de la faillite dans le premier cas ; par contre, le commerçant en état de liquidation judiciaire continue à recevoir lui-même sa correspondance.

Question :

Comment sont traités les objets adressés à un destinataire décédé ?

Réponse :

a) Les objets ordinaires sont livrés au domicile désigné sur la suscription aussi longtemps qu'ils y sont reçus ;

b) La livraison des objets recommandés ou chargés ne peut être faite qu'aux héritiers et sur production d'un acte authentique établissant leur qualité (certificat de propriété, acte de notoriété, etc.).

Question :

Qu'appelle-t-on rebuts ?

Réponse :

On désigne sous le nom de rebuts, les correspondances de toute nature qui, pour un motif quelconque, n'ont pu être dirigées, ni distribuées, ni réexpédiées.

Question :

Quelle est la responsabilité de l'Administration des Postes et Télécommunications ?

Réponse :

a) cas des correspondances ordinaires : l'Administration n'est pas responsable des pertes, des détériorations, des spoliations, ou des retards dans l'acheminement. Toutefois, certaines surtaxes peuvent être remboursées lorsque les services spéciaux pour lesquels elles avaient été acquittées n'ont pas été rendus ;

b) **cas des correspondances recommandées :** En cas de perte seulement, une indemnité forfaitaire est accordée aux réclamants. Le montant de cette indemnité varie selon la catégorie de l'objet ;

c) **cas des correspondances chargées :** En cas de perte, de spoliation ou d'avarie, une indemnité correspondant au dommage subi est versée au réclamant. Toutefois, le montant de cette indemnité ne peut excéder celui de la valeur déclarée. L'administration est irresponsable en cas de retard dans l'acheminement.

Question :

Dans quelles conditions cesse la responsabilité de l'Administration?

Réponse :

1° **Dans tous les régimes :**

— à la remise des objets aux destinataires si aucune réclamation n'est déposée dans les délais règlementaires ;

— en cas de force majeure (incendie d'un bureau de poste, destruction d'un convoi, accident aérien, etc.) ;

2° **Dans le régime intérieur :**

— pour les boîtes à valeur déclarée, lorsque la spoliation partielle ou totale du contenu résulte d'un défaut de résistance des parois ;

3° **Dans le régime international :**

— en cas de déclaration de valeur frauduleuse (valeur déclarée supérieure à la valeur réelle) ;

— en cas d'envoi d'objets interdits.

Question :

Quelle est la responsabilité des agents de l'Administration des Postes et Télécommunications ?

Réponse :

Les agents sont responsables de leurs fautes personnelles envers les particuliers ; ils sont responsables disciplinairement envers l'Administration de leurs fautes professionnelles. Bien souvent, la faute personnelle coexiste avec la faute professionnelle.

Question :

Peut-on faire des réclamations ?

Réponse :

Dans tous les bureaux de poste, il est tenu à la disposition du public un carnet de réclamation pour les usagers qui estiment avoir à se plaindre d'une façon générale de l'exécution du service.

Question :

Qu'est-ce qu'un Ministère des Finances ?

Réponse :

Le Ministère des Finances est le département spécialisé dans la recherche des moyens de trésorerie, de leur conservation et de leur utilisation rationnelle, à des fins d'intérêt général, selon des règles techniques et juridiques préétablies.

Question :

Quelles sont les attributions générales du Ministre des Finances ?

Réponse :

Le Ministre des Finances a dans ses attributions générales, l'étude et le règlement de toutes les questions financières ou fiscales intéressant l'Etat, les collectivités publiques, etc.

Il donne son avis sur les affaires relevant des autres Ministères, lorsqu'elles ont une incidence directe ou indirecte sur les finances publiques.

Question :

Qu'appelle-t-on Finances publiques ?

Réponse :

On appelle Finances publiques ou deniers publics l'ensemble des ressources de l'Etat et des collectivités et établissements publics dont l'utilisation est régie par les règles de la comptabilité publique.

Question :

Quel rôle remplit le Ministre des Finances vis-à-vis du Budget de l'Etat ?

Réponse :

Vis-à-vis du Budget de l'Etat, le Ministre des Finances remplit les fonctions d'Ordonnateur.

Question :

Qu'est-ce qu'un Ordonnateur?

Réponse :

L'ordonnateur est celui qui ordonne, c'est-à-dire qui déclare qu'une dépense peut être faite sur les fonds de l'Etat des Collectivités et Etablissements Publics, ou qu'une recette peut être encaissée.

Les ordonnateurs sont donc des administrateurs chargés de l'ordonnancement des Recettes et des Dépenses. Toutefois leur rôle en matière de dépenses est beucoup plus délicat qu'en ce qui concerne les Recettes. Pour celles-ci les opérations qu'ils effectuent sont au nombre de 2:

— Reconnaissance des créances: c'est ce qu'on appelle la constatation.

— Détermination du quantum: c'est ce qu'on appelle la liquidation.

En ce qui concerne les dépenses, les opérations des ordonnateurs sont au nombre de 4.

— L'engagement qui consiste à accomplir l'acte qui rend l'Etat débiteur.

— La constatation qui consiste à déclarer que la dette existe et qu'il y a service fait.

— La liquidation qui consiste en l'évaluation du montant de la dette.

— L'ordonnancement qui consiste à établir matériellement le titre de paiement.

Question :

Le Ministre des Finances, Ordonnateur du budget de l'Etat, peut-il déléguer sa signature, et à qui ?

Réponse :

Il peut, par arrêté, déléguer sa signature aux directeurs et chefs de service, ou à tout autre fonctionnaire placé sous ses ordres et, particulièrement à celui qui est chargé de l'exécution du budget, le Directeur du Budget, qui prend alors le titre d'Ordonnateur délégué.

Question :

Qu'est-ce que le budget ?

Réponse :

Le budget est l'acte par lequel sont prévues et autorisées les recettes et les dépenses annuelles de l'Etat ou des autres services que les lois assujettissent aux mêmes règles.

Question :

Quel rôle joue le Ministre des Finances dans la préparation et l'exécution des divers budgets ?

Réponse :

Par les services spécialisés de son département, le Ministre des Finances contrôle la préparation et l'exécution des budgets dans leurs diverses phases ; il établit la partie « Recettes » du Budget de l'Etat ;

il met en forme les divers budgets qui lui sont soumis pour les présenter au Chef de l'Etat, pour leur discussion en Conseil des Ministres (budgets locaux, annexes, etc.). Il est également chargé de la gestion du budget du Plan. Il prononce par arrêté les mises en débet des comptables publics.

Question :

Qu'est-ce qu'un débet?

Réponse :

Un débet est, soit un manquant constaté dans la Caisse d'un comptable à la suite de la vérification de ses écritures, soit ce qui reste dû sur un compte arrêté.

Question :

Qu'est-ce qu'un comptable public ?

Réponse :

Est comptable public tout fonctionnaire ou agent ayant qualité pour exécuter au nom de l'Etat, d'une collectivité publique ou d'un établissement public, des opérations d'encaissement et de payement.

Les comptables exécutent donc les opérations prescrites par les Ordonnateurs dans la mesure où ces opérations sont conformes aux lois et aux règlements et sous réserve, dans le cas des dépenses, de l'existence des crédits et des fonds correspondants.

Question :

Un comptable peut-il être en même temps un Ordonnateur et un Ordonnateur peut-il être un comptable?

Réponse :

Les fonctions d'Ordonnateur et de Comptable sont séparées et ne peuvent jamais être cumulées entre les mains d'une même personne, du moins en ce qui concerne la partie dépense des budgets.

Question :

Qu'est-ce que la comptabilité publique ?

Réponse :

La comptabilité publique est l'ensemble des règles de nature législative, règlementaire, ou coutumière, qui président à la gestion des finances publiques : prévisions des recettes et des dépenses publiques ; engagement et acquittement des dépenses ; recouvrement des recettes, maniement des fonds et des matières, contrôle de l'ensemble de ces opérations. La comptabilité publique fixe donc des règles et une procédure : prévision — exécution — contrôle.

Question :

Qu'appelle-t-on recettes ?

Réponse :

Les recettes sont les ressources dont dispose un Etat, une collectivité ou un établissement, et qui lui permettent d'acquitter les dépenses nécessitées par les services publics.
Le principe de ces ressources est l'impôt, qui peut être direct (taxe de région, patente, licence) ou indirect (douane, taxe sur le tabac, etc.).

Question :

Qu'est-ce qu'une dépense publique ?

Réponse :

Une dépense publique est une dépense qui en raison de sa nature doit être supportée par l'Etat ou une collectivité publique.

Les dépenses publiques sont donc des dépenses de consommation des services publics. C'est aussi l'ensemble des investissements de l'Etat, des collectivités ou établissements destinés à des travaux ayant un caractère d'intérêt général.

Question :

Qu'est-ce que l'exercice ?

Réponse :

L'exercice est la période d'exécution des services d'un budget. La durée d'un exercice est de douze mois augmentée d'une période de temps variable suivant les exercices, pendant laquelle se poursuivent l'achèvement et la régularisation des opérations engagées pendant l'année pour le compte du Budget.

L'exercice comprend donc deux périodes : l'année budgétaire proprement dite et une période complémentaire pour permettre l'extinction des créances et des dettes ayant pris naissance dans l'année financière.

Question :

Qu'est-ce qu'une gestion ?

Réponse :

La gestion est la période d'exécution des services d'un agent et particulièrement d'un comptable. Elle est dite annuelle quand elle comprend les actes effectués par un comptable pendant une année budgétaire pleine. Elle est dite partielle quand elle comprend les actes effectués par un comptable pour une fraction de l'année budgétaire.

Question :

Qu'appelle-t-on engagement des dépenses ?

Réponse :

L'engagement des dépenses est l'acte qui, dans le présent ou dans l'avenir, rend l'Etat débiteur. L'exigibilité de la dette envers l'Etat peut avoir des origines multiples ; il n'est guère en effet d'acte d'administration qui ne donne ouverture à une dépense.

Question :

Qu'appelle-t-on constatation des dettes ?

Réponse :

Constater une dette, c'est rechercher non seulement si la dette existe vraiment, mais encore s'il n'y a pas une fin de non-recevoir à opposer au créancier, si la créance n'est pas éteinte par une prescription ou une déchéance.

En principe, les crédits ne peuvent être employés que pour l'acquittement d'un service fait.

Question :

Qu'est-ce que la liquidation des dépenses ?

Réponse :

Liquider une dette, c'est en évaluer le montant ; pour cela, il faut constituer le dossier, réunir les pièces qui permettent de faire la preuve de la créance et de son montant et établir ensuite le titre de paiement correspondant (mandat ou ordre de payement).

C'est en principe le créancier qui doit faire valoir ses droits en introduisant une demande de liquidation accompagnée des pièces justificatives (bons de commandes, mémoires, décomptes, certificat de réception des travaux par exemple).

Pour certains paiements, la liquidation n'est pas nécessaire ; elle se fait spontanément en dehors des créanciers — parce que l'évidence des droits ne supporte aucune contestation (traitements des fonctionnaires, arrérages de rente, pensions de retraite).

Question :

Qu'appelle-t-on Ordonnancement ?

Réponse :

L'Ordonnancement consiste à tenir un livre journal des titres de paiements, et à donner un numéro à un titre de paiement établi après la liquidation d'une dépense.

C'est par ce titre ainsi numéroté et signé par lui, que l'Ordonnateur ordonne au Trésor de payer une dépense publique.

Aucune dépense ne peut être acquittée par le bénéficiaire et payée par le Trésor avant d'avoir été préalablement ordonnancée.

Question :

Qu'est-ce que le payement des dépenses ?

Réponse :

Le payement est le versement aux créanciers des deniers auxquels ils ont droit, et dont le montant figure sur un titre de paiement délivré par l'ordonnateur. Cette opération est effectuée par des comptables.

Question :

Y-a-t-il un contrôle de l'ordonnancement et en quoi consiste-t-il?

Réponse :

L'Ordonnateur ne peut ordonner s'il n'a pas de crédits ou si le crédit est épuisé. L'observation de cette règle est assurée par divers moyens préventifs :

a) la tenue dans chaque ministère d'une comptabilité de toutes les opérations de liquidation, d'ordonnancement et de paiement.

b) le contrôle des dépenses engagées.

c) la distribution mensuelle de fonds.

Question :

Qu'appelle-t-on comptabilité en partie double?

Réponse :

La Comptabilité en partie double est fondée sur le triple principe suivant :

a) dans chaque opération comptable il y a au moins deux comptes qui jouent, un qui reçoit et un qui fournit.

b) le compte qui reçoit est débité, le compte qui fournit est crédité.

c) la masse des réceptions aux comptes est égale pour chaque opération à la masse des fournitures des autres comptes.

Un exemple trés simple :

Un mandat est payé par Caisse sur le Budget du Plan : dans la Comptabilité en partie double il y aura lieu :

a) de débiter le Budget du Plan du montant du mandat.

b) de créditer la Caisse qui fournit les espèces du même montant.

Question :

Qu'appelle-t-on partie simple?

Réponse :

Il y a deux conceptions de la comptabilité en partie simple.

Dans la véritable comptabilité en partie simple qui était utilisée autrefois par les comptables, au lieu de faire jouer tous les comptes dans chaque opération, comme indiqué ci-dessus, on ne s'intéressait qu'aux Comptes de Tiers, et les Comptes Internes étaient abandonnés.

Il n'existait donc plus de possibilité de contrôle authentique des opérations puisque certaines pouvaient ne comporter qu'un seul débit ou un seul crédit.

Ce que l'on appelle partie simple en comptabilité administrative est légèrement différent : le teneur de livre n'inscrit l'opération qu'une seule fois au lieu de deux, mais les Comptes Internes sont servis.

Par exemple : un agent administratif tient le registre de Caisse, il passe toutes les opérations de recettes et de dépenses de la Caisse et ne s'occupe pas des comptes qui devraient être pour chaque opération servis également en Débit et en Crédit. Ce n'est pas à proprement parler une comptabilité en partie simple mais c'est seulement une partie de la comptabilité en partie double.

Question :

Qui dans l'Administration tient la comptabilité en partie simple et qui la tient en partie double?

Réponse :

La Comptabilité en partie double n'est tenue intégralement dans l'Administration que par les comptables supérieurs, c'est-à-dire le Trésorier Payeur Général, et à Conakry, le Payeur Central.

Les ordonnateurs et les autres comptables (Payeurs régionaux) tiennent tous ce qu'il est coutumier d'appeler la Comptabilité en partie simple ou Comptabilité Administrative.

Question :

Qu'est-ce que le contrôle des dépenses engagées?

Réponse :

Le contrôle des dépenses engagées, en plus de la tenue matérielle de la comptabilité administrative, est chargé de vérifier l'imputation de la dépense, la disponibilité des crédits, l'exactitude de l'évolution, l'application régulière des dispositions d'ordre financier.

Question :

Quelles sont les formalités de paiement ?

Réponse :

Aucun paiement ne peut être fait qu'au véritable créancier justifiant de ses droits et pour l'acquittement du service fait. Le comptable, agent d'exécution des paiements, joue en cette matière, le rôle de contrôleur et de caissier; de contrôleur en ce sens qu'il doit s'assurer de la régularité de la dépense et de la qualité de la partie prenante ; de caissier parce qu'une fois la vérification faite et si aucune irrégularité n'est constatée, il doit se dessaisir des fonds au profit des créanciers de l'Etat. Parmi les dépenses budgétaires, il en est un certain nombre dont la nature ne se prête pas à l'accomplissement de toutes les conditions.

Question :

Les comptables sont-ils responsables de leurs actes et dans quelle limite?

Réponse :

Une très lourde responsabilité pèse sur les comptables ; ils sont en effet responsables personnellement et pécuniairement des fonds mis à leur disposition pour assurer le paiement des dépenses publiques.

Question :

Qui juge les comptes ?

Réponse :

En République de Guinée ce rôle est assuré par le commissariat général aux comptes créé par décret n° 062/PRG. du 27 février 1961 complété par le décret 106/PRG. du 1er avril 1961.

Question :

Qu'est-ce que la comptabilité des matières ?

Réponse :

La comptabilité des matières — on dit aussi « comptabilité-matières » — est la partie de la comptabilité publique qui traite de la conservation et des mouvements des matières de consommation et de transformation, ainsi que des valeurs mobilières ou permanentes de toute espèce. C'est essentiellement une comptabilité de quantités. On distingue les approvisionnements (comptabilité des magasins) et le matériel en service.

Chaque Ministre doit tenir la comptabilité-matières de son département.

La comptabilité-matières ne s'applique pas aux biens immeubles dont la gestion est assurée soit par les ministères ou services qui en disposent, soit par la Société Nationale de Gestion Immobilière, qui a été spécialement créée à cet effet.

Question :

Qu'appelle-t-on Comptabilité des approvisionnement en magasin?

Réponse :

Les matières, denrées et objets en approvisionnement sont placés sous la responsabilité de comptables gestionnaires. (On dit aussi : gestionnaires-comptables) qui sont responsables de la garde et de la conservation des stocks en magasin, ainsi que de la régularité des écritures.

Il est interdit au gestionnaire-comptable de recevoir ou de livrer des matières ou objets sans un ordre écrit de l'Ordonnateur en matières ou de son délégué.

Comptabilité du matériel en service :

Cette comptabilité est tenue et suivie d'après les mêmes règles que celles des approvisionnements en magasin. Il faut cependant dire que sa parfaite tenue est rendue difficile par la disposition du matériel.

Elle comporte donc une catégorie supplémentaire d'agents, les détenteurs, dont la responsabilité peut être mise en cause dans un cas de négligence entraînant la détérioration du matériel.

Question :

Qu'est-ce que le Trésor ?

Réponse :

Il y a du mot « trésor » plusieurs définitions dont aucune n'a donné entière satisfaction. Retenons cependant celle-ci « le Trésor est le grand réservoir des ressources de l'Etat et le banquier des budgets ». C'est aussi le service du Ministère des

Finances qui a pour rôle d'assurer à l'Etat les disponibilités financières dont il a besoin pour faire face à ses obligations.

Question :

Qu'est-ce que la trésorerie ?

Réponse :

C'est l'ensemble des valeurs en espèces ou en banque dont un Etat peut disposer immédiatement pour effectuer ses paiements. On utilise aussi les mots "fonds" et "liquidités".

Question :

Qu'est-ce qu'un payeur régional?

Réponse :

C'est un comptable subordonné nommé par décret, chargé d'assurer le service du Trésor dans le ressort d'une région administrative.

Question :

Qu'est-ce que le Trésorier Payeur Général?

Réponse :

C'est un haut fonctionnaire, nommé par décret, chargé sous l'autorité du Ministre des Finances de diriger l'ensemble des services et du personnel du Trésor.

Question :

Qu'elle est l'organisation du Trésor en République de Guinée?

Réponse :

Le Trésor a à sa tête un Trésorier Payeur Général nommé par Décret. Il comprend :

Une Trésorerie Générale, et une Paierie Centrale, à Conakry, une paierie dans chaque Région administrative et auprès de nos ambassades à l'étranger.

Des Caisses auprès de chaque grand service rattachées au Budget Général dont les responsables prennent le nom de préposés du Trésor.

Des Agents intermédiaires qui assurent les recouvrements des recettes minimes.

Comme le Trésorier Payeur Général, le Payeur Central, les Payeurs Régionaux, les Préposés et Agents intermédiaires au Trésor sont nommés par Décret.

Le Trésor a dans ses attributions :

1° — le paiement des dépenses préalablement ordonnancées par les ordonnateurs à la suite des diverses opérations décrites ci-dessus.

2° — le recouvrement des créances de l'Etat et en général l'exécution de ses recettes.

Question :

Quels sont les pouvoirs d'un trésorier régional ?

Réponse :

Le trésorier régional est le comptable principal de la Région chargé de la gestion des deniers publics. Il est autorisé à refuser les paiements pour insuffisance de crédits, pour fausses imputations budgétaires et pour manque de liquidités (budget régional et Plan). Il peut également refuser la perception de tout impôt ou taxe qui n'a pas fait l'objet d'une délibération de l'Assemblée Nationale ou du Conseil Général de la Région.

Question :

Qu'est-ce qu'un compte de gestion ?

Réponse :

C'est un document comportant une récapitulation générale des opérations relevant d'un comptable pendant une période donnée.

Question :

Qu'est-ce que le service de la comptabilité ?

Réponse :

C'est le service chargé de la centralisation de toutes les écritures comptables du Trésor et des comptables subordonnés. Il établit à cet effet la balance générale des comptes et des comptes de gestion.

Question :

Qu'est-ce qu'un livre journal ?

Réponse :

C'est un registre qui sert à la description quotidienne de tous les faits qui entrent dans la comptabilité d'un Trésorier.

Question :

Qu'est-ce qu'un grand livre ?

Réponse :

C'est le registre renfermant tous les comptes ouverts dans une trésorerie et qui permet de donner la situation générale tant en deniers qu'en valeurs.

Question :

Qu'est-ce que le service du visa ?

Réponse :

C'est le service chargé de la vérification, de la régularité et de la validité des titres de paiement émis par les Ordonnateurs et de les rendre payables le cas échéant en y apposant son cachet « vu bon à payer ».

Question :

Qu'est-ce qu'un rejet ?

Réponse :

C'est le refus temporaire ou définitif de rendre valable un titre de paiement par suite d'erreurs, d'irrégularités ou d'absence de pièces justificatives.

Question :

Qu'est-ce qu'une caisse d'avance ?

Réponse :

C'est une caisse créée par arrêté du Ministre des Finances au niveau d'un service avec une provision déterminée destinée à faire face aux menues dépenses nécessaires à la bonne marche de ce service.

Question :

Qu'est-ce qu'un marché ?

Réponse :

En termes financiers, c'est un contrat passé entre l'Etat ou une collectivité publique et une personne physique ou morale appelée fournisseur ou entrepreneur. Cette convention peut consister dans la fourniture de matériel, de denrées alimentaires ou dans l'exécution des travaux dont le coût et la durée d'exécution sont arrêtés de concert par les parties.

Question :

Qu'est-ce qu'un virement ?

Réponse :

C'est l'acte par lequel le Trésor alimente le compte bancaire ou postal d'un fonctionnaire ou d'un particulier, du montant net de la créance qui lui est dûe par l'Etat.

Question :

Qu'est-ce qu'un mandat?

Réponse :

C'est un titre de paiement émis par l'Ordonnateur au bénéfice d'un créancier en paiement d'une dette due par l'Etat et payable à la Caisse du Trésor en espéces ou par virement.

Question :

Qu'est-ce qu'un avis de crédit ?

Réponse :

C'est la copie d'un titre de paiement adressée par le Trésor à la Banque ou aux Chèques Postaux pour alimenter le compte d'une tierce personne. Ce même avis de crédit est transmis soit par la Banque, soit par la poste au créancier pour justifier le paiement de son dû par l'Etat.

Question :

Qu'est-ce que le service de la perception ?

Réponse :

C'est le service chargé du recouvrement de tous les impôts directs et taxes assimilées émis sur rôles par le service des Contributions Diverses.

Question :

Qu'est-ce qu'un quittancier ?

Réponse :

C'est un registre à souches coté et paraphé, où sont enregistrées journellement les perceptions faites à la Caisse.

Question :

Qu'est-ce qu'un commandement ?

Réponse :

C'est l'acte de poursuite émis à l'encontre d'un contribuable en retard. Cet acte reproduit le montant de la cote due, majorée des frais de poursuite, soit 3 % du principal. C'est le dernier avertissement avant saisie qui doit intervenir après 3 jours francs.

Question :

Qu'est-ce qu'un agent de poursuites ?

Réponse :

C'est un agent assermenté, commissionné (nommé) par le Ministre des Finances, remplissant les fonctions d'huissier pour le recouvrement des contributions diverses.

Question :

Qu'est ce qu'un avis à tiers détenteur?

Réponse :

C'est l'acte de poursuite qui a force de loi adressé à un employeur par le service de la Perception pour verser au Trésor, le montant des impôts dus par ses employés par voie de précompte sur leur salaire. Par cet acte, l'employeur devient seul responsable vis-à-vis du Trésor.

Question :

Qu'est-ce qu'un ordre de recette ?

Réponse :

C'est un titre de recouvrement établi par un Ordonnateur à l'encontre d'un tiers pour le versement d'une redevance à la Caisse du Trésor.

Question :

Qu'est-ce que le service des Contributions Diverses ?

Réponse :

Le service des Contributions Diverses est le service chargé de recenser et de calculer les impôts dûs à l'Etat.

Ces impôts sont payés aux Caisses des Paieries Régionales, soit sur « avertissement » soit « volontairement ».

Question :

Qu'est-ce que l'impôt ?

Réponse :

L'impôt est la contribution en espèces que chacun doit payer à l'Etat, selon ses moyens, en sa qualité d'habitant, pour participer aux dépenses publiques.

Question :

Quel est le caractère de l'impôt ?

Réponse :

L'impôt a un caractère **légal.**

L'Assemblée Nationale a seule, en principe, compétence pour créer ou supprimer un impôt. Cependant le Président de la République, dans des circonstances exceptionnelles, en vertu des pleins pouvoirs peut, par ordonnance, créer ou supprimer un impôt.

Question :

Quel est le rôle de l'Inspecteur des Contributions?

Réponse :

L'Inspecteur est chargé du contrôle, de l'établissement et du contentieux des impôts à caractère national.

Il coordonne et assume le contrôle technique des contrôleurs régionaux.

Question :

Quel est le rôle du contrôleur ?

Réponse :

Le contrôleur est chargé du recensement des contribuables de la Région Administrative de son ressort, de l'établissement et du Contentieux des impôts régionaux.

Question :

Quel est le processus classique de l'impôt ?

Réponse :

L'impôt comprend trois phases essentielles, à savoir l'assiette, la liquidation et le recouvrement.

Cette dernière phase relève des services du Trésor.

Question :

Qu'est-ce que l'assiette de l'impôt ?

Réponse :

On appelle assiette, la base de l'imposition. Asseoir l'impôt c'est déterminer la personne, le bien ou l'acte qu'il frappe.

Question :

En quoi consiste la liquidation de l'impôt ?

Réponse :

Liquider l'impôt c'est calculer son montant en appliquant à l'assiette ou base d'imposition un taux ou un tarif.

Question :

Que sont l'impôt personnel et l'impôt réel ?

Réponse :

L'impôt personnel est un impôt dont l'assiette est constituée directement par la personne, par exemple la taxe de région.

L'impôt réel est un impôt dont l'assiette est un bien dont on a la propriété ou la jouissance.

Question :

Que sont les impôts sur le capital et sur le revenu?

Réponse :

L'impôt sur le capital frappe la richesse acquise, l'impôt sur le revenu frappe la richesse produite par le capital ou le travail du contribuable.

Question :

Que sont les impôts spécifiques et **ad valorem?**

Réponse :

Les impôts spécifiques sont assis sur la matière sans qu'il y ait lieu de l'examiner en valeur, alors que les impôts **ad-valorem** nécessitent la détermination de la valeur de la matière.

Question :

Qu'appelle-t-on taux et tarif de l'impôt ?

Réponse :

Le taux est généralement le pourcentage appliqué à la base imposable.

Le tarif est la somme fixée pour une unité déterminée de la matière imposable ; il s'applique en principe aux impôts spécifiques.

Question :

L'impôt est-il définitif ?

Réponse :

L'impôt est en principe définitif et le titre de recouvrement a un caractère exécutoire.

Toutefois le débiteur de l'impôt dispose d'un certain nombre de voies de recours.

Question :

Qu'est-ce que le contentieux fiscal ?

Réponse :

Le contentieux fiscal est l'ensemble des règles qui permettent de résoudre les litiges nés de l'application de l'impôt. L'action du requérant a un caractère contentieux au sens strict du mot lorsque celui-ci conteste le bien-fondé de son imposition ; elle a un caractère grâcieux lorsque sa demande, tout en ne mettant pas en cause la régularité de l'imposition tend à obtenir un dégrèvement fondé sur la gêne ou l'indigence.

Question :

Quest-ce qu'un dégrèvement ?

Réponse :

Un dégrèvement est une diminution ou une annulation du montant de l'impôt. Lorsque le dégrèvement est motivé en droit, il s'agit d'une **réduction** ou d'une **décharge,** selon qu'il porte sur une partie ou sur la totalité du montant de l'impôt.

Il prend le nom de **remise** ou de **modération,** lorsqu'il n'est accordé qu'en raison de la gêne ou de l'indigence.

Question :

Qu'est-ce que la taxe de région ?

Réponse :

La taxe de région est l'impôt payé par tous les habitants de la République qui ne sont pas salariés. Elle est due une fois par an. C'est un impôt direct, personnel, à caractère forfaitaire.

Les élèves des écoles, les enfants n'ayant pas 14 ans, les mères de 4 enfants vivants, les infirmes et les personnes âgées de plus de 60 ans en sont exonérés.

Question :

Qu'est-ce que la patente ?

Réponse :

La patente est l'impôt attaché à la qualité de commerçant. C'est un impôt direct, réel et annuel.

Elle comprend plusieurs catégories, selon l'importance de l'activité exercée.

Question :

Qu'est-ce que la taxe d'habitation ?

Réponse :

La taxe d'habitation est l'impôt payé en raison de l'occupation d'un logement au 1er janvier. Elle est assise sur la **valeur locative.**

Question :

Qu'est-ce que la contribution foncière sur les propriétés bâties ?

Réponse :

C'est l'impôt que paie tout propriétaire d'un bâtiment. C'est un impôt direct, annuel et réel. Les propriétaires de bâtiments neufs achevés s'ils l'ont demandé au Service des Contributions Diverses, ne paient pas cet impôt pendant 10 ans, si ce sont des logements et 5 ans dans les autres cas. Cette contribution est assise sur le **revenu net** de l'immeuble.

Question :

Qu'est-ce que l'impôt sur les bénéfices industriels commerciaux et agricoles ?

Réponse :

L'impôt sur les bénéfices industriels, commerciaux et agricoles est l'impôt qui frappe les résultats annuels d'une activité déterminée après déduction de certaines charges autorisées. C'est un impôt direct. C'est un impôt sur le revenu. C'est un impôt cédulaire établi sur déclaration du contribuable par voie de rôle.

Question :

Qu'entend-on par impôt cédulaire ?

Réponse :

L'impôt cédulaire est l'impôt qui, contrairement à l'impôt général sur le revenu porte, non sur l'ensemble des revenus mais sur une cédule ou catégorie déterminée de revenus.

Question :

Qu'est-ce qu'une déclaration ?

Réponse :

La déclaration est l'acte obligatoire par lequel les contribuables indiquent au service, les éléments qui permettent la liquidation de l'impôt.

Question :

Qu'est-ce qu'un rôle ?

Réponse :

Le rôle est un document fiscal dans lequel sont portés les éléments de l'imposition et le montant de l'impôt. Il peut être numérique ou nominatif. Il est numérique quand il indique le nombre global de contribuables d'un secteur donné.

Il est nominatif quand il indique nommément chaque contribuable.

Question :

Qu'est-ce que l'impôt cédulaire sur les salaires ?

Réponse :

L'impôt cédulaire sur les salaires est un impôt retenu au moment du paiement par tout employeur public ou privé, sur les traitements et salaires, pensions, rentes viagères, émoluments, etc.

Question :

Qu'est-ce que l'impôt direct ?

Réponse :

L'impôt direct est l'impôt établi par voie de rôle et payé en principe par celui au nom de qui il est établi.

Question :

Qu'est-ce qu'un impôt indirect ?

Réponse :

L'impôt indirect est un impôt assis sur la consommation de certains produits. Il est versé à l'Etat par les agents intervenant dans le circuit industriel et commercial.

Question :

Qu'est-ce que la taxe sur les affaires ?

Réponse :

La taxe sur les affaires est une taxe ad valorem due en principe sur les actes de commerce réalisés à l'intérieur de la République de Guinée, non exonérés de cet impôt par la loi et non soumis à la taxe à la production.

Question :

Qu'est-ce que la taxe à la production ?

Réponse :

La taxe à la production est la taxe ad valorem due par les personnes physiques ou morales qui extraient, fabriquent, façonnent, tranforment des biens ou en assurent la présentation commerciale.

Elle se calcule sur la différence entre le prix de vente d'un produit fini et la valeur d'achat des matières premières.

Question :

Qu'est-ce que la taxe sur les boissons alcooliques?

Réponse :

La taxe sur les boissons alcooliques est la taxe spécifique due sur la 1re livraison de boissons alcooliques produites en Guinée et non exportées. Elle se calcule selon le nombre de bouteilles vendues et selon la qualité du produit.

Question :

En quoi consiste l'impôt en matiére d'enregistrement?

Réponse :

Le droit d'enregistrement est un impôt perçu sur les faits juridiques et principalement sur les mouvements de fortune. Il en est ainsi dans les cas de vente, de bail, de donation entre vifs ou de successions. La perception de cet impôt est accompagnée d'une formalité appelée « enregistrement ».

Question :

La formalité d'enregistrement confère-t-elle la régularité aux actes ?

Réponse :

En principe un acte non enregistré n'en est pas moins valable. Cependant le receveur de l'Enregistrement doit contrôler la régularité des actes qui lui sont présentés. S'il s'agit d'un acte sous seing privé présenté à la formalité, le Receveur après avoir signalé au redevable l'irrégularité, devra, si le requérant insiste pour l'enregistrement, accomplir la formalité, en mentionnant sur son registre et sur l'acte qu'elle a eu lieu à la demande expresse du redevable.

Le même principe est applicable aux actes notariés.

Question :

L'enregistrement fait-il foi de sa date ?

Réponse :

L'enregistrement confère une date certaine aux actes sous seing privé et le détenteur de l'acte enregistré peut en cas de besoin s'en servir devant les autorités administratives et judiciaires.

Question :

Quels sont les différents droits d'enregistrement ?

Réponse :

Il y a actuellement trois sortes de droits d'enregistrement :

— les droits fixes ;

— les droits proportionnels ;

— les droits progressifs.

Le droit fixe est celui dont la quotité est une somme invariable pour tous les actes d'une même nature sans que l'on tienne compte de la valeur des biens, objet de l'acte. Exemple : les procurations sont actuellement soumises au droit fixe de 500 francs.

Le droit proportionnel est le droit dont la quotité varie d'après la valeur portée sur l'acte. Ainsi, pour les actes de nature, une vente, un bail par exemple, le droit d'enregistrement sera-t-il fonction du prix de vente ou du montant du loyer.

Le droit progressif est le droit dont la quotité varie eu égard aux valeurs imposées d'après une fraction qui augmente en fonction de l'élévation des valeurs. Par exemple, le droit sera de :

3 % de 10.000 à 50.000 etc.

Question :

Quels sont les rapports qui existent entre les droits d'enregistrement et le droit de timbre ?

Réponse :

Tout acte enregistrable est en outre obligatoirement soumis au droit de timbre.

Question :

Qu'est-ce qu'un droit d'acte ? Un droit de mutation? Pouvez vous indiquer la différence entre ces deux droits?

Réponse :

Le droit d'acte frappe l'écrit en tant que tel ; cet écrit constitue le fait générateur de l'impôt. Les droits perçus sur les actes de cette nature sont généralement fixes.

Le droit de mutation lui, a pour fait générateur le fait juridique de transmission de fortune ou de jouissance. Les droits découlant des actes de cette nature sont proportionnels ou progressifs, exemple : le décès d'une personne occasionne la perception des droits de mutation par décès ; le fait de donation engendre la perception des droits de mutation entre vifs.

Question :

Quels sont les différents actes enregistrables ?

Réponse :

En matière d'enregistrement, certains actes sont obligatoirement enregistrables dans un délai de rigueur ; pour d'autres au contraire l'enregistrement est laissé à la faculté des parties.

Parmi le premier groupe, il faut citer les actes de vente, de bail, de donation, etc... C'est à cause de leur caractère fiscal que l'enregistrement de ces actes est obligatoire.

Parmi le second groupe, il faut citer à titre d'exemple le procès-verbal de réunion des membres d'une société commerciale. La liste de ces actes est longue ; on les désigne communément sous le nom des « actes innommés ». Généralement ils sont frappés d'un droit fixe.

Question :

Quelles sont les règles sommaires d'exigibilité des droits d'enregistrement ?

Réponse :

La seule existence d'une opération juridique portant transmission de propriété, d'usufruit ou de jouissance rend l'impôt exigible. Ceci est vrai même si l'opération juridique est entachée de nullité.

Question :

Quels sont les délais de présentation à la formalité de l'enregistrement ?

Réponse :

Ces délais sont d'un mois pour les actes établis à Conakry ou en Guinée et de deux mois pour les actes établis en dehors de Conakry ou de la Guinée.

Les délais ci-dessus sont des délais francs.

Question :

Comment s'accomplit la formalité de l'enregistrement ?

Réponse :

L'accomplissement de la formalité se fait avec le concours des redevables qui doivent présenter volontairement les actes et du Receveur qui doit effectuer le travail et percevoir les droits.

Question :

Quel est le rôle du Receveur ?

Réponse :

Le rôle du Receveur d'enregistrement est assuré par le Chef des Services des Contributions Diverses, des Domaines et des Douanes en ce qui concerne l'assiette et la perception de la plupart des droits : par le Trésorier Payeur Général pour la Gestion des timbres fiscaux et par les Paieries pour la perception des droits assis par les Contributions diverses.

Dans ces conditions, chacun de ces Chefs de Service, en matière d'enregistrement,

— Doit déférer à toute réquisition.

— Doit exécuter la formalité sans délai.

En outre la formalité de l'enregistrement est indivisible.

Question :

Quel est le rôle du redevable ?

Réponse :

Si le redevable doit toujours participer à l'exécution de la formalité, son rôle est différent selon qu'il s'agit de payer l'impôt sur des mutations verbales ou sur les faits juridiques constatés dans un acte. Pour les premiers, il doit remettre au receveur une déclaration, pour les seconds il doit présenter l'acte constatant l'opération juridique.

Question :

Quelles sont les garanties de paiement des droits d'enregistrement ?

Réponse :

Celles-ci sont de deux sortes : les garanties de droit commun et les garanties spéciales.

Parmi les premières, il faut citer essentiellement la solidarité fiscale entre les parties signataires des actes et le privilège. Le second groupe des garanties comprend :

— la productivité d'intérêt ;

— la suppression du paiement différé ;

— le privilège sur les immeubles du contribuable.

Question :

Qu'appelle-t-on le droit de communication ?

Réponse :

C'est un moyen de preuve mis par la loi à la disposition de l'Administration de l'Enregistrement en vue de lui faciliter le recouvrement de l'impôt. Ce moyen n'est légal que s'il a pour but le recouvrement de l'impôt.

Question :

Qui peut exercer le droit de communication ?

Réponse :

Les fonctionnaires de l'Enregistrement et des Contributions Diverses ayant au moins le grade de contrôleurs. Tous ces agents sont assermentés et sont tenus au secret professionnel.

Question :

Où doit se faire la communication ?

Réponse :

En principe dans le lieu où se trouvent les documents à communiquer. La communication dans un autre local ne peut être imposée ni par l'agent de l'administration, ni par le contribuable.

Question :

Qu'appelle-t-on droit de préemption ?

Réponse :

C'est une sanction fiscale qui consiste à racheter dans un délai déterminé par la loi un bien insuffisamment estimé ou évalué par le contribuable.

Question :

Quel est le but du droit de préemption?

Réponse :

Par ce moyen toute fraude aux droits d'enregistrement peut être sanctionnée.

Question :

Comment acquitte-t-on le droit de timbre ?

Réponse :

Ce droit étant un impôt de consommation doit être acquitté par l'apposition du timbre mobile.

Question :

Qui doit payer l'impôt du timbre ?

Réponse :

Tous les signataires pour les actes synallagmatiques, les prêteurs et les emprunteurs pour les obligations ; les officiers ministériels pour les actes relevant de leur ministère.

Question :

Qui est chargé de la vente en gros des timbres fiscaux ?

Réponse :

Le Trésorier Payeur Général assure la gestion des timbres fiscaux dont il confie la vente en détail aux Payeurs.

Question :

L'enregistrement peut-il enregistrer un acte non timbré?

Réponse :

Il est fait défense aux agents de l'Enregistrement d'enregistrer tout acte qui ne serait pas timbré ou qui n'aurait pas été visé pour timbre.

Question :

Quelle est la sanction à appliquer en cas de dissimulation de prix ?

Réponse :

L'acte qui contient une dissimulation de prix est frappé d'une double sanction : la nullité de la convention et une amende égale à la moitié de la somme dissimulée.

Question :

Qu'appelle-t-on donation ?

Réponse :

La donation entre vifs est un acte par lequel le donateur se dépouille actuellement et irrévocablement de la chose donnée, en faveur du donataire, qui l'accepte.

Cet acte est soumis au droit de mutation à titre gratuit.

Question :

Quelle est l'obligation imposée aux officiers ministériels en vue de contrôler les actes qu'ils doivent soumettre à l'enregistrement ?

Réponse :

Ils doivent communiquer trimestriellement aux Domaines pour compte de l'Enregistrement le répertoire des actes établis par leurs soins. Ce répertoire, après visa de l'Inspecteur, est retourné à l'officier ministériel.

Question :

Dans quelles conditions les bénéfices réalisés par les sociétés sont-ils soumis à l'impôt sur le revenu des valeurs mobilières ?

Réponse :

Les bénéfices réalisés par les sociétés ne sont soumis à l'impôt sur les revenus des valeurs mobilières que lorsqu'ils sont distribués sous forme de dividendes aux actionnaires des sociétés.

Question :

Qu'est-ce que le Service des Douanes ?

Réponse :

Le Service des Douanes est à la fois un service fiscal et un service de sécurité.

Question :

En quoi consiste son rôle fiscal ?

Réponse :

Son rôle fiscal consiste dans la constatation, la liquidation et la perception des droits sur les marchandises, objets, denrées de toute nature qui franchissent la frontière à l'importation et à l'exportation.

Question :

En quoi consiste son rôle de sécurité ?

Réponse :

Son rôle de sécurité consiste à assurer aux frontières l'application des mesures de sécurité édictées par le Gouvernement, en coopération avec la force publique.

Question :

A quoi sert réellement la Douane? Ne peut-on pas s'en passer?

Réponse :

La Douane est une barrière dressée par les pays soit pour protéger leurs industries, et en général leur production, contre celles des pays concurrents sur le plan mondial, soit au contraire pour favoriser l'entrée à l'intérieur de leurs frontières de la production des pays avec lesquels ils sont liés par des accords d'amitié (régime préférentiel).

C'est ce qu'on appelle le système du protectionnisme.

Par opposition à ce système, il y a le libre échange pratiqué par certains pays dont les frontières sont ouvertes dans les deux sens à toutes les marchandises sans perception de droits et quelle que soit leur origine.

Les pays sous-développés, insuffisamment développés ou non-développés ne peuvent pas se passer de la douane qui, en plus de son rôle protecteur leur procure des ressources pour alimenter leurs budgets.

Question :

Comment les droits de douane peuvent-ils jouer un rôle protecteur ?

Réponse :

Les droits de douane jouent un rôle protecteur en décourageant l'importation de matières ou denrées susceptibles d'être trouvées sur place, par des perceptions de droits élevés à l'entrée sur les mêmes matières ou les denrées d'origine étrangère.

Question :

Qu'est-ce qu'un poste-frontière de douane?

Réponse :

Un poste-frontière de douane est une brigade fixe ayant vocation d'empêcher ou de réprimer les courants de fraude, de constater les infractions aux règlements douaniers et éventuellement de percevoir des droits.

Question :

Qu'est-ce qu'une brigade maritime ?

Réponse :

Une brigade maritime est une brigade mobile montée sur vedette côtière ou de haute mer, et chargée de rechercher et de réprimer les transactions frauduleuses de marchandises.

Question :

Qu'est-ce qu'une brigade terrestre ?

Réponse :

Une brigade terrestre est une brigade mobile montée sur véhicules et chargée de la surveillance des artères et voies de communication terrestres.

Question :

Qu'est-ce qu'un bureau de douane ?

Réponse :

Un bureau de douane est chargé de la constatation et de la liquidation des droits de douane à l'entrée et à la sortie.

Question :

Qu'est-ce que le personnel du service actif des douanes ?

Réponse :

Le personnel du service actif des douanes est constitué par l'ensemble du personnel ayant un statut para-militaire et chargé, sur le terrain, de s'opposer aux courants de fraude.

Ce personnel comprend des officiers, des sous-officiers et des agents.

Question :

Qu'est-ce que le personnel du service sédentaire des douanes ?

Réponse :

Le personnel du service sédentaire des douanes est constitué par les agents de constatation, les contrôleurs et les inspecteurs chargés d'opérer dans les bureaux la constatation et la liquidation des droits.

Question :

Quel est le caractère des droits de douane?

Réponse :

Les droits de douane sont spécifiques ou ad valorem.

Question :

Qu'est-ce que le rayon de douane ?

Réponse :

Le rayon de douane est constitué par une zone longeant la frontière terrestre ou le littoral maritime, et où la circulation des marchandises est soumise à certaines formalités (déclaration, contrôle, perceptions des droits, etc.).

Question :

Comment circulent les marchandises dans le rayon de douane ?

Réponse :

Toutes les marchandises trouvées dans le rayon de douane sont réputées avoir été importées en fraude, si leur origine guinéenne n'est pas justifiée ou si le paiement des droits, n'est pas constaté.

Question :

Qu'est-ce que le régime de l'admission temporaire ?

Réponse :

Le régime douanier de l'admission temporaire permet de recevoir sur le territoire douanier, en suspension de droits, certains produits et marchandises en provenance de l'extérieur et qui sont appelés à être réexportés sous une forme nouvelle.

Question :

Qu'est-ce que le dépôt de douane ?

Réponse :

Le dépôt de douane est l'acte par lequel sont constituées d'office en dépôt les marchandises à l'importation qui n'ont pas été déclarées dans les délais légaux ou celles qui n'ont pas été retirées par les importateurs ou destinataires pour quelque cause que ce soit.

Question :

Quelles sont les fonctions du Commissariat Général aux Comptes ?

Réponse :

Le Commissariat Général aux Comptes est chargé comme son nom l'indique du contrôle général à priori de la gestion du budget de l'Etat, des budgets annexes, ainsi que des budgets des collectivités et des établissements publics.

Il est chargé également de l'examen et du jugement des comptes présentés par les comptables publics.

Question :

Quel est le rôle du Service Central des Pensions?

Réponse :

Le Service Centrale des Pensions a été créé par le Décret 340/P.R.G. du 24 Juillet 1963. Il a dans ses attributions :

— le contrôle Général des pensionnés militaires et civils.

— la liquidation des Pensions et Allocations servies par la République de Guinée.

Il est dirigé par un chef de service nommé par Décret et il comprend :

a) Une Direction à Conakry avec trois Sections :

— Section des Pensions fonctionnaires civils.

— Section des Pensions militaires.

— Section des Allocations de Retraite servies par la Caisse Nationale de Sécurité Sociale.

b) une section dans chaque paierie régionale.

Question :

En matière de comptabilité publique ou privée, le choix des comptes à utiliser, leur intitulé, et en général leur utilisation, sont-ils laissés à la libre initiative des comptables?

Réponse :

Non. Dans l'Administration, en ce qui concerne la comptabilité publique, et dans le secteur Privé, il y a des Plans comptables.

Question :

Qu'est-ce qu'un Plan comptable?

Réponse :

Un plan comptable est l'ensemble des termes et méthodes suivants :

— La terminologie utilisée dans la comptabilité.

— Les méthodes suivies pour passer les opérations.

— Le classement et la codification des comptes dont l'emploi est admis.

— La détermination des méthodes de calcul permettant d'évaluer les Biens et les Coûts.

Question :

Y-a-t-il un Plan comptable en Guinée?

Réponse :

Il y a deux Plans comptables en Guinée.

1° — Le Plan comptable qui est arrêté chaque Année par la Trésorier Payeur Général et qui présente la nomenclature des comptes dont l'emploi est seul autorisé pour les Payeurs, Préposés et Agents intermédiaires du Trésor.

2° — Le Plan comptable National institué par le Décret 177/P.R.G. du 29 Décembre 1961 et qui concerne, lui, les règles de présentation de la comptabilité des Entreprises d'Etat, Coopératives, Sociétés Mixtes ou privées et en général toute entreprise à caractère agricole, artisanal, industriel ou commercial exerçant son activité sur notre territoire à l'exclusion des Administrations Publiques.

— Le Développement Economique

Question :

Le Développement Economique est la clé de l'Indépendance Economique, facteur essentiel de consolidation des bases de l'Indépendance Nationale d'une part et de progrès d'autre part.

De quoi s'agit-il exactement?

Réponse :

Le Développement Economique implique une modification plus ou moins profonde des structures économiques établies. Pour notre pays, le Développement Economique se définit par l'objectif assigné à la Révolution par le Peuple de Guinée dans le domaine économique et social, sur le plan national et africain.

Cet objectif est tout entier contenu dans les mots liberté et dignité constituant le fondement de l'action du Parti Démocratique de Guinée.

Le développement doit être l'œuvre du peuple tout entier. Il doit permettre la mobilisation de toutes nos ressources morales, intellectuelles et matérielles pour un progrès continu en vue de l'épanouissement complet de l'homme et de la satisfaction totale de tous ses besoins.

«Le Développement doit assurer à notre pays une existence autonome digne d'un Peuple libre».

Question :

L'objectif défini sur le Plan National est-il le même sur le Plan Africain?

Réponse :

La restauration de la dignité nationale dans la liberté passe par la coopération interafricaine des peuples, la sauvegarde et la consolidation de l'unité africaine grâce à une coordination de plus en plus poussée de nos activités économiques nationales vers la réalisation d'un marché commun africain.

De même que l'Indépendance de la République de Guinée a accéléré le processus de libération des peuples d'Afrique, de même notre développement économique doit entraîner la réalisation d'une véritable entité économique africaine.

Question :

Sur le plan général, quels sont les éléments essentiels du développement?

Réponse :

Il y a le préalable politique que sont l'indépendance et la souveraineté nationale.

La conscience politique et le degré d'engagement des responsables nationaux sont également requis pour conduire la Révolution économique à son terme final qui est le développement de toutes les valeurs nationales et africaines.

Question :

Sur le plan technique et pratique d'autres facteurs sont-ils également importants?

Réponse :

Une organisation technico-politique doit adapter l'appareil administratif indispensable aux principes révolutionnaires du Développement.

Tous les éléments d'une économie moderne sont également facteurs du Développement lorsqu'ils sont sous contrôle de l'Etat c'est-à-dire du Peuple. Ce sont :

— Une industrie entièrement nationale à côté d'une industrie mixte ou privée contrôlée par l'Etat.

— Une agriculture rationalisée pour une plus grande productivité et la suppression du sous-emploi rural.

— Un commerce national permettant à l'Etat de bénéficier d'une des sources efficaces de l'épargne publique.

Enfin une monnaie indépendante de toute influence spéculatrice extérieure et permettant des opérations d'épargne et d'investissement nécessaires au Développement.

Question :

Quelle est la place réservée au domaine social?

Réponse :

Cette place est primordiale car dans un développement conçu par et pour le peuple, les résultats se font sentir surtout dans le domaine social.

C'est ainsi que parallèlement à la production, les investissements porteront sur :

— La formation culturelle et scientifique, gage de la réussite des plans à long terme.

— La santé publique.

— L'habitat.

Question :

Dans la définition de l'objectif et des facteurs du développement il n'a pas été fait mention du choix de la forme d'action ; quelle est-elle ?

Réponse :

Il faut à ce propos rappeler que la République de Guinée ne fait pas la «politique de son économie mais bien l'économie de sa politique».

Le rapport d'orientation politique du B.P.N. au VIe Congrès du P.D.G. a défini dans ces termes la voie choisie par la GUINEE :

«...Notre voie est une voie non capitaliste. Elle le restera car cette voie est la seule qui sauvegarde les intérêts de la communauté tout en libérant chaque individu de l'injustice qui caractérise tout rapport d'exploitation de l'homme par l'homme». Cette définition a été développée dans le rapport économique d'Avril 1964 à Gueckédou.

1°) Eliminer des structures économiques toute séquelle du pacte colonial qui dominait la vie économique de la Nation.

2°) Empêcher l'éclosion d'un capitalisme guinéen, et l'exploitation du peuple par une bourgeoisie nationale.

3°) Assurer le contrôle effectif et l'orientation économique par le Parti et l'Etat, émanations directes du peuple.

4°) Resserrer progressivement l'éventail des revenus individuels en favorisant les moyens collectifs de production.

5°) Développer l'accumulation nationale.

Il s'agira par conséquent de changer radicalement les structures nées de la colonisation aussi bien que celles héritées de l'état arriéré du pays, dans ce qu'elles ont de fondamentalement hostiles au développement harmonieux et équilibré du pays. L'économie de traite doit faire place à une économie nationale.

Question :

L'application de ces principes sur le plan de l'industrialisation pose-t-elle un problème de choix?

Réponse :

Oui, en effet la création d'une industrie de transformation s'impose.

Les matières premières doivent être traitées avant leur exportation.

Il faut pour valoriser nos ressources naturelles et pour satisfaire les besoins des populations créer des industries de transformation.

Cependant il faut à tout moment éviter de créer des besoins supérieurs à la production.

Les immenses ressources naturelles seront progressivement mises en exploitation au profit d'une entité économique africaine plus large englobant la Guinée.

Question :

Que prévoit-on sur le plan de l'organisation ?

Réponse :

A côté de l'organisation politique, et sous son contrôle, sont institués différents ministères et services techniques :

— Ministère d'Etat Chargé des Finances et du Plan.
— Ministère du Développement Economique.
— Ministère de l'Economie Rurale.
— Ministère des Transports.
— Ministère du Commerce Extérieur et des Banques.

Question :

Quelles sont les formules d'investissement pour la réalisation d'actions industrielles?

Réponse :

Les investissements les plus importants seront orientés vers la création d'unités économiques nouvelles signifiant l'apparition d'activités génératrices de ressources nouvelles, l'élargissement du volume d'emplois permanents et de spécialités ayant pour conséquence l'accroissement de la fraction active de la population.

Les investissements se répartissent en **3 Secteurs :**

— **Le Secteur National :** couvre les activités économiques de base ou stratégiques (infrastructure, banques...). Ce domaine est réservé à l'Etat.

— **Le Secteur Mixte :** lorsque des investissements importants, sont nécessaires en monnaie locale et en devises, l'Etat peut s'associer à des privés nationaux ou étrangers.

— **Le Secteur privé :** réservé surtout aux coopératives nationales.

Question :

Quelle est la forme d'action dans les autres secteurs?

Réponse :

La priorité a été donnée à l'industrie pour, d'une part, modifier la structure économique du pays, et d'autre part, élever le niveau de vie et le taux d'épargne de la Nation.

Mais parallèlement, des efforts sont consentis, d'abord dans l'agriculture comme complément et support de l'industrie et comme source d'alimentation et de produits d'exportation, également dans l'infrastructure routière et ferroviaire, dans la production d'énergie, enfin, dans l'habitat, la santé et l'éducation.

Question :

Rôle et contribution du modèle Guinéen dans l'économie Africaine?

Réponse :

Son rôle est double, puisque sa réussite signifie l'écroulement du système colonial sur tout le Continent.

En effet, que n'a-t-on pas dit sur l'impossibilité pour un petit pays, et par surcroit sous-développé, d'avoir une monnaie stable hors de toute zone impérialiste.

De toutes façons, le modèle guinéen sert déjà d'exemple à de nombreux pays africains qui prennent de plus en plus conscience de la réalité de leur situation de colonisé.

La Guinée est, par ailleurs, prête à se lancer dans la coopération africaine en apportant comme contribution ses valeurs humaines, ses ressources naturelles et son expérience.

Déjà nous avons assisté à la création de l'O.U.A. et ses Organismes spécialisés, à la mise sur pied du Comité Inter-Etats pour le bassin du fleuve Sénégal, et bientôt la zone de libre échange et le marché commun africain etc... autant de réalités qui préparent la victoire totale de nos peuples, par le contrôle de plus en plus effectif de leurs économies par la reconnaissance de l'Entité Economique Africaine, par la mise en exploitation de nos richesses, d'abord au profit de nos populations, et enfin, par des échanges équitables entre l'Afrique réhabilitée et les autres Continents.

La base fondamentale de l'économie nationale guinéenne repose sur les intérêts solidaires, la volonté de progrès social, et le travail producteur du peuple dont les initiatives créatrices sont libérées désormais grâce à l'implantation de solides structures démocratiques et populaires dans tous les domaines de la vie de la Nation.

Le Peuple Guinéen fait, non pas la politique de son économie (sous-développée) mais l'économie de sa politique dont le centre d'intérêt est le bien-être matériel et moral du peuple, la pratique de la justice sociale en vue du bonheur humain.

En cela l'exemple guinéen contribue effectivement à la véritable libération politique, économique, sociale et culturelle de l'Afrique et de ses peuples.

Question :

Qu'appelle-t-on UN PLAN ?

Réponse :

D'une façon générale et pas seulement en économie, un PLAN est constitué par l'ensemble des dispositions arrêtées en vue de l'exécution d'un projet.

La notion de PLAN apparaît ainsi comme se définissant par deux éléments :

— un projet, c'est-à-dire un but que l'on veut atteindre ;

— les dispositions, c'est-à-dire la fixation des moyens de tout genre à mettre en œuvre pour atteindre ce but.

Ainsi donc, une fin déterminée avec également des moyens déterminés, voilà l'essentiel de tout PLAN.

Question :

En économie, comment s'applique cette définition d'ordre général ?

Réponse :

Au sens général du mot, un PLAN ECONOMIQUE est un ensemble de dispositions arrêtées en vue de l'exécution d'un projet intéressant une activité économique. Mais avec l'évolution on a commencé à attribuer le terme de PLAN ECONOMIQUE à un plan qui intéresse l'ensemble de la vie d'une UNITE ECONOMIQUE. Par unité économique, on peut entendre : un secteur spécialisé, voire une seule entreprise, ou au contraire un pays entier.

Question :

Qu'entend-on par PLANIFICATION GENERALE ?

Réponse :

La planification générale englobe l'ensemble des secteurs planifiés de l'Economie Nationale. Elle intéresse aussi bien la planification financière, la planification industrielle, la planification agricole ou la planification commerciale. Elle s'occupe de toutes les branches de l'Economie Nationale et a pour objectif le renforcement du potentiel économique du pays.

Ses méthodes reposent sur les trois principes suivants :

— l'analyse de la base de départ, liée aux réalités présentes ;

— la détermination des besoins pour la fixation des tâches ;

— la fixation dans les indices du plan de toutes les phases du processus de production : répartition, circulation, consommation.

Question :

Quelles ont été, jusqu' à présent, les grandes étapes du PLAN en Guinée ?

Réponse :

1° Le 5e CONGRES du P.D.G. qui a défini l'orientation de notre économie en liant indissociablement le fait économique au fait politique.

2° La Conférence de Dalaba en février 1960 qui a lancé la monnaie guinéenne, facteur décisif de notre révolution économique.

3° La Conférence de Kankan en Avril 1960 qui a jeté les base du PLAN TRIENNAL 1960-1963.

4° Le CONSEIL NATIONAL DE LA REVOLUTION de Gueckédou en Avril 1964 qui a tiré les leçons de l'exécution du PLAN TRIENNAL et jeté les bases du PLAN SEPTENNAL.

Question :

Quelle est la structure administrative nécessaire au déroulement matériel d'un PLAN ainsi défini sur l'ensemble de l'Economie Nationale?

Réponse :

Il convient de mettre en place trois directions :

1° Une Direction du PLAN, organe de conception qui coordonne les activités des départements techniques chargés de l'élaboration des projets de base et qui en supervise l'exécution.

2° Une Direction de la COMPTABILITE DU PLAN qui est chargée, comme son nom l'indique, d'assurer la comptabilisation minutieuse de chaque action, et par ce fait, surveille l'ensemble des opérations financières qui ont trait au plan.

3° Une Direction de la mécanographie et de la statistique, qui est dotée des moyens les plus perfectionnés pour établir la comptabilité économique de la Nation et pour mener toutes les enquêtes permettant de mesurer, aussi bien les besoins réels de la population, que l'incidence des actions en cours du PLAN sur tous les secteurs économiques touchés par lui.

Question :

Quel est le rôle dévolu aux coopératives agricoles dans le développement économique de la Guinée?

Réponse :

Elles doivent permettre une exploitation plus rationnelle des terres de culture. La supériorité de la forme collective de mise en valeur des terres sur la forme d'exploitation individuelle est connue. En Guinée, ces groupements, outre qu'ils exploitent de plus grandes superficies et accroîssent ainsi la productivité nationale, permettent surtout une exploitation collective des terres, la vulgarisation plus facile des pratiques modernes de travail, par l'utilisation d'engins perfectionnés, qui viennent ainsi remplacer la houe traditionnelle. Les moyens modernes mis facilement à leur disposition sont les tracteurs, les charrues, les herses, les moissonneuses-lieuses et les batteuses, les attelages et des semences sélectionnées.

Question :

Quels étaient les objectifs assignés au premier Plan de 3 ans dans la production agricole?

Réponse :

Le plan Triennal, dans le domaine de la production agricole tendait à l'encourager, notamment par le développement des surfaces cultivées, la modernisation par la mécanisation des méthodes culturales de nos collectivités villageoises, l'encouragement à la forme coopérative de culture, la création de secteurs publics nationaux de production dont l'intervention doit se traduire par un accroissement de la masse globale des productions obtenues et enfin, l'extension, l'intensification et la diversification des cultures vivrières, céréalières, d'agrumes et des cultures maraîchères.

Question :

Quel rôle a joué le Parti Démocratique de Guinée dans le travail d'organisation économique et de planification à l'échelle des régions et des villages ?

Réponse :

Ce rôle a été et demeure prépondérant. Le P.D.G. est en effet, à tous les niveaux des activités nationales, le cerveau qui conçoit et le bras qui exécute. Ce sont les sections établies au niveau de chaque poste administratif et de chaque chef lieu régional qui ont, en ce domaine, toutes les initiatives pour mettre en application les décisions du Parti issues des conférences ou des congrès.

Chacune de ces sections groupe, en son sein, les représentants des comités de village et de quartier de son ressort. Au niveau régional, il existe un comité de la production régionale dirigé par le directeur de la production et qui groupe les secteurs : agriculture, eaux et forêts, élevage, magasin témoin, industrie, bref tous les départements économiques de la Région. Ce Comité agit en fonction des décisions arrêtées au cours des conférences périodiques des chefs de service, qui, placées sous la présidence du Gouverneur de Région et du Conseil Général, groupent, en leur sein, l'ensemble des chefs de service régionaux et les représentants statutaires de chacune des sections de la Région. C'est au cours de ces conférences que sont débattus et résolus tous les problèmes à caractère régional, relevant du développement régional.

L'influence des représentants des sections est prépondérante au sein de ces conférences, car ce sont eux qui fixent les objectifs politiques et les principes de mise en application des décisions arrêtées. Il revient également aux sections de prendre toute initiative, non seulement dans l'organisation de l'économie régionale, mais encore dans la création des coopératives agricoles, artisanales, d'élevage, etc. Ce sont également les sections du Parti qui organisent, au cours de ces conférences, le plan d'investissement humain de la Région et chacune d'elle détermine, pour son ressort, les travaux collectifs, les programmes d'éducation et de vulgarisation, etc.

Question :

Quels ont été les succès obtenus dans l'œuvre de décolonisation économique ?

Réponse :

Ils sont considérables. Au 2 octobre 1958, les structures de l'économie guinéenne étaient essentiellement de type colonialo-capitaliste. En effet, à cette date, l'ensemble des biens meubles et immeubles de la Guinée, pris dans leur acception économique, appartenaient à des étrangers résidant pour la circonstance dans le pays. Le commerce, la monnaie, les moyens de transport et les quelques rares entreprises industrielles (brasserie de bière, charpentes métalliques, air liquide, confiserie, glaces, etc.) étaient détenus par des étrangers, et presque toute l'activité économique était alors réduite au seul négoce de traite.

A la proclamation de l'indépendance, il fallait redonner aux activités économiques de la Nation un contenu et des objectifs nationaux. A cet effet, il était indispensable de modifier radicalement les structures et leur donner un caractère guinéen. C'est ainsi que, dès 1959, une série de mesures législatives sont intervenues chargeant l'Etat :

1° du monopole exclusif du commerce extérieur, à l'importation comme à l'exportation ;

2° des circuits intérieurs de distribution ayant le monopole de la vente des biens de consommation courante et des articles de première nécessité ;

3° de la commercialisation des produits du crû.

Par ailleurs, les différentes assemblées consulaires pour le commerce, l'industrie et l'agriculture, furent transformées en un organisme unique. D'autre part, il fut créé une monnaie nationale et corollairement une Banque Centrale, ayant la charge de l'émission de la monnaie et à travers ses organismes annexes, du contrôle des changes, du crédit et de l'épargne.

Enfin, les entreprises privées à caractère commercial ou industriel, furent invitées à insérer leurs activités dans l'action de développement national et à agir selon les impératifs de la planification économique. Le résultat le plus important de cette action est qu'à l'heure actuelle, l'économie guinéenne dominée en totalité par des intérêts étrangers à la Nation au 2 octobre 1958, se trouve être actuellement à 80 % la propriété de l'Etat guinéen.

Question :

Vers quoi tend principalement la planification ?

Réponse :

La planification tend à donner au développement économique un caractère d'harmonie qui réponde aux besoins, aux aspirations et aux nécessités du peuple.

Question :

Par quoi est conditionné le succès d'un plan de développement économique et social ?

Réponse :

Il est conditionné par la qualité de la conscience avec laquelle sont examinées toutes les phases de notre développement, et par l'attitude réaliste avec laquelle seront prises les décisions les plus conformes aux aspirations des populations.

Question :

Qu'est-ce qui permettra d'éliminer les erreurs qui pourraient être commises en cours d'exécution du plan ?

Réponse :

C'est surtout l'analyse critique, honnête, faite périodiquement, de l'action économique menée dans tous les secteurs et à tous les niveaux de la Nation.

Question :

Comment s'établit la rentabilité des opérations économiques ?

Réponse :

La rentabilité d'une opération économique s'établit par la supériortité de l'apport de l'opération sur le coût de sa réalisation.

Question :

Le plan comporte-t-il des opérations financièrement non rentables et éventuellement quelles sont-elles ?

Réponse :

Oui, le plan comporte des opérations non rentables. Ce sont les opérations à caractère social et à caractère politique dans le domaine de la souveraineté.

Question :

Est-ce que l'ensemble des opérations financièrement non rentables du plan peut être supérieur à l'ensemble des opérations rentables?

Réponse :

Non, car ce sont les opérations rentables qui seules permettent d'assurer une accumulation nationale et d'engager de nouvelles opérations dans les plans ultérieurs, tant de caractère social que de caractère économique. Si les opérations non rentables dominaient les opérations rentables, le plan entraînerait la faillite économique de la Nation.

Question :

Quels sont les éléments qui entrent dans le coût financier d'une opération ?

Réponse :

1er élément : tout ce qui concourt à la réalisation directe et qui en fait partie intégrante.

2e élément : l'ensemble des salaires, les frais généraux, les dépenses de matériel divers.

3e élément : ce qui doit être chaque fois évalué pour définir la part de l'investissement non constitutif nécessaire à la réalisation de l'opération (amortissement des engins de travail, frais d'études, etc.).

Question :

Quelles sont les règles principales pour la bonne exécution des tâches du Plan ?

Réponse :

— Le contrôle permanent qui permet la correction de certains éléments et la surveillance de l'exécution du plan ;

— Une gestion correcte des crédits ;

— La décentralisation des tâches afin que chaque tâche dépende au moins d'un responsable qui en assume personnellement l'exécution ;

— La modernisation et l'amélioration des conditions de travail du paysannat ;

— La recherche constante de la rentabilité des opérations à caractère économique ;

La création dans les opérations du plan d'unités économiques distinctes par une appréciation réaliste de la valeur de tout ce qui doit contribuer à la réalisation de chacune d'elles.

Question :

Quels sont les objectifs fondamentaux du Plan ?

Réponse :

Ses objectifs fondamentaux sont :

— l'amélioration du niveau de vie ;

— la décolonisation économique ;

— la transformation de la Guinée en un pays moderne hautement développé.

Question :

Quel est le rôle de l'économie dans la garantie de l'indépendance ?

Réponse :

Chaque peuple ne peut consommer que dans le cadre de la valeur de ce qu'il produit. Le niveau de vie de la population dépend de l'importance de sa production. Pour quelques années, il est possible que les pays développés mettent à la disposition des pays sous-développés une partie de leur production. En échange, ces pays doivent règler plus tard leurs dettes avec des produits. Le développement de la production du pays est donc le moyen décisif pour atteindre l'indépendance économique.

Question :

Pourquoi a-t-on mis un accent particulier sur le développement de la production par rapport aux autres secteurs du Plan?

Réponse :

Seul le développement de la production crée le revenu supplémentaire. Dans tous les autres domaines, on consomme sur ce revenu ; exemple : la Santé Publique, la Défense Nationale, l'Enseignement, etc.

Il faut donc créer une harmonie, un équilibre entre le développement de la production et le développement de la consommation.

Question :

Comment l'Etat peut-il couvrir les frais élevés des investissements ?

Réponse :

Il y a deux sources pour couvrir les frais d'investissements :

1° les moyens propres du pays ;

2° les crédits étrangers.

Les moyens propres du pays sont les bénéfices des entreprises d'Etat, les impôts provenant de la population, des entreprises privées et publiques, les investissements propres des entreprises privées dans l'industrie et dans l'agriculture, l'investissement humain.

Question :

Quelle assistance étrangère peut-on accepter ?

Réponse :

Pour ne pas aliéner l'indépendance, on ne peut accepter que la seule aide qui ne porte pas de conditions politiques et qui n'accapare pas les positions-clés de l'économie.

Question :

Pourquoi les positions-clés doivent-elles rester entre les mains de notre Etat ?

Réponse :

Les secteurs clés dans l'économie sont le commerce extérieur, la monnaie, les banques, le commerce de gros et l'industrie lourde, l'extraction et la commercialisation des pierres et métaux précieux, les ressources énergétiques, (hydrocarbures, houille, potentiel hydraulique, les matières fissiles, etc.) les transports (terrestres, maritimes, aériens).

Si ces secteurs clés de l'économie de la Nation sont sous la direction et le contrôle de l'Etat, ils constituent autant de moyens puissants mis également au service du développement économique. Par contre, dominés par des intérêts privés, nationaux ou étrangers, ces secteurs subordonnent les possibilités du développement aux intérêts privés qui en ont la possession.

Question :

Quelles sont les tâches du capital privé dans le développement de l'économie nationale de la Guinée ?

Réponse :

Il existe un capital privé dans les exploitations minières, dans l'agriculture et dans le commerce. L'activité des grandes sociétés minières étrangères est réglementée par des conventions passées entre ces sociétés et l'Etat.

Question :

Qu'est-ce qui conditionne l'amélioration des conditions de vie des populations ?

Réponse :

Les conditions de vie d'un homme, d'un groupe d'hommes, d'une société sont déterminées par tous les biens matériels et immatériels dont il dispose pour assurer son existence.

Ces biens comprennent : denrées alimentaires, habillement, ustensiles ménagers, ameublement, logement, **santé, éducation,** etc. Chacun de ces biens est tiré, soit directement, soit par voie d'échanges ou d'achats extérieurs de la masse globale de la production Nationale. Il ne saurait donc y avoir, dans les meilleures conditions de répartition de la production nationale, d'amélioration réelle des conditions de vie de la population sans une augmentation corollaire en valeur et en volume de la production.

A partir du moment où le Parti et le Gouvernement ont mis fin à toute possibilité d'exploitation et d'oppression des masses laborieuses, ils créaient les conditions d'une répartition aussi équitable que possible de la production globale de la Nation.

C'est ainsi que sans augmentation de la production rentable, plusieurs améliorations importantes ont pu être apportées au cours de la période 1958-1960 : réévaluation du SMIG, revalorisation des prix à l'achat au producteur des produits d'exportation, extension des services sanitaires, accroissement de la scolarisation, gratuité de l'enseignement, établissement de la sécurité sociale pour tous les travailleurs salariés, réévaluation des salaires de base, etc.

Il reste qu'après ces mesures, toute amélioration des conditions de vie des populations est étroitement liée au taux d'augmentation réel de la production nationale.

Question :

Quels sont les secteurs planifiés en République de Guinée ?

Réponse :

Les secteurs planifiés sont :

— l'infrastructure et les transports ;

— la production ;

— les services sociaux.

Question :

Quel est le rôle de la monnaie dans l'Economie Nationale?

Réponse :

La monnaie est une mesure de valeur d'équivalence générale qui sert aux échanges économiques de la société. Selon la nature du régime, elle peut avoir différents emplois ; elle peut en effet être un élément d'oppression dans les régimes capitalistes, basés sur les profits des détenteurs des instruments de production, mais elle peut aussi être un élément social de planification de l'économie, en agissant sur le prix des biens produits et sur le prix des biens mis en consommation.

En République de Guinée, la monnaie nationale a été considérée, sur le plan financier comme une mesure de valeur, et sur le plan de l'économie comme un élément social de planification des prix. Cet emploi de la monnaie est appelé à modifier radicalement le caractère des rapports de production qui existaient dans la société colonisée, de manière à créer des rapports d'égalité basés sur la définition : à chacun selon son travail.

Question :

Comment seront coordonnées les différentes recettes et dépenses dans l'économie nationale ?

Réponse :

Les recettes et les dépenses dans l'économie nationale sont coordonnées à l'aide du budget de l'Etat et des plans financiers des Entreprises.

Le budget de l'Etat est lié à tous les domaines de l'économie nationale. Il reflète les recettes de l'Etat en provenance des impôts (de la population, des entreprises d'Etat et des entreprises privées). Il comprend les dépenses pour l'élargissement de la production (si elles sont financées par l'Etat), les dépenses pour les organes de l'Etat et pour les différents domaines de la consommation sociale.

Question :

Quel est le rôle des impôts ?

Réponse :

Les impôts sont la contribution de chaque membre de la société à l'organisation et au fonctionnement de cette société qui comprennent :

— les charges dites de souveraineté englobant la Défense Nationale et la représentation extérieure ;

— les charges administratives qui comprennent l'ensemble des services fonctionnels de l'Etat (Ministères des Finances, de l'Intérieur, de la Fonction Publique) ;

— les charges sociales comprenant les départements du Travail et des Lois Sociales, la Justice, la Santé Publique, l'Education Nationale, l'Information et le Tourisme, la Jeunesse, les Arts et la Culture ;

— les services économiques comprenant les Travaux Publics, les PTT, le Plan, le Commerce et l'Industrie, l'Economie Rurale et la Banque.

Question :

Comment le financement d'une entreprise est-il rattaché à la planification technique ?

Réponse :

Toutes les activités économiques, tous les produits faits par des travailleurs et des machines évalués en monnaie sont les recettes financières. On peut aussi, grâce à la monnaie, contrôler le plan financier d'une entreprise.

Question :

Quand une entreprise est-elle rentable?

Réponse :

Une entreprise est rentable lorsque sa production laisse une plus-value qui se traduit par un bénéfice net. Pour qu'il en soit ainsi, les recettes produites par la vente de sa production doivent être supérieures aux dépenses engagées dans sa production. Ces dépenses sont : le salaire des ouvriers, l'achat de matières premières, l'amortissement du matériel et des différents instruments de production, les frais généraux, les réserves pour renouvellement de matériel.

Question :

Comment le financement des entreprises d'Etat en Guinée est-il effectué ?

Réponse :

Chaque entreprise reçoit à sa création une avance

qu'elle aura à rembourser sur ses bénéfices, selon des échéances déterminées.

Question :

Quel est le rôle du Plan pour le financement de l'entreprise ?

Réponse :

Chaque entreprise doit établir en début d'année un programme financier qui est le reflet du plan des activités qu'elle entend déployer au cours de l'année.

Question :

Quel est le but du plan financier ?

Réponse :

Le programme ou le plan financier permet à l'entreprise de déterminer ses besoins en moyens financiers pour satisfaire aux activités qu'elle s'est assignées.

Ces besoins peuvent être satisfaits de plusieurs façons, soit sur les fonds disponibles que détient cette entreprise, soit par le recours au crédit bancaire ou à toute autre forme de financement autorisée par son statut.

Question :

Que représentent les bénéfices des entreprises d'Etat?

Réponse :

Les bénéfices des entreprises d'Etat ne sont pas la propriété des entreprises, mais la propriété de l'Etat. Ils sont accumulés en vue d'un réinvestissement dans les secteurs prévus par le Plan.

Question :

Que représentent les bénéfices des coopératives ?

Réponse :

Les bénéfices des coopératives sont, par contre, la propriété des coopérateurs. Ils sont utilisés conformément aux statuts-types préétablis, ceci afin que l'action coopérative contribue effectivement et efficacement à l'amélioration des conditions de vie des paysans, éleveurs, artisans qui sont les catégories de travailleurs les plus défavorisées.

Question :

Quelle est l'utilisation des bénéfices privés pour le développement de l'économie nationale ?

Réponse :

Par l'impôt sur les bénéfices industriels et commerciaux, une partie des bénéfices des entreprises industrielles et commerciales privées revient à l'Etat et va grossir ainsi la masse des recettes budgétaires dont on a vu qu'elles servaient au développement social et économique de la Nation.

Question :

Qu'est-ce que la discipline financière ?

Réponse :

La discipline financière, c'est le respect scrupuleux, soit des plans financiers établis par les entreprises d'Etat, soit des budgets établis par l'Etat, les départements, les services, les régions, etc. S'écarter des programmes financiers pré-établis tels que plans financiers et budgets, entraîne nécessairement l'anarchie dans la gestion des fonds.

La règle constante d'une gestion saine est de ne jamais envisager de dépenses, sans avoir dégagé les recettes devant les couvrir.

Question :

Quel est l'objectif de la planification du développement agricole ?

Réponse :

C'est de déterminer les moyens qui permettront d'atteindre une augmentation donnée de la production agricole nécessaire aux besoins de développement de la Nation, de l'homme, et à la vie de la Société.

Question :

Quels sont les moyens planifiés du développement agricole ?

Réponse :

a) fondation des C.M.R. (Centres de Modernisation Rurale) ;

b) création de coopératives agricoles ;

c) protection et reboisement des forêts ;

d) fondation des centres et instituts spéciaux ;

e) amélioration des sols ;

f) mécanisation des cultures ;

g) amélioration de l'infrastructure routière, etc.

Question :

Quelles sont les tâches des C.M.R.?

Réponse :

Ils doivent devenir des entreprises agricoles modèles et des centres de vulgarisation agro-techniques.

Ils travaillent les terres des C.A.P. à l'aide des moyens lourds de mécanisation et concourent par leurs conseils professionnels au développement des C.A.P. .(coopératives agricoles de production)

Question :

Quel est le sens du développement du mouvement coopératif agricole ?

Réponse :

— Donner aux masses paysannes un emploi stable.

— Exploiter de vastes étendues de terre qui n'ont pas jusqu'ici été mises en valeur.

— Réaliser ces deux objectifs avec les plus petits coûts d'équipement en réunissant les paysans dans de grandes entreprises agricoles coopératives.

— Permettre l'emploi de moyens mécaniques.

Question :

Est-ce que le développement de l'agriculture et l'exploitation des matières premières peuvent à eux seuls suffire à la suppression du sous développement ?

Réponse :

Non, car les biens nécessaires à la vie de l'homme et à la vie des sociétés exigent une transformation avant d'être consommés ou utilisés.

Si les pays ayant un haut développement social sont des pays hautement industrialisés, c'est qu'ils assurent, par eux-mêmes et pour eux-mêmes, la transformation des matières premières en biens de consommation ou d'équipement.

Question :

Qu'est-ce qu'une industrie ?

Réponse :

Une industrie est une entreprise dont l'activité consiste en la transformation de matières premières en produits finis ou semi-finis, opérée par des moyens semi-mécaniques ou auto-mécaniques.

Question :

Quel est le rôle de l'industrie dans l'économie nationale ?

Réponse :

C'est d'assurer la transformation en produits finis ou semi-finis des matières premières dont dispose la Guinée et qui sont nécessaires, soit à la consommation des populations, soit à l'équipement de la Nation, soit à l'exportation à un stade de développement plus poussé.

Question :

Quel est le rôle du développement des sources d'énergie pour le développement de l'économie nationale?

Réponse :

La production industrielle nécessiste des sources d'énergie naturelles, telles que l'énergie électrique, l'énergie thermique (charbon et hydrocarbures).

Un pays qui ne dispose pas de ses sources d'énergie, ne saurait passer du stade de la production artisanale au stade de la production industrielle.

Question :

Pourquoi développera-t-on de façon prioritaire l'industrie destinée à l'approvisionnement de l'agriculture et à la transformation des produits agricoles?

Réponse :

C'est essentiellement parce que la Guinée a une production agricole qui utilise 80% de la population travailleuse. Ce sont les produits agricoles qui sont actuellement les principaux produits d'exportation, grâce auxquels la Nation peut, par voie d'échange et d'accords de commerce, se procurer à l'extérieur les biens et produits dont elle a besoin.

Il importe donc, dans une conception réaliste du développement économique de la Nation, de stimuler et de favoriser le développement de l'agriculture, base actuelle de l'économie guinéenne.

Question :

Qu'est-ce qu'une banque et quelles en sont les principales activités?

Réponse :

Une banque est un établissement spécialisé dans la détention, la garde et la manipulation des diverses valeurs négociables utilisées en matière de finance telles que : monnaies, titres, obligations, lettres de crédit et de change, chèques, etc.

Créée soit par des personnes privées, soit par des groupes commerciaux, financiers ou industriels, soit encore par l'Etat, la banque est tout à la fois une caisse et une trésorerie ouvertes à une clientèle privée, tant physique que morale, et publique. Elle assure, au nom et pour le compte de ses clients, leurs opérations financières, les assiste dans leurs besoins de crédit, fait fructifier les capitaux qu'ils lui confient, soit en faisant participer ces capitaux à la marche d'une ou plusieurs entreprises commerciales ou industrielles, soit en les employant elle-même, contre versement d'intérêts, pour les besoins du crédit propre à la banque.

En fait, la banque est un établissement qui négocie des valeurs financières.

Question :

Y a-t-il plusieurs sortes de banques?

Réponse :

Oui. En général, chaque banque se spécialise dans un domaine d'activités relevant de la négociation des valeurs financières. C'est ainsi qu'il existe :

1° les banques de dépôt, spécialisées dans la garde et le placement des fonds et des valeurs.

2° les banques de crédit, spécialisées dans les opérations de crédit sous ses diverses formes.

3° les banques d'affaires, spécialisées dans le placement des fonds de leurs clients dans les grandes entreprises commerciales, industrielles et minières, dans les entreprises immobilières et de transports, etc.

4° les banques de commerce, spécialisées dans toutes les opérations et manipulations commerciales de fonds, y compris le crédit et ses diverses formes.

5° enfin il existe les banques dites d'émission, dont le fonctionnement sera examiné d'une manière particulière.

Question :

La banque considérée comme entreprise commerciale des valeurs financières, a-t-elle une importance économique et pourquoi ?

Réponse :

La banque, et en général, la fonction bancaire a une grande importance économique par le fait qu'elle favorise le plein emploi des capitaux. En effet, les fonds qui sont confiés à la banque par ses clients et qui sont des « fonds dormants », c'est-à-dire des fonds inemployés, sont réintroduits par la banque dans les divers secteurs de l'économie : (commerce, production, transports, construction, exploitation des sols et sous-sols, etc.), soit sous forme de crédit, soit sous forme de participation financière. C'est là le rôle de la fonction bancaire qui, par là, favorise le développement des secteurs et entreprises économiques auxquels elle s'intéresse. Par les dépôts effectués par ses clients, la banque centralise (on dit plus communément qu'elle concentre) les capitaux dormants en vue de les faire « travailler ». Ces activités favorisent la circulation des valeurs financières et par conséquent leur emploi dans l'économie.

Question :

Le rôle des banques est-il toujours bénéfique pour l'économie d'une nation ?

Réponse :

Non. En tant que puissance financière, la banque peut avoir une influence néfaste sur l'économie nationale, si les moyens de crédit dont elle dispose ne répondent pas aux besoins de l'économie de la Nation. Ce qui intéresse le banquier c'est le taux de profit qu'il retire des opérations financières qu'il engage. Or, ces opérations peuvent concourir au développement d'activités parasitaires de l'économie (traitants, courtiers, spéculateurs, etc.), favoriser la création de trusts et monopoles qui s'assurent la maîtrise de certains secteurs économiques, permettre l'exportation des capitaux privés, favoriser directement le développement anarchique de certains secteurs de l'économie.

Question :

Quelle était la situation du secteur bancaire en République de Guinée au lendemain de l'indépendance ?

Réponse :

Toutes les banques exerçant en République de Guinée étaient des succursales des banques privées françaises dont les opérations principales étaient :

— le crédit aux traitants et commerçants ;

— le transfert des bénéfices coloniaux ;

— la participation financière dans les entreprises de transports maritimes ou aériens, les exploitations minières, etc.

A cet égard, les banques ont — en tant que puissances financières — contribué à l'exploitation coloniale.

Question :

Dans quel but fut créée la Banque centrale de la République de Guinée ?

Réponse :

La création de la Banque Centrale de la République de Guinée est liée à la réforme monétaire qui est intervenue le 1er mars 1960. Cette création a eu pour objet de faire de la Banque d'Etat l'Institut d'Emission de la monnaie nationale. Par ailleurs, en créant une banque d'Etat, le Gouvernement intégrait le secteur financier de la Nation à l'économie du pays et donnait par la voie de la B.C.R.G. un caractère national aux activités bancaires.

Après l'accession de la Guinée à l'indépendance et la création d'une monnaie nationale, il ne pouvait être laissé aux succursales des banques étrangères privées le privilège, contraire aux intérêts nationaux, de disposer des moyens de crédit de la Nation.

A ce propos, il est bon de rappeler que c'est à la suite de nombreuses infractions commises en matière de manipulations financières que les succursales des banques étrangères privées ont été soit interdites, soit nationalisées.

Question :

Quelle différence y a-t-il entre une banque privée et une banque d'Etat ?

Réponse :

Nous avons vu que les activités des banques privées, qui sont dirigées uniquement vers le profit financier, n'étaient pas nécessairement intégrées aux exigences du développement économique de la Nation. Par contre, la Banque d'Etat est incorporée à la politique économique nationale, car ses activités sont complémentaires des activités économiques et étroitement associées à l'orientation et au développement de l'économie nationale. Il faut noter, par ailleurs, que l'ensemble des banques privées qui opèrent dans un pays constitue une puissance financière qui n'est pas sans avoir d'influences, parfois importantes, sur la politique du Gouvernement et la nature du régime des Etats. Emanation directe des intérêts capitalistes, les banques privées sont en réalité les instruments politiques de la haute finance, alors que les banques d'Etat ne sauraient être autre chose que l'instrument financier de l'Etat, dont les activités sont conditionnées par la nature de son régime.

Un régime démocratique, de nature populaire, ne saurait, sans être en contradiction avec lui-même, laisser l'emploi des moyens de crédit de la Nation à la discrétion des groupes financiers privés.

Question :

Qu'est-ce qu'une banque d'émission ?

Réponse :

Une banque d'émission est une banque chargée, par la loi, de fabriquer et de mettre en circulation les billets et monnaies ayant cours légal dans un pays. Cette banque est communément appelée Institut d'Emission. C'est ainsi que la B.C.R.G. est l'Institut d'Emission de la Nation.

Question :

Comment la B.C.R.G. est-elle constituée et administrée ?

Réponse :

En tant que banque d'Etat, c'est l'Etat lui-même qui l'a créée, c'est-à-dire qui a fixé son statut, qui a fourni son capital, qui a nommé son Conseil d'Administration et ses principaux responsables.

Question :

Quels sont les différents services de la B.C.R.G. ?

Réponse :

La B.C.R.G. comprend trois services et deux directions qui sont :

— sous la direction du Cabinet qui traite des questions administratives :

— un service de Comptabilité Centrale ;

— une Caisse Centrale chargée de la gestion de l'encaisse ;

— un service d'Inspection qui opère tant sur les opérations intérieures, que les opérations extérieures.

— les deux directions sont :

la Direction de l'Office des Changes ;

et la Direction de l'Emission et du Crédit.

Question :

Quels sont les responsables de la B.C.R.G. ?

Réponse :

Le Gouverneur et le Vice-Gouverneur sont les deux premiers responsables de la B.C.R.G. et de tout le fonctionnement bancaire en République de Guinée. Viennent ensuite les directeurs généraux responsables des différentes banques spécialisées : Crédit National, Banque Guinéenne du Commerce Extérieur, Banque Nationale de Développement Agricole ; les directeurs des services et les chefs des services.

Question :

Comment sont régis ces différents responsables des banques guinéennes ?

Réponse :

En ce qui concerne le Gouverneur et le Vice-Gouverneur, ils sont astreints aux obligations édictées par la Constitution en tant que membres du Gouvernement. Les autres responsables relèvent du statut général de la Fonction Publique.

Question :

Les responsables et les agents de la B.C.R.G. sont-ils rétribués sur le Budget de l'Etat ?

Réponse :

Non, la banque elle-même paye ses responsables et ses agents, ainsi que l'ensemble de ses frais de gestion et de fonctionnement. A cet effet, la banque établit un budget qui doit s'équilibrer en recettes et en dépenses. Ce budget, qui est un budget spécial, est approuvé par le Président de la République.

Question :

Dans ces conditions, d'où la B.C.R.G. tire-t-elle ses recettes ?

Réponse :

Ses recettes sont essentiellement composées de la location des services qu'elle assure aux usagers. C'est ainsi que pour toute opération bancaire, qu'il s'agisse d'opération de crédit, d'opération de réescompte, d'opération de tenue de compte, d'opération de change, la banque applique une taxe proportionnelle qui correspond aux services qu'elle assume.

Question :

En tant que banque d'Etat et Institut d'Emission, la B.C.R.G. peut-elle émettre de la monnaie à la demande de l'Etat ?

Réponse :

Oui, mais compte tenu d'impératifs économiques bien précis et objectifs. En effet, l'émission de la monnaie obéit uniquement à des nécessités économiques. S'il n'en était pas ainsi et si la faculté était laissée à l'Etat de faire émettre de la monnaie à son gré et à sa demande sans justification, la masse des billets et des pièces métalliques mis en circulation ne correspondrait plus à la réalité économique de la Nation, et ce déséquilibre entre la masse des billets émis et les réalités économiques de la Nation se traduirait par une banqueroute financière.

Question :

En conséquence, qu'est-ce qui détermine le volume d'émission d'une monnaie ?

Réponse :

C'est essentiellement le degré de développement économique qui détermine le volume des billets en circulation. En effet, si la valeur des billets mis en circulation était supérieure à la valeur marchande de la production, il y aurait nécessairement un manque de biens de consommation par rapport aux capacités financières, ce qui aboutirait à l'augmentation des prix de ces biens de consommation et par conséquent à une dévaluation de la monnaie. Il est évident que ce ne sont pas les signes monétaires qui créent les biens produits, mais que c'est la production qui donne aux signes monétaires leur valeur réelle ou valeur d'échange. Prenons un exemple : si nous estimons que la valeur marchande de la production en République de Guinée est de 17 milliards et si brusquement on augmente le volume des billets en circulation de 5 ou 6 milliards, le pouvoir d'achat sera supérieur au pouvoir de production de la Nation. Par rapport à la monnaie, il y a donc insuffisance de biens produits équivalant à 5 ou 6 milliards. Ce manque de biens créera nécessairement une surenchère qui aura pour résultat de faire monter considérablement les prix des biens produits, qu'il s'agisse des biens de consommation locale ou des bien importés et c'est le consommateur qui en pâtira ; nous avons vu le cas en ce qui concerne certaines denrées en République de Guinée. S'il s'agit de production destinée à l'exportation, celle-ci ne pourra trouver de débouché international car ses prix seront supérieurs aux prix internationaux.

Chaque billet ou chaque pièce représente une valeur marchande, c'est-à-dire que dans 100 francs il y a soit 2 kgs de riz, soit 5 œufs, soit 3 kgs de pain, etc. La véritable valeur n'est donc pas le signe monétaire, mais c'est le prix de revient de la production. La monnaie n'est autre que la représentation de la valeur marchande de la production. Si l'on s'écarte de ses règles, c'est la monnaie qui se détériore.

Question :

Est-il possible de chiffrer à tout moment la valeur de la production et la valeur du travail d'un pays tout entier ?

Réponse :

Non, même les pays qui ont des organisations statistiques extrêmement développées ne parviennent pas à faire le bilan de la valeur de leur production à tout moment. Cette valeur s'établit périodiquequement grâce aux statistiques.

Question :

Dans ces conditions, comment parvient-on à déterminer les besoins de l'émission ?

Réponse :

La loi a fixé d'une manière limitative les cas dans lesquels elle est autorisée à émettre des billets et des jetons. Ces cas sont : les crédits de campagne, autrement dit les crédits destinés à la commercialisation des produits du crû, le crédit aux banques spécialisées, les achats de devises ou de titres étrangers, les avances à l'Etat. Mais il faut noter que toutes ces opérations, sont des opérations de crédit.

Question :

Dans les conditions indiquées plus haut, doit-on en déduire que le volume des billets en circulation va nécessairement en augmentant d'année en année ?

Réponse :

Non, car non seulement un équilibre s'établit entre la valeur de la production et la valeur des billets en circulation, mais il y a encore ce que nous appelons la thésaurisation, c'est-à-dire l'accumulation des capitaux non employés. Ces capitaux non employés, déposés dans les banques ou à la caisse d'épargne des P.T.T., sont momentanément retirés du circuit de la circulation fiduciaire. L'Etat, par ailleurs, dispose de méthodes d'intervention qui permettent de rétablir l'équilibre, si celui-ci vient à disparaître entre la valeur de la production et la valeur de la masse monétaire mise en circulation. Ces moyens d'intervention sont soit la **dévaluation,** soit la **réévaluation** qui traduisent soit l'inflation soit la déflation.

Question :

Dans quelles circonstances procède-t-on :
— à une réévaluation ?
— à une dévaluation de la monnaie ?

Réponse :

On procède à une réévaluation de la monnaie lorsque les prix auxquels reviennent à la Nation les biens produits sont inférieurs aux prix couramment pratiqués sur le marché international. Cette réévaluation permet, si elle ne porte pas atteinte aux possibilités d'écoulement de la production, d'accroître les rentrées en devises, c'est-à-dire d'augmenter au profit de la Nation la plus value de la production exportée.

On procède à une dévaluation de la monnaie lorsque les prix auxquels reviennent à la Nation les biens produits sont supérieurs aux prix du marché international. Ces deux opérations ont nécessairement sur le volume des billets en circulation des incidences importantes qui se traduisent soit par l'inflation (augmentation du volume des billets en circulation), soit par la déflation (réduction des billets en circulation).

Il faut noter que l'Etat a d'autres moyens d'intervention qui lui permettent notamment de réduire simplement la masse des billets en circulation, lorsque celle-ci n'est plus en harmonie avec le volume de la production. Parmi ces moyens d'intervention, il y a l'impôt, l'emprunt, les bons dits bons du Trésor. Ces divers moyens consistent à thésauriser une partie des billets en circulation, afin d'harmoniser la circulation fiduciaire avec la valeur marchande globale de la production. Prenons un exemple : si la circulation fiduciaire est de 17 milliards et si par suite d'une très mauvaise année agricole, la valeur marchande des biens exportables produits tombe à 10 ou 12 milliards il y a un déséquilibre important entre ce qu'on appelle le pouvoir d'achat et les biens de production mis sur le marché. Il appartiendra à ce moment-là au Gouvernement d'intervenir soit en plaçant un emprunt, soit en émettant des bons du Trésor, d'immobiliser une partie des billets en circulation, afin que le volume de ces derniers n'outrepasse pas la valeur marchande réelle de la production.

Question :

Dans ces conditions, que représente, dans les faits, la valeur or de la monnaie émise ?

Réponse :

A l'origine, la monnaie fiduciaire émise était garantie par les réserves d'or détenues par chaque pays. Peu à peu à cette valeur-or, s'est substituée dans les faits la valeur marchande de la production. L'or ne sert plus en réalité que dans les transactions financières d'Etat à l'Etat, lorsque ces transactions ne peuvent être réglées dans les monnaies agréées par l'une ou l'autre des parties· Ainsi, lorsqu'un pays après avoir établi sa balance de paiement se trouve débiteur par rapport à un autre pays et qu'il ne peut pas assurer cette régularisation dans la monnaie exigée par le pays créditeur, il opère un transfert de métal précieux au profit du pays créditeur.

Question :

Qu'entend-on par unité monétaire ?

Réponse :

L'unité monétaire est pour chaque pays le signe monétaire de base, c'est-à-dire pour la Guinée le franc guinéen, pour les U.S.A. le dollar, pour l'U.R.S.S. le rouble, etc. Chaque unité a ses multiples et ses sous-multiples et sa monnaie divisionnaire

Question :

Comment établit-on la valeur-or de l'unité monétaire ?

Réponse :

Dans la pratique, elle est établie en fonction des rapports de valeur qui existent entre la monnaie considérée et les différentes monnaies internationales. C'est ainsi qu'il a été admis, lors de la réforme monétaire, que le franc guinéen se substituait nombre pour nombre et valeur pour valeur au franc C.F.A., lequel représentait théoriquement 0,0036 grammes d'or fin.

Question :

Quel intérêt y a-t-il à attribuer à la monnaie papier une valeur or ?

Réponse :

Tout d'abord ceci représente une garantie pour la stabilité monétaire, car il existe un cours international de l'or et ceci permet plus particulièrement d'établir les parités existant entre les différentes monnaies en fonction de leur représentativité en métal précieux. C'est ainsi que la conversion d'une monnaie en une autre prend pour base de calcul les valeurs or respectives de l'une et l'autre monnaie. Exemple : si nous voulons convertir le franc Guinéen en dollar, nous diviserons la représentativité en or fin du dollar par la représentativité en or fin du franc Guinéen ; le dollar représentant 0,8886 grammes d'or fin et le franc Guinéen 0,0036 grammes d'or fin, nous obtiendrons :

$$\frac{0{,}8886 \text{ gr}}{0{,}0036 \text{ gr}} = 246 \text{ Fr. } 83.$$

C'est-à-dire qu'un dollar peut être échangé valeur pour valeur contre 246 F. 83 Guinéens. On dit plus communément que la parité du franc Guinéen par rapport au dollar est de 246 F. 83 Guinéens.

Question :

Quelle garantie existe-t-il pour qu'une monnaie ne puisse être imitée ?

Réponse :

Chaque billet ou chaque pièce a des caractéristiques visibles et invisibles qui lui sont propres et qui permettent aux spécialistes, soit de l'Institut d'Emission, soit de l'Inspection chargée de la répression des fraudes, de déterminer s'il n'y a pas de faux billets en circulation.

Question :

Quelle est la meilleure définition que l'on peut donner de la monnaie papier ou de la monnaie métallique, qu'il s'agisse de billets de banque ou de pièces métalliques?

Réponse :

La monnaie représente un bon devant servir à l'échange de marchandises, à l'échange de services ou de biens entre les personnes et les collectivités. La valeur transactionnelle de la monnaie est fixée et garantie par l'Etat.

Question :

Qu'est-ce que le Franc C.F.A.?

Réponse :

Le franc des colonies dénommé «Franc C.F.A.» (colonies françaises d'Afrique),. représente, encore de nos jours, la marque de la survivance du pacte colonial dans les rapports de la France et de ses anciennes colonies.

Cette nouvelle dénomination est née avec la fin de la guerre mondiale du fait des dévaluations successives du franc métropolitain dont la parité avec la monnaie coloniale, démontrait sa trop grande faiblesse. Ces dévaluations qui ont été très accentuées en 1948 et en 1949, ont donné une parité initiale de 1 F,70, puis de 2 F, ensuite de 2 F,36, enfin de 2 F,16 au Franc C.F.A.

Le pouvoir de fixation de la parité entre les deux monnaies, Franc C.F.A. et Franc Métropolitain, ayant été unilatéralement exercé par les seules autorités françaises, montre bien, s'il en est encore besoin, les liens de totale subordination de la monnaie C.F.A. au Franc Français.

Question :

Qu'entend-on par zone monétaire ?

Réponse :

La zone monétaire est un groupement financier multi-national à l'intérieur duquel les différentes monnaies qui adhèrent à ce groupe sont librement convertibles entre elles sans aucune restriction de change. C'est ainsi qu'il existe actuellement plusieurs zones monétaires : la zone Sterling, la zone Dollar, la zone Franc, la zone Rouble et la zone Escudo.

Dans certains cas, ce sont des accords multinationaux qui ont constitué ce groupement financier ; dans d'autres, et plus particulièrement en ce qui concerne les monnaies coloniales, c'est une monnaie nationale qui a imposé à ses colonies un système financier qui est contrôlé et dirigé par cette monnaie même. C'est ainsi que le Franc C.F.A., la Livre Ghanéenne sont sous tutelle directe du Franc Français et de la Livre Sterling.

Question :

Dans quelle zone monétaire se trouve le Franc Guinéen?

Réponse :

En lançant sa monnaie nationale le 1er Mars 1960 par son propre Institut d'Emission, la République de Guinée a rompu en même temps les rapports de dépendance qui la liaient à la zone franc. Elle a créé sa propre zone indépendante de toutes zones étrangères.

Le Président de la République de Guinée, a, dans sa déclaration du 27 Janvier 1965, réaffirmé la détermination de la République de Guinée de ne pas rentrer dans la zone franc par abandon de la monnaie nationale et de la zone monétaire guinéenne. «En effet, la République de Guinée n'a jamais manifesté une telle intention qui signifierait pour elle le renoncement à un attribut essentiel de sa souveraineté et l'abandon du moyen le plus décisif d'assurer son développement économique et social ». « La zone monétaire guinéenne ne pourrait éventuellement disparaître qu'au profit d'une zone monétaire indépendante plus élargie que créeraient certains ou l'ensemble des Etats Africains en vue de sauvegarder leur totale liberté d'action économique et financière.»

«La Monnaie Guinéenne est forte de la volonté de progrès et des capacités productrices et productives du peuple guinéen. Elle est forte des immenses possibilités économiques du pays et elle reste forte de son indépendance absolue à l'égard des zones monétaires néo-colonialistes.»

Question :

Existe-t-il d'autres monnaies non intégrées à une zone?

Réponse :

Oui, et l'exemple le plus typique est celui du franc Suisse qui représente sur le marché mondial des changes une monnaie forte, mais qui n'est intégrée à aucune zone. En réalité, dans toute zone monétaire, il existe une monnaie principale et des monnaies satellites. C'est la monnaie principale qui garantit la valeur des monnaies satellites.

Question :

La fonction essentielle de la B.C.R.G. est l'émission. En dehors de cette fonction, quelles sont les autres charges bancaires assurées par la B.C.R.G.?

Réponse :

Toutes les autres fonctions qu'assure la B.C.R.G. découlent de l'émission et de la circulation monétaire. C'est ainsi que la B.C.R.G. contrôle l'ensemble de la fonction bancaire en République de Guinée, ceci afin d'être constamment en mesure de défendre la monnaie. Détentrice des moyens de crédit, la B.C.R.G. procède aux opérations de réescompte des effets de commerce entrés dans le portefeuille des autres banques. Elle est également chargée du contrôle et de l'émission du crédit. En fait, la B.C.R.G. est la banque des banques puisqu'elle détient tous les moyens de contrôle et de régularisation de la circulation fiduciaire.

Question :

Le crédit a-t-il une influence sur la valeur nominale des signes monétaires ?

Réponse :

Oui, si les règles de crédit ne sont pas respectées, celui-ci peut amener une dépréciation de la valeur nominale des signes monétaires en circulation. En réalité, les crédits consentis par les banques doivent constamment conserver les caractéristiques économiques, c'est-à-dire que l'emploi du crédit doit être compensé par une production accrue ou une amélioration de l'équipement national. Si des crédits étaient consentis sans qu'il dût en résulter des transformations dans la production ou l'équipement, on aboutirait à une inflation déguisée de la monnaie, inflation qui, nous l'avons vu, se traduit par une dévaluation des signes monétaires. Il faut entendre par dévaluation d'une monnaie la perte d'une partie de sa valeur d'échange transactionnelle.

Question :

La B.C.R.G. ouvre-t-elle directement des crédits aux particuliers ou aux entreprises industrielles et commerciales?

Réponse :

Non, la B.C.R.G. ne consent des crédits qu'à l'Etat et aux autres banques. En réalité, il ne s'agit pas de crédits, mais d'avances. Ces avances sont remboursables par les bénéficiaires.

Question :

Qu'est-ce qui nécessite pour l'Etat des avances de Trésorerie?

Réponse :

Les recettes de l'Etat proviennent des taxes douanières, des impôts directs ou indirects, etc. La rentrée de ces recettes dans les caisses du Trésor de l'Etat ne s'effectue pas au fur et à mesure des besoins financiers de l'Etat. Il y a donc nécessairement un décalage entre les rentrées financières du trésor et ses sorties. C'est pour pallier à ces difficultés que la B.C.R.G. est autorisée à faire des avances à l'Etat· Ces avances sont toutefois réglementées, et elles ne peuvent dépasser 1/10° des recettes ordinaires du budget, et ne peuvent être concédées pour plus de 9 mois maximum de l'exercice budgétaire en cours.

Question :

L'Etat ne peut-il contraindre la B.C.R.G. à lui consentir des avances, voire des crédits, supérieurs à ceux qui ont été définis plus haut ?

Réponse :

Non, car en créant l'Institut d'Emission, l'Etat lui a octroyé des prérogatives importantes qui ont pour but de garantir l'Etat contre lui-même. Il n'en demeure pas moins cependant que l'Institut d'Emission n'est pas un organisme isolé et qu'il lui revient de faire en matière financière la politique du Gouvernement.

Question :

Comment la B.C.R.G. dispense-t-elle des crédits aux autres banques ?

Réponse :

En réalité l'organisation bancaire est telle en République de Guinée, qu'en dernier ressort c'est la B.C.R.G. qui dispose, donc qui accorde, les crédits à tous les bénéficiaires. Les autres banques peuvent être considérées comme des organismes intermédiaires entre la B.C.R.G. et le client. C'est pourquoi la B.C.R.G. délivre pour toute demande de crédit ce qu'on appelle une autorisation préalable.

Question :

Nous avons vu que les recettes propres à la Banque sont constituées par les différents intérêts qu'elle prend sur les opérations qu'elle effectue. Comment sont déterminés ces intérêts?

Réponse :

En matière bancaire existent plusieurs modes de calcul des intérêts. Il y a l'escompte, le réescompte, les intérêts, les agios. Nous allons voir rapidement comment se définissent ces différentes opérations.

— **escompte** ; il représente la part d'intérêts qui correspond aux crédits consentis. Prenons un exemple : si la banque escompte le 1er janvier une traite de 2.800.000 francs guinéens venant à expiration le 31 mars, le taux d'escompte sera calculé sur l'intérêt ou ce qu'on appelle le « loyer » de l'argent pour un montant de 2.800.000 francs sur trois mois. Si le loyer de l'argent a été fixé à 4 % par mois, la banque paiera en avance au bénéficiaire de la traite :

$$2.800.000 - \frac{(2.800.000 \times 4 \times 3)}{100} = 2.264.000 \text{ fr.}$$

— **réescompte** ; si le taux d'intérêt ou le loyer de l'argent est fixé à 6 % et que le crédit ou les avances consenties passent par un organisme bancaire intermédiaire, en l'occurence les banques spécialisées, ce taux d'intérêt sera partagé et par la B.C.R.G. et par la banque intermédiaire, afin de permettre à l'une et l'autre de payer les services qu'elle assure dans les opérations de crédit. C'est ainsi que le taux de réescompte pour un loyer d'argent de 6 % pourra être de $2\frac{1}{2}$ pour la banque intermédiaire et de $3\frac{1}{2}$ pour la banque centrale.

— **intérêts** ; nous l'avons vu à l'instant, c'est le loyer de l'argent. Les particuliers ou les entreprises privées ou publiques qui déposent leurs fonds dans les banques, touchent un intérêt, de même que tout crédit consenti à un particulier ou à une entreprise privée ou publique paye à la banque un intérêt.

— **agio** ; l'agio, comme les taxes appliquées par la banque, représente la valeur du travail effectué par la banque : tenue d'un compte, opération de crédit ou de débit, change des monnaies, etc.

Question :

Le franc Guinéen peut-il servir à payer des marchandises à l'Etranger ?

Réponse :

Non, puisque la loi dispose que notre monnaie ne peut être ni exportée ni importée.

Question :

Quel a été le but de cette disposition de la loi ?

Réponse :

En prohibant l'exportation de la monnaie guinéenne, l'Etat a voulu assurer un contrôle total et permanent sur la monnaie nationale.

Question :

Dans ce cas, comment s'effectuent les achats à l'Etranger ?

Réponse :

Les achats à l'Etranger s'effectuent avec les devises qui entrent en Guinée et qui sont toutes détenues par la B.C.R.G. En effet, toujours d'après les termes de la loi, nul autre que la B.C.R.G. ne peut détenir de devises étrangères ; elle seule a le monopole de leur détention et de leur vente.

Question :

D'où proviennent les devises étrangères détenues par la B.C.R.G. ?

Réponse :

Elles proviennent de multiples sources, mais la principale de ces sources vient des exportations que nous effectuons. Ainsi, lorsque nous vendons des bananes, du café, des arachides, des palmistes, etc. ces marchandises nous sont payées en devises, c'est-à-dire soit dans la monnaie du pays importateur, soit dans une monnaie que nous avons conjointement déterminée avec l'importateur ; cette monnaie peut être le dollar, la livre, le franc suisse, etc.

Il y a d'autres sources moins importantes qui sont l'argent apporté et échangé en République de Guinée par les touristes, par les gens de passage, par les représentations diplomatiques étrangères, etc.

C'est avec la masse de ces devises étrangères que la République de Guinée assure à l'extérieur ses achats en matériel d'équipement et en biens de consommation. On voit toutefois que les possibilités d'importation de la République de Guinée dépendent essentiellement de ses possibilités d'exportation.

Question :

Comment sont déterminées les prévisions de ces divers mouvements en devises étrangères ?

Réponse :

Il existe un Conseil National des Programmes qui est présidé par le Chef de l'Etat. Ce Conseil National des Programmes est chargé essentiellement d'établir un plan de devises. Il a pour base les rentrées en devises de l'année écoulée et il y adapte, en fonction des besoins nationaux, les différentes dépenses qu'il a à effectuer à l'extérieur. Il ne faut pas oublier que parmi ces dépenses figurent, en plus des achats de matériel et de biens de consommation, les frais de transport qui sont tous payés en devises, l'entretien des missions diplomatiques, les bourses d'études et de stages, etc. C'est pourquoi un strict contrôle est indispensable en ce qui concerne la sortie des devises étrangères.

Question :

Il est fréquent que les billets en circulation se détériorent. Est-ce que cette détérioration représente une perte sèche pour le bénéficiaire ?

Réponse :

Si les billets sont simplement détériorés et qu'ils conservent leurs caractérisations visibles ou invisibles, ils peuvent être échangés contre de nouveaux billets par la B.C.R.G. En règle générale, l'échange des billets usagés ou détériorés s'opère lorsqu'il y a encore une signature sur deux, un numéro sur deux bien visibles et si la surface restante n'est pas inférieure aux deux tiers d'un billet neuf.

— OFFICE DES CHANGES —

Question :

Qu'est-ce que l'Office des Changes ?

Réponse :

C'est l'organisme bancaire chargé du contrôle des opérations financières avec l'Etranger, conformément au Plan de devises établi par le Conseil National des Programmes. C'est l'Office des Changes qui, en fonction du plan de devises, autorise les sorties et accorde les devises étrangères.

Question :

Quels sont les différents services de l'Office des Changes Guinéen ?

Réponse :

Indépendamment de la Direction, l'Office des Changes comprend trois services qui sont :

a) le service commercial chargé de donner les autorisations d'importation et d'exportation.

b) le service financier qui est chargé des questions de change et de transfert de devises.

c) le service apurement qui contrôle l'utilisation des autorisations d'exportation et des licences d'importation.

L'Office des Changes est dirigé par un Directeur nommé par décret.

Question :

Quel est le but du contrôle des changes ?

Réponse :

C'est de vérifier les différents mouvements des devises et de contrôler leur conformité avec le plan établi par le Conseil National des Programmes.

Question :

Qu'est-ce que la balance des comptes ?

Réponse :

La balance des comptes est la situation financière existant entre deux pays liés par des accords économiques et de paiement. Cette balance établit le bilan des opérations financières réalisées. Au niveau national, on établit aussi périodiquement une balance des comptes qui détermine le volume des créances à recouvrer et des dettes à payer à l'extérieur.

Question :

Qu'est-ce que la balance commerciale ?

Réponse :

C'est au niveau national, l'établissement, en valeur, de la totalité des biens importés et de la totalité des biens exportés. La balance commerciale permet au niveau de la Nation, pays par pays, d'établir la situation des échanges.

Question :

Qu'est-ce qu'un accord de paiement ?

Réponse :

Un accord de paiement est une convention passée entre deux pays, convention qui règle les modalités dans lesquelles seront assurés les règlements financiers correspondant aux échanges existant entre ces pays.

Question :

Qu'est-ce qu'une monnaie de compte ?

Réponse :

Une monnaie de compte est une monnaie dans laquelle deux pays liés par un accord de paiement décident de libeller leurs documents et leurs pièces comptables : factures, avis de crédit, avis de débit, etc... La monnaie de compte peut être la monnaie de l'un des partenaires ou une monnaie autre.

Nous avons par exemple l'accord Sino-Guinéen dont la monnaie de compte est le franc Guinéen ; nous avons l'accord R.A.U.-Guinée dont la monnaie de compte est la livre Egyptienne ; nous avons l'accord Russo-Guinéen dont la monnaie de compte est le dollar US.

Question :

Le paiement des marchandises importées s'effectuant en devises et la B.C.R.G. assurant le contrôle des changes, comment fait-on pour procéder à une importation ?

Réponse :

Avant de procéder à une importation, on dépose au Ministère du Commerce — service des licences — une demande établie sur imprimés spéciaux. Sur cette demande figurent le lieu, la nature de la marchandise, le pays dans lequel on l'achète, sa valeur. C'est sur le vu de cette licence et après son agrément, que l'importateur aura l'autorisation d'effectuer le paiement de la marchandise en devises. En conséquence, le Ministère du Commerce et l'Office des Changes sont-ils habilités à juger de l'opportunité ou de l'inopportunité d'une importation.

Question :

Existe-t-il des licences pour l'exportation ?

Réponse :

Oui, l'obtention d'une licence à l'exportation met l'importateur dans l'obligation de reverser à la banque les devises correspondantes à sa vente. Il recevra de cette vente sa contre-valeur en francs Guinéens. En exportant, le vendeur souscrit à ce qu'on appelle un engagement de change.

Question :

Qu'est-ce qu'un engagement de change ?

Réponse :

Comme son nom l'indique, l'engagement de change est l'engagement que prend l'exportateur de verser à la B.C.R.G. la totalité des devises provenant des marchandises et des produits vendus, et cela dans un délai déterminé, sous peine pour le vendeur, de subir des poursuites judiciaires.

Question :

Qu'est-ce qu'une facture pro-format et à quoi sert-elle ?

Réponse :

Une facture pro-format est une facture établie par le vendeur, sans aucun engagement de part et d'autre, et qui permet à l'acheteur éventuel de justifier le coût de l'importation qu'il se propose de faire. Toute licence d'importation doit nécessairement être accompagnée de la facture pro-format des marchandises considérées. La facture pro-format établit non seulement le montant, mais également les conditions dans lesquelles le vendeur livrera sa marchandise. C'est ainsi qu'elle indique les prix, les frais accessoires, les conditions de paiement, les délais de livraison, etc.

Question :

Comment obtient-on une facture pro-format ?

Réponse :

On obtient une facture pro-format en la sollicitant auprès du fabricant étranger.

Question :

De quoi sont constitués les avoirs guinéens à l'Etranger ?

Réponse :

Les avoirs guinéens à l'Etranger sont constitués par tous les biens et avoirs que détient l'Etat Guinéen à l'extérieur, ainsi que tous les biens et avoirs appartenant à l'Etanger à des résidents guinéens. Ce sont, par exemple, les maisons, les fonds déposés dans les banques, les plantations, les participations financières à des sociétés étrangères, etc.

Question :

A quelle fin fait-on la déclaration des avoirs à l'Etranger ?

Réponse :

Pour en permettre le recensement et éventuellement pour en organiser la sauvegarde.

Question :

Qu'est-ce qu'un transfert ?

Réponse :

Le transfert est une opération bancaire autorisée par l'Office des Changes et par laquelle est effectuée la mise à la disposition d'une personne privée ou d'un organisme public de l'équivalent en devises d'une somme de francs Guinéens versée à la banque de Guinée.

Question :

Pourquoi les personnes entrant en Guinée ont-elles l'obligation de changer toutes les devises qu'elles ont sur elles ?

Réponse :

Parce qu'en Guinée, seul le franc guinéen a cours légal et que la Banque Centrale a le monopole de la détention et de la manipulation des devises.

Question :

Quelles sont les sanctions qu'encourent les détenteurs de devises étrangères et les exportateurs de la monnaie nationale ?

Réponse :

Ils encourent, selon la loi, la saisie des sommes trouvées sur eux, la confiscation de tous leurs biens et l'emprisonnement à temps.

BANQUE GUINEENNE
DU COMMERCE EXTERIEUR

Question :

Qu'est-ce que la Banque Guinéenne du Commerce Extérieur ?

Réponse :

La Banque Guinéenne du Commerce Extérieur est une banque d'Etat spécialisée dans les opérations financières avec l'Etranger. C'est donc par la Banque Guinéenne du Commerce Extérieur que s'opère obligatoirement le règlement financier des importations et des exportations de la Guinée.

Question :

Quel est le montant du capital de la B.G.C.E. et d'où provient-il ?

Réponse :

Le capital de la B.G.C.E. est de 150.000.000 de francs Guinéens entièrement souscrits par l'Etat.

Question :

Quels sont les différents services et les principaux responsables de la B.G.C.E. ?

Réponse :

La B.G.C.E. se compose de trois services principaux :

a) le service « correspondants » qui s'occupe des rapports avec les banques étrangères qui sont en relations avec la République de Guinée.

b) le service des « crédits documentaires » qui procède à l'ouverture et à la surveillance des crédits offerts ou reçus.

c) la comptabilité.

Les principaux responsables de la B.G.C.E. sont un Directeur, un Directeur adjoint, nommés tous deux par décret.

Question :

Qu'est-ce qu'un crédit documentaire?

Réponse :

Le crédit documentaire est un contrat par lequel une banque s'engage à règler sur l'ordre et pour le compte d'un de ses clients le prix d'une marchandise déterminée contre remise par le vendeur des documents représentants cette marchandise. En général ce paiement s'effectue au vu du connaissement établi par la compagnie maritime, laquelle atteste que la marchandise est bien arrivée au port de débarquement.

Question :

Comment bénéficier de l'ouverture d'un crédit documentaire ?

Réponse :

Pour bénéficier d'un crédit documentaire, l'importateur doit être titulaire d'une licence d'importation visée par l'Office des Changes et disposer de la couverture financière en francs Guinéens.

Question :

Comment la B.G.C.E. effectue-t-elle ses paiements à l'Etranger ?

Réponse :

La B.G.C.E. effectue ses paiements à l'Etranger par l'intermédiaire des banques étrangères chez lesquelles elle a déposé des devises.

Question :

Comment la B.G.C.E. se procure-t-elle ses moyens de paiement ?

Réponse :

En tant que déléguée de la Banque Centrale, la B.G.C.E. reçoit :

a) les devises provenant des exportations guinéennes sur l'Etranger.

b) les transferts des avoirs des résidents guinéens.

c) les commissions et bénéfices de changes que lui versent les banques chez lesquelles elle a des comptes ouverts.

CREDIT NATIONAL
POUR LE COMMERCE, L'INDUSTRIE et L'HABITAT

Question :

Qu'est-ce que le Crédit National pour le Commerce, l'Industrie et l'Habitat ?

Réponse :

Le Crédit National est un organisme bancaire créé par l'Etat et placé sous la tutelle de la B.C.R.G. Le capital du Crédit National est de 150.000.000 de francs guinéens entièrement souscrits par l'Etat.

Il est dirigé par un Directeur assisté d'un Directeur adjoint, tous deux nommés par décret. Il comprend :

a) le service du crédit

b) le service de la comptabilité

c) le service des dépôts

d) le service des comptes-courants

e) le service administratif

f) le service des contrôles.

En outre, le crédit National dispose à l'intérieur de la Guinée d'une succursale par région, soit 28 succursales. Chacune de ces succursales est dirigée par un Directeur nommé par décret.

Question :

Quel est l'objectif assigné au Crédit National ?

Réponse :

Le Crédit National est chargé de favoriser le développement économique et social de la Nation dans les domaines du commerce, de l'industrie et de l'habitat. De ce fait, le Crédit National doit tenir compte des objectifs assignés par le plan de développement économique et social national.

Question :

Quelles sont les activités du Crédit National ?

Réponse :

Le Crédit National est habilité :

a) à recevoir les dépôts de fonds à vue ou à échéance.

b) à assurer les paiements en espèces cu par virement.

c) à accorder des crédits aux personnes physiques et morales.

Question :

Y a-t-il d'autres organismes habilités à accorder des crédits ?

Réponse :

Non, le Crédit National détient le monopole du crédit au commerce, à l'industrie et à l'habitat. De ce fait, aucune personne morale ou physique ne peut obtenir de crédit sans l'intervention du Crédit National.

Question :

Comment le Crédit National se procure-t-il ses ressources ?

Réponse :

Les ressources du Crédit National sont constituées :

1° par ses fonds propres (son capital, ses réserves, ses bénéfices)

2° par les subventions de l'Etat

3° par les dépôts de la clientèle tant publique que privée.

4° par les crédits de réescompte que lui procure la Banque Centrale de la République de Guinée.

Question :

Comment le Crédit National couvre-t-il ses frais?

Réponse :

Comme toutes les banques, le Crédit National assure ses charges financières en appliquant un taux d'intérêt sur les crédits qu'il consent et des taxes sur les diverses opérations qu'il effectue pour le compte de ses clients.

Question :

Qu'est-ce qu'un compte bancaire ?

Réponse :

C'est la situation financière de chaque client à la banque.

Question :

Combien y a-t-il de catégories de comptes ?

Réponse :

Il y a trois catégories de comptes :

— il y a les comptes de dépôt à vue, qui peuvent être ouverts par un particulier pour des opérations non commerciales; dans ce cas les dépôts et retraits s'effectuent à la volonté du titulaire du compte.

— le compte d'épargne, constitué par un ou des dépôts successifs, mais dont les retraits ne peuvent être effectués avant une échéance préalablement fixée.

— le compte courant ouvert aux commerçants et industriels pour leurs opérations commerciales ; dans ce cas, les dépôts et retraits s'effectuent à la volonté du titulaire du compte.

Question :

Comment peut-on ouvrir un compte de dépôt à vue ?

Réponse :

Pour ouvrir un compte de dépôt à vue, il faut faire une demande écrite, présenter à l'appui de cette demande une pièce d'identité, donner un spécimen de sa signature et effectuer un dépôt.

Question :

Comment ouvrir un compte d'épargne ?

Réponse :

Le compte d'épargne peut être ouvert au nom de toute personne, sur simple présentation d'une pièce d'identité. Cette personne doit donner un spécimen de sa signature et effectuer un dépôt. Ce dépôt peut être fixé à trois mois ou à six mois de préavis.

Question :

Comment ouvrir un compte courant ?

Réponse :

Le compte courant étant réservé aux opérations commerciales, celui-ci ne peut être ouvert que sur présentation de l'inscription au registre du commerce et de l'autorisation d'exercer la profession de commerçant ou d'industriel. Pour le reste, il est opéré comme pour les comptes de dépôt à vue.

Question :

Comment effectue-t-on les retraits auprès de la banque ?

Réponse :

En ce qui concerne les comptes de dépôt à vue et les comptes courants, ces retraits s'effectuent par chèque. Pour ce qui concerne le compte d'épargne, les retraits s'effectuent sur un livret individuel sur lequel figure l'ensemble des opérations du compte dépôt, retraits et soldes, ainsi que les intérêts dont bénéficient les comptes d'épargne.

Question :

Quel avantage y a-t-il à avoir un compte en banque ?

Réponse :

Les fonds déposés en compte sont à l'abri des risques y compris le vol. Grâce au carnet de chèque, le détenteur d'un compte bancaire dispose d'un moyen de paiement rapide et sûr ; non seulement il peut à tout moment retirer une partie de ses fonds par chèque ; mais aussi il peut verser directement à son compte les chèques qu'il reçoit. La possession d'un compte en banque évite une grande partie des manipulations financières tout en permettant de disposer à tout moment de ses disponibilités monétaires.

Question :

Qu'est-ce que **le crédit ?**

Réponse :

Le crédit est une avance de fonds que la banque peut consentir à titre remboursable à toute personne physique ou morale en vue de faciliter une opération productive que celle-ci ne peut réaliser immédiatement par ses propres moyens.

Question :

Le crédit est-il une nécessité ?

Réponse :

Oui, dans l'économie moderne le crédit est indispensable pour l'activité productrice des biens et des services et pour stimuler l'économie.

Question :

Comment peut-on obtenir un crédit ?

Réponse :

Pour obtenir un crédit, les demandeurs doivent justifier d'une certaine stabilité dans leur emploi, s'ils sont salariés, et d'une qualification professionnelle, s'ils sont commerçants, artisans, ou s'ils exercent, une profession libérale. Les emprunteurs doivent être majeurs et jouir de leur capacité juridique. Le crédit ne doit pas être considéré comme une subvention, mais comme une aide momentanée qui doit permettre d'augmenter la productivité et d'améliorer la rentabilité.

Question :

Combien de sortes de crédits y a-t-il ?

Réponse :

Il y a trois sortes de crédit, qui répondent en général à la durée d'opérations agricole, industrielle ou commerciale. Il y a le crédit à court terme dont la durée ne peut excéder neuf mois. Il y a le crédit à moyen terme dont la durée varie de un à cinq ans et il y a le crédit à long terme dont la durée est supérieure à 5 ans.

Question :

Quelles sont les garanties exigées lors d'une demande de crédit ?

Réponse :

Toute ouverture de crédit, de quelque nature qu'elle soit, doit être garantie soit par un bien matériel existant (meuble, immeuble, stock de marchandises ou de produits, etc.), soit par une autre personne ayant des avoirs suffisants. La nature, l'importance et la qualité de ces garanties sont déterminées en fonction de l'importance du crédit sollicité.

Question :

Comment constituer un dossier de crédit ?

Réponse :

Le dossier doit comporter :

a) un questionnaire rempli par l'intéressé et sur lequel sont mentionnés les différents renseignements afférents au crédit et à la garantie correspondante.

b) toute pièce justificative destinée à corroborer l'exactitude des déclarations du demandeur.

Question :

Qui reçoit et étudie le dossier ?

Réponse :

Les dossiers de demande de crédit doivent être déposés à la succursale du Crédit National qui vérifie le bien fondé des indications qu'il contient en procédant à une enquête.

Question :

Qui accorde les crédits ?

Réponse :

Les crédits sont accordés par le Gouverneur, mais il est statué sur chaque demande de crédit en comité de direction de la B.C.R.G. Pour toute demande d'ouverture d'un crédit soumise au Gouverneur, le Directeur Général du Crédit National établit, sur le vu du dossier et en fonction de l'enquête qu'il a effectuée, une note affirmative sur la personne de l'emprunteur, sa situation financière, ses revenus, son activité, l'objet du crédit, les moyens d'amortissement envisagés, en bref toutes les données essentielles qui permettront de statuer sur la demande. Cette note comporte, en outre, son propre avis et une proposition de résolution sur laquelle le comité de direction est appelé à statuer.

Question :

Quelles sont les formalités à remplir après l'octroi d'un crédit ?

Réponse :

Lorsqu'un crédit est accordé, le bénéficiaire doit signer avec le Crédit National une convention qui détermine toutes les conditions d'octroi de ce crédit, ainsi que les modalités de son remboursement.

Question :

Comment est assuré le contrôle de l'emploi du crédit ?

Réponse :

La convention conclue avec le Crédit National donne à ce dernier la possibilité d'exercer un contrôle régulier, autant sur place que sur pièce, des activités des bénéficiaires. Il faut noter que toute utilisation de crédit contraire aux prévisions est sanctionnée par le remboursement immédiat de la part ou de la totalité du crédit indûment employé, sous peine de poursuites judiciaires.

Question :

Quelles sont les obligations du Crédit National vis-à-vis de l'emprunteur ?

Réponse :

L'opération de crédit est d'abord une opération de confiance entre les deux parties. Il n'y a pas seulement à la base, comme on pourrait le supposer, des garanties matérielles, mais il y a aussi un pacte du respect de la parole donnée. Il faut considérer que le Crédit National est un serviteur de l'économie de la Nation. A ce titre, il doit avoir constamment en vue l'intérêt général du pays, le développement de l'économie et l'élévation du niveau de vie des habitants. C'est donc, en définitive, à l'économie et pour le bien-être du peuple que le Crédit National accorde des prêts, plutôt qu'à tel ou tel autre individu.

Question :

Quelles sont les obligations générales de l'emprunteur ?

Réponse :

En premier lieu, c'est la sincérité des renseignements qu'il fournit. On doit en effet communiquer son dernier inventaire ou le bilan exact de son activité. Les renseignements qu'il fournit doivent être aussi justes que possible, afin qu'ils éclairent totalement le Crédit National ; en second lieu, l'emprunteur doit respecter scrupuleusement l'utilisation du crédit conformément au plan pré-établi et ne pas employer les prêts qui lui sont consentis à d'autres fins. En troisième lieu le respect du contrat c'est-à-dire le remboursement aux échéances ; c'est un élément primordial dans la confiance qui doit régler les rapports entre les deux parties. L'emprunteur qui respecte le terme du contrat, qui prouve sa bonne foi, révèle une saine gestion de ses affaires, c'est-à-dire de ses capacités de gestion personnelle.

LA BANQUE NATIONALE DE DEVELOPPEMENT AGRICOLE

Question :

Qu'est-ce que la Banque Nationale de Développement Agricole ?

Réponse :

La Banque Nationale de Développement Agricole est un organisme public de crédit créé par l'Etat en vue de promouvoir le développement de l'agriculture, base essentielle de l'économie guinéenne. Elle est placée, comme les autres banques spécialisées, sous la tutelle de la B.C.R.G.

Question :

Quels sont les principaux responsables de la Banque Nationale de Développement Agricole ?

Réponse :

La B.N.D.A. est dirigée par un Directeur et un Directeur adjoint, tous deux nommés par décret.

Question :

Quelles sont les ressources de la B.N.D.A. ?

Réponse :

La B.N.D.A. a comme ressources : son capital initial qui a été entièrement souscrit par l'Etat ; les comptes d'avance accordés par le Gouvernement en vue de développer l'agriculture, les intérêts, commissions et agios des prêts consentis, toute contribution, ristourne ou profit ou autres ressources dont le bénéfice lui serait attribué dans les conditions fixées par la loi, les revenus de ses biens, mobiliers et immobiliers, le produit des emprunts qu'elle peut être autorisée à contracter, les dépôts des organismes coopératifs et particuliers.

Question :

Quels sont les différents prêts que la B.N.D.A. peut accorder ?

Réponse :

La B.N.D.A. peut accorder :

a) des prêts pour la commercialisation des produits agricoles ;

b) des prêts de campagne ;

c) des prêts d'encouragement à l'élevage ;

d) des prêts pour plantations ;

e) des prêts pour travaux d'amélioration et d'équipement agricole ;

f) des prêts pour travaux d'amélioration et de construction.

Question :

Comment peut-on obtenir un crédit agricole ?

Réponse :

Toute demande de prêt agricole, qu'elle émane de planteurs, de cultivateurs, d'éleveurs, de coopératives de production ou d'entreprises régionales de production, doit faire l'objet d'une lettre écrite, adressée au Directeur de la B.N.D.A. et déposée à la succursale du Crédit National de la Région dont relève le demandeur. Cette demande est accompagnée d'un dossier complet, analogue à celui fourni pour les prêts consentis par le Crédit National. La transmission du dossier est effectuée par le Directeur régional de la Production qui examine la demande d'emprunt et donne son avis technique sur la demande sollicitée. Après quoi, il transmet le dossier au Directeur de la succursale du Crédit National qui vérifie le bien-fondé des renseignements fournis. Celui-ci établit à son tour un rapport résumant les résultats de son enquête et donne son avis quant au côté financier de l'opération, puis il transmet le dossier au Directeur de la Banque Nationale de Développement Agricole. Le Directeur de la B.N.D.A. examine le dossier, demande éventuellement des informations complémentaires. Il établit, sur le vu des renseignements qu'il détient, une note informative qu'il joint à la demande d'emprunt et sur laquelle il porte son avis et fait figurer la proposition de résolution. Puis il transmet le dossier complet au Gouverneur de la Banque Centrale qui statue sur l'affaire en Comité de Direction.

Question :

Qu'est-ce qu'un prêt de commercialisation ?

Question :

Un prêt de commercialisation est un prêt consenti pour la collecte, le ramassage et la commercialisation des produits agricoles. La durée d'un tel prêt ne peut excéder 6 mois et il est garanti par le nantissement des produits agricoles.

Réponse :

Qu'est-ce qu'un prêt de campagne ?

Réponse :

Un prêt de campagne est un prêt qui a pour but la couverture des charges annuelles d'exploitation, salaire, achat de petit matériel, achat d'engrais, de semence, d'insecticide, etc. Le prêt de campagne est garanti par le nantissement des produits agricoles et du cheptel, sa durée ne peut excéder 9 mois.

Question :

Qu'est-ce qu'un prêt d'encouragement à l'élevage?

Réponse :

Le prêt d'encouragement à l'élevage a pour but le développement du cheptel et sa durée ne peut excéder 12 mois. Il est garanti par le nantissement du cheptel déjà existant lors de l'emprunt.

Question :

Qu'est-ce qu'un prêt pour plantation ?

Réponse :

Un prêt pour plantation est accordé pour la création, l'extension, l'entretien ou le renouvellement des plantations. Il est garanti par hypothèque, soit des propriétés existantes, soit de tous autres biens mobiliers ou immobiliers, propriété de l'emprunteur. Le prêt pour plantation est consenti pour une durée égale ou inférieure à 2 ans minimum et 15 ans maximum.

Des prêts pour plantation peuvent être également garantis par caution de deux personnes reconnues solvables.

Question :

Qu'est- ce qu'un prêt pour travaux d'amélioration?

Réponse :

Le prêt pour travaux d'amélioration a pour but de financer l'amélioration du sol et les aménagements agricoles. La garantie d'un tel prêt est en général de nature hypothécaire.

Question :

Qu'est-ce qu'un prêt pour travaux d'amélioration et de construction ?

Réponse :

Ce prêt, en principe réservé aux grandes exploitations en vue d'agrandissement ou de modernisation, a pour objet de permettre l'exécution d'importants travaux nécessités par l'extension de l'exploitation. La durée de ce prêt est de 5 à 25 ans.

Question :

Comment les crédits consentis sont-ils mis à la disposition de l'emprunteur ?

Réponse :

Le montant du prêt est mis à la disposition de l'emprunteur par tranches successives, au fur et à mesure de l'exécution des travaux et seulement sur production des pièces justificatives d'emploi : facture, certificat du Directeur Général de la Production, etc.

Question :

Quelles relations entretient la B.N.D.A. avec l'Entreprise Nationale d'importation de Matériel et de Produits pour l'Agriculture (AGRIMA) ?

Réponse :

La B.N.D.A. accorde son aval aux cultivateurs individuels et aux coopératives agricoles de production pour leur achat à crédit de matériel auprès de AGRIMA. Pour les tracteurs par exemple, l'aval de la B.N.D.A. porte sur 50 % de la valeur du matériel pour les cultivateurs individuels et remboursable en 3 ans, et 60 % pour les coopératives agricoles de production, remboursable en 4 ans.

SOCIETE NATIONALE D'ASSURANCES ET DE REASSURANCES

Question :

Qu'est-ce que la Société Nationale d'Assurances ?

Réponse :

La Société Nationale d'Assurances est une entreprise créée par l'Etat et qui détient le monopole de l'assurance sur tout le territoire de la République de Guinée. Dotée de la personnalité civile, la S.N.A. est sous la tutelle de la B.C.R.G.

Le capital de la S.N.A. est de 100.000.000 de francs Guinéens, entièrement souscrits par l'Etat.

Question :

Comment est organisée la S.N.A. ?

Réponse :

Elle comprend les services suivants :

1° assurance auto ;

2° assurance incendie ;

3° assurance maritime ;

4° la comptabilité ;

5° le contentieux sinistre ;

6° le contrôle.

Les services sont sous la responsabilité d'un Directeur et d'un Directeur adjoint, tous deux nommés par décret.

Question :

Qu'entend-on par assurance?

Réponse :

L'assurance a pour but de mettre en commun les risques en vue d'une meilleure répartition entre les membres de la communauté, et de réparer les dommages occasionnés à l'un d'eux moyennant versement d'une somme forfaitaire, appelée prime.

Question :

Qu'est-ce que la prime ?

Réponse :

C'est la somme versée généralement chaque année par un assuré en vue de garantir et d'assurer éventuellement la répartition des dommages prévus au contrat d'assurance.

Question :

Qu'est-ce qu'un sinistre ?

Réponse :

C'est la réalisation du risque couvert par la S.N.A.

Question :

Qu'entend-on par garantie tous risques?

Réponse :

La garantie tous risques est l'assurance qui couvre, en matière d'assurance automobile, la totalité des risques : responsabilité civile, responsabilité routière, incendie et vol. Pour cette catégorie de garantie, la S.N.A. couvre l'assuré pour les dégâts causés aux autres véhicules ou contre une autre personne, et le couvre également pour tous les dommages subis par son propre véhicule.

Question :

Qu'est-ce que l'assurance routière ?

Réponse :

L'assurance routière couvre la responsabilité civile de l'assuré vis-à-vis des autres personnes, à l'exception des dommages subis, soit par lui-même, soit par son véhicule. Exemple : si un assuré, à la suite d'une fausse manœuvre démolit le mur d'une propriété et endommage son véhicule, l'assurance ne couvrira que la remise en état du mur et non la réparation du véhicule de l'assuré.

Question :

Y a-t-il plusieurs catégories d'assurances en matière d'assurance automobile?

Réponse :

Il y a plusieurs catégories qui sont :

1re catégorie. Pour les voitures légères qui servent pour les promenades et les affaires, à l'exclusion de tout transport de passagers.

2e catégorie. Cette catégorie couvre les camions et pick-ups servant au transport de marchandises ou produits appartenant à l'assuré (propriétaire du véhicule) qui n'est pas muni de la patente de transporteur.

3e catégorie. Elle concerne tous les véhicules servant au transport, à titre onéreux, des marchandises appartenant à des tiers. Pour cette catégorie l'assuré doit être muni de la patente de transporteur.

4e catégorie. Pour les véhicules faisant le transport en commun des passagers, à titre payant.

Il est à noter que les taxis sont à classer dans une catégorie particulière.

Question :

Qu'est-ce que l'assurance incendie ?

Réponse :

C'est celle qui garantit contre les risques d'incendie, les dommages matériels causés par le feu, aux biens mobiliers et immobiliers, à l'exclusion de tout dommage causé aux personnes.

Question :

Y a-t-il plusieurs sortes de contrats d'assurance incendie?

Réponse :

Oui, il y a plusieurs sortes de contrats d'assurance incendie ; ce sont : le contrat d'un propriétaire d'immeubles, le contrat d'un locataire d'immeuble, le contrat contre la privation de jouissance due à l'incendie, le contrat ajustable sur marchandise en fonction de la valeur, du volume, du risque encouru, etc.

Question :

Quels sont les risques couverts par l'assurance incendie ?

Réponse :

Il y a d'abord les risques, dits risques directs qui concernent :

a) le ou les bâtiments

b) le contenu (mobilier, matériel, marchandises)

c) les travaux d'embellissement effectués dans les établissements

d) la perte des loyers, s'il s'agit d'un propriétaire d'immeuble.

Il y a également les risques dits de responsabilité qui comprennent :

a) les risques locatifs

b) le recours des locataires

c) le recours des voisins.

Question :

Quel est le délai de déclaration d'un sinistre incendie ?

Réponse :

Sous peine de déchéance, l'assuré doit signaler le sinistre dans les 48 heures, sauf bien entendu cas fortuit ou de force majeure. Pour cela, le sinistré doit en faire la déclaration par écrit ou verbalement au siège de la société d'assurance ou auprès d'une de ses agences.

Question :

Qu'entend-on par bonification pour non déclaration de sinistre ?

Réponse :

La bonification pour non déclaration de sinistre, connue sous le nom de B.N.S., est une ristourne de prime que l'assureur accorde à son client qui n'a pas déclaré de sinistre (accident pendant la période d'assurance écoulée). Cette ristourne est progressive et est pour la première année de 10% du montant de la prime, de 15% pour la seconde année et de 20% pour la troisième année.

Question :

Qu'est-ce que le commissaire d'avaries ?

Réponse :

Le commissaire d'avaries est, au port, le représentant de la Société Nationale d'Assurances, et il est mandaté par la S.N.A. pour faire le constat des dégâts survenus aux marchandises, soit en cours de transport sur les terre-pleins du port, soit à l'intérieur des magasins.

Question :

Qu'est-ce que l'assurance sécurité routière ?

Réponse :

La sécurité routière est un risque qui en cas d'accident couvre les personnes transportées dans un véhicule affecté soit aux promenades, soit aux affaires. En général, ces personnes ne peuvent être que les membres de la famille de l'assuré qui, pendant la souscription du contrat, a pu désigner nommément les personnes devant prendre place à bord du véhicule.

Question :

Qu'est-ce que la responsabilité civile ?

Réponse :

La responsabilité civile est l'obligation qui incombe à toute personne de réparer tout dommage causé à autrui par sa faute, son imprudence ou sa négligence.

Question :

Qu'est-ce que la police d'assurance ?

Réponse :

C'est le document qui contient les clauses du contrat liant la S.N.A. à un de ses assurés. C'est ce contrat, ou autrement dit cette police, qui constitue la preuve que la personne est assurée et qui indique les conditions dans lesquelles elle se trouve assurée.

Question :

Qu'est-ce que la franchise ?

Réponse :

En matière d'assurance, la franchise est une retenue opérée sur le montant des indemnités dues en dédommagement à l'accidenté.

Question :

Qu'est-ce qu'une avarie commune ?

Réponse :

C'est une avarie causée volontairement dans le but de prévenir des dommages plus graves. Ainsi lorsque pour éviter à un navire de couler, le capitaine donne l'ordre de jeter les marchandises qu'il transporte par dessus bord, c'est-à-dire de sacrifier ces marchandises pour sauver le navire, la perte ou le dommage ainsi provoqué constitue une avarie commune. Dans ce cas, l'armateur et chacun des déchargeurs, c'est-à-dire des propriétaires des marchandises sont dans l'obligation de supporter une part équitable du dommage causé, même si ceux-ci ne sont pas assurés.

Question :

Quel est le rôle de la direction du contrôle ?

Réponse :

Celui-ci consiste à vérifier, dans le cadre de la législation en vigueur, la conformité des activités des entreprises commerciales d'Etat ou privées, avec l'esprit et la lettre de nos lois et règlements.

Question :

Comment procède la direction de contrôle du Ministère du Commerce ?

Réponse :

Cette direction dispose d'un corps d'agents et d'inspecteurs nantis de commissions et qui peuvent périodiquement, soit par recoupement, soit inopinément, effectuer des contrôles dans les boutiques en vue d'y déceler d'éventuelles irrégularités.

Question :

En cas d'infractions constatées à l'encontre d'un commerçant par la direction du contrôle, celle-ci dispose-t-elle de moyens de sanction ?

Réponse :

Oui, elle peut, soit constater la faute sous forme d'un procès-verbal assorti du paiement d'une transaction, soit en cas d'infraction grave, ordonner la fermeture provisoire ou définitive de l'établissement.

Question :

Qu'est-ce qu'une importation ?

Réponse :

Le mot importation est tiré du verbe « importer » qui signifie : faire venir de.... Importer une marchandise du Maroc en Guinée, veut dire acquérir cette marchandise au Maroc et assurer son introduction en Guinée.

Question :

Qu'est-ce qu'une exportation ?

Réponse :

C'est l'opération qui consiste à vendre hors du pays des biens, des marchandises, des produits nationaux. C'est ainsi que notre pays exporte des bananes, du café, des palmistes, des minerais de fer, de la bauxite, du diamant etc.

Question :

Qu'est-ce qu'une licence d'importation ?

Réponse :

Une licence d'importation est un titre délivré par les services du Ministère du Commerce qui autorise les sociétés d'Etat, seules importatrices, à procéder aux importations des marchandises ou du matériel définis par le titre d'importation.

Pour qu'une licence d'importation puisse être délivrée, il faut que les marchandises ou le matériel demandés à l'importation soient reconnus d'utilité par le service compétent, que la Banque d'émission donne son accord pour la sortie des devises correspondantes à l'achat, et enfin, il faut que ces marchandises ou ce matériel figurent dans un des accords commerciaux conclus par la République de Guinée.

Question :

Qu'est-ce qu'un ordre d'achat ?

Réponse :

L'ordre d'achat est le document par lequel l'acheteur se porte acquéreur auprès du vendeur, de biens ou de marchandises détenus par celui-ci. A ce titre, l'ordre d'achat a valeur de contrat entre acheteur et vendeur ; en effet, le fait pour le vendeur de servir l'ordre reçu implique pour celui-ci d'en respecter toutes les clauses et conditions.

Question :

Que doit comporter un ordre d'achat ?

Réponse :

Il doit énumérer toutes les clauses et conditions dans lesquelles doit s'opérer la transaction, à savoir :

— la nature exacte de la marchandise (sa marque, ses caractéristiques, ses diverses références, éventuellement la référence de l'échantillon choisi par l'acheteur ou encore celle du catalogue du vendeur, etc.).

— la quantité de marchandises pour laquelle l'acheteur se porte acquéreur (nombre, ou poids, ou volume, ou dimension) ;

— le conditionnement de la marchandise ou, si l'on préfère, les conditions dans lesquelles sera emballée la marchandise (en sac en papier, sac de jute, sac de toile, en bouteille, en caisse, sous carton, en casier, sous papier fort, etc.) ou en vrac pour les marchandises sans emballage.

Les caractéristiques de l'emballage sont d'autant plus indispensables que celui-ci doit préserver la marchandise de toute détérioration ou altération dues aux manipulations et au transport du lieu de l'expédition au lieu de réception ou d'utilisation.

— le ou les délais de livraison, qu'il s'agisse d'une livraison globale ou fractionnelle.

— le prix selon les conditions dans lesquelles la propriété de la marchandise passe du vendeur à l'acheteur, et qui détermine le moment où le vendeur n'est plus responsable de la marchandise qu'il a vendue.

Toute transaction entre un acheteur et un vendeur doit toujours spécifier le lieu et les conditions dans lesquelles l'acheteur devient propriétaire de la marchandise lorsque celle-ci doit être confiée à des tiers intervenant pour le conditionnement, le transport, la réception, etc. car dans ce cas, le tiers intervient selon les clauses de la transaction, soit pour le compte du vendeur, soit pour le compte de l'acheteur.

— les modalités de paiement (paiement à livraison, paiement contre remise des documents, paiement anticipé, paiement à échéance, paiement après agrément de la marchandise reçue, etc.) ainsi que l'indication de la monnaie de paiement. En résumé les ordres d'achat doivent préciser chacune des conditions se rapportant à la transaction.

Question :

Certaines abréviations en usage dans le commerce international spécifient les conditions dans lesquelles la marchandise passe en propriété du vendeur à l'acheteur. Quelles sont ces abréviations et qu'indiquent-elles ?

Réponse :

Ces abréviations qui représentent des locutions anglaises sont :

a) **C.A.F.** qui signifie « Cost And Freight » dont la traduction est « Prix et Transport » ce qui veut dire que le prix à payer comporte le prix de la marchandise, celui de son conditionnement et de son transport, celui-ci opéré sous la responsabilité du vendeur.

b) **C.I.F.** qui signifie « Cost Insurance Freight » dont la traduction est « Prix, Assurance, Transport » ce qui veut dire que le prix à payer comporte le prix de la marchandise, celui de son conditionnement, celui de l'assurance souscrite par le vendeur pour couvrir les risques du transport opéré sous la responsabilité du vendeur.

c) **F.O.B.** qui signifie « Free On Board » dont la traduction est « Remis sur Bateau », ce qui sous-entend que la marchandise devient propriété de l'acheteur dès qu'elle est placée sur le bateau transporteur. Ceci veut dire que les frais de transport et d'assurance sont à la charge de l'acheteur.

d) **F.A.S.** qui signifie « Free Alongside Ship » dont la traduction est « Remis à Quai », ce qui sous entend que la marchandise devient propriété de l'acheteur dès qu'elle est mise sur le **quai d'embarquement.** Ceci veut dire que les frais de chargement sur bateau, les frais de transport et d'assurance sont à la charge de l'acheteur.

e) **F.O.R.** qui signifie « Free On Rail » dont la traduction est « Remis sur Wagon », ce qui sous entend que la marchandise devient propriété de l'acheteur dès qu'elle est mise **sur wagon à la gare de départ.** Ce qui veut dire que tous les frais de transport et d'assurance sont à la charge de l'acheteur.

f) **Ex Works** dont la traduction est «Départ Usine» ; ceci veut dire que l'acheteur devient propriétaire de la marchandise dans les locaux du vendeur.

Remarque. Ces diverses modalités de transaction opérées entre acheteur et vendeur, consacrées par l'usage, confèrent aux abréviations et locutions ci-dessus valeur conventionnelle garantie par le droit commercial de la plupart des pays et engagent, de ce fait, la responsabilité de l'une et l'autre des parties.

Question :

Existe-t-il d'autres modalités de cession de marchandises entre acheteur et vendeur que celles énumérées ci-dessus ?

Réponse :

Oui, car toute modalité de cession sur laquelle acheteur et vendeur se sont mis d'accord peut être appliquée dans une transaction commerciale ; dans ce cas celle-ci doit être clairement indiquée par l'ordre d'achat et être confirmée par le vendeur.

Question :

Qu'est-ce qu'une confirmation d'ordre ?

Réponse :

C'est une lettre à caractère conventionnel par laquelle l'acheteur confirme auprès du vendeur une commande dont certaines modalités d'exécution ou de livraison initiales ont été modifiées à la demande de l'une ou l'autre des parties, après l'émission de l'ordre d'achat initial. Dans ce cas là, la lettre porte référence de l'ordre d'achat, origine et mention explicitant la modification qui est apportée à ce dernier.

Question :

Qu'entend-on par l'expression « reconnaître la marchandise » ?

Réponse :

C'est s'assurer au moment de la prendre en charge qu'elle est conforme à l'ordre d'achat et qu'elle n'a subi aucune détérioration, soit en cours d'emballage, soit en cours de transport assuré à la charge du vendeur. Dans le cas où la marchandise aurait subi des détériorations ou des avaries dues au transport ou aux manipulations relevant de la responsabilité du vendeur, il y a lieu de faire faire le constat des avaries, soit par le représentant de l'assureur du vendeur, soit par toute autre autorité habilitée à procéder à l'inventaire quantitatif et qualitatif de la marchandise.

Question :

Que signifie l'expression « paiement contre remise de documents »?

Réponse :

Cette expression signifie que le paiement doit obligatoirement avoir lieu dès que l'acheteur entre en possession des documents d'expédition ou de transport. Lorsqu'il s'agit de transport maritime, le document qui fait foi est le « connaissement d'embarquement ».

Question :

Qu'entend-on par « paiement par accréditif bancaire » ?

Réponse :

Le paiement par accréditif bancaire, c'est la mise par la Banque à la disposition du vendeur ou de l'acheteur du montant total du prix de la marchandise achetée ; dès qu'elle en reçoit l'ordre, soit de l'acheteur, soit contre remise des documents d'embarquement, la banque vire cette somme au compte du vendeur.

Question :

Que comprennent les frais généraux d'un commerce ou d'une entreprise ?

Réponse :

Ce sont les frais autres que les salaires, les investissements d'aménagement ou autres, les impôts, les dépenses engagées pour le bon fonctionnement du commerce ou de l'entreprise. Ce sont en particulier les frais d'eau, d'électricité, de téléphone, les frais postaux, les frais d'entretien et de propreté, etc.

Question :

Que sont les amortissements ?

Réponse :

Les amortissements sont la part prélevée sur les bénéfices bruts et qui est consacrée à amortir le matériel (machine, outillage, accessoires ; etc.) et tous biens mobiliers et immobiliers immobilisés dans le commerce ou l'entreprise. Il est admis en effet que ces biens s'usent et se détériorent et qu'il y a lieu de procéder après un certain temps d'usage à leur renouvellement. C'est pourquoi les prélèvements pour amortissement sur bénéfice brut constituent une réserve devant servir pour le renouvellement du matériel, installation et autres.

Question :

Qu'est-ce qu'est le stock marchandise?

Réponse :

C'est l'arrêt comptable, article par article des marchandises existant dans le commerce ou l'entreprise.

Question :

Qu'est-ce qu'un inventaire ?

Réponse :

L'inventaire est le relevé chiffré en valeur de tous les biens et du stock marchandise du commerce ou de l'entreprise.

Question :

Qu'entend-on par balance des paiements ?

Réponse :

C'est l'arrêté des comptes clients et fournisseurs qui font apparaître ce qui est dû au commerce ou à l'entreprise et ce que le commerce ou l'entreprise doit à ses fournisseurs et fabricants.

Question :

Qu'entend-on par monnaie de compte ?

Réponse :

C'est, dans le commerce international, la monnaie qui sert à établir les comptes des échanges commerciaux entre deux pays ; cette monnaie de compte peut être celle de l'un des deux pays en rapports commerciaux ou encore une autre monnaie tels que le franc Suisse, le Rouble, la Livre ou le Dollar.

Question :

Qu'est-ce qu'un programme commercial ?

Réponse :

Un programme commercial est un état des prévisions des importations ou des exportations en quantités et en valeurs pour une période donnée, qui est généralement d'une année.

Question :

Sur quoi porte notre programme d'exportation?

Réponse :

Celui-ci concerne surtout les produits suivants :

agrumes, café, banane, palmiste, arachide, sésame, essences diverses, essence d'orange, ananas frais, conserves, fruits, miel, cire, cuir et peaux, caoutchouc, tabac, minerai de fer, bauxite, alumine, diamant et autres métaux précieux.

Question :

Quels sont les éléments de notre programme d'importation?

Réponse :

Ceux-ci comprennent surtout du ciment, des tôles, des produits alimentaires, des matériaux de construction, du matériel roulant, des médicaments, du riz, de la farine, des conserves, du sucre, des produits pétroliers, des produits pharmaceutiques, des engrais, des pièces d'auto, des livres et du papier, des tissus et imprimés de coton, des sacs d'emballage, des chaussures, de l'outillage et de la quincaillerie, des automobiles, du mobilier, etc.

Question :

Qu'est-ce que le chiffre d'affaires?

Réponse :

Le chiffre d'affaires est le total global des ventes effectuées par une usine, une entreprise ou un commerce.

Question :

Q'appelle-t-on direction des prix et de la conjoncture ?

Réponse :

La conjoncture en matière économique est synonyme de comportement. Ainsi, suivre le mouvement de la conjoncture signifie étudier les variations de l'offre et de la demande sur une aire géographique donnée et pour un temps indiqué.

Quant à la direction des prix, elle doit déterminer les éléments réels constitutifs du prix, fixer le niveau de celui-ci aux différents stades des circuits de distribution.

Question :

En quoi consiste l'Inspection Générale des Prix et des Stocks ?

Réponse :

Le rôle de ce service consiste à surveiller la stricte application des prix officiellement fixés des marchandises mises en vente.

Ces prix concernent également les loyers commerciaux et les baux privés.

Cette direction dispose d'un corps d'inspecteurs nationaux et de contrôleurs régionaux qui ont pouvoir de contrôler, dans les opérations commerciales, le respect des prix homologués et de constater par voie de procès-verbaux assortis de paiement d'amende sur transaction les infractions relevées contre la réglementation des prix.

Question :

Quel est le rôle du bureau d'études, de documentation et de statistique du Commerce ?

Réponse :

Comme son nom l'indique, ce bureau procède à l'étude des problèmes théoriques et pratiques que pose le fonctionnement des services du commerce.

Il est chargé de la documentation et veille à collecter tous les indications et renseignements susceptibles d'aider le Ministère ou les entreprises commerciales d'Etat à disposer des éléments utiles, tant à leur bon fonctionnement, que dans leurs relations avec les autres services de l'Etat.

Question :

Quelles sont, en République de Guinée, les réformes de structures intervenues en matière de commerce depuis l'indépendance?

Réponse :

En mars 1959, la République de Guinée entreprit de réformer les vieilles structures commerciales de notre pays. A cette fin, elle mit sur pied un organisme d'Etat **chargé du monopole de l'importation et de l'exportation,** appelé Comptoir Guinéen du Commerce Extérieur et un second organisme d'Etat, chargé concurremment avec les entreprises commerciales privées du pays, de la commercialisation intérieure et dénommé Comptoir Guinéen du Commerce Intérieur.

En août 1961 a été mis fin aux activités du C.G.C.E. et du C.G.C.I., qui ont été remplacés respectivement :

— pour le C.G.C.E., par la Société d'Etat « Guinexport » qui assure le monopole de l'exportation.

— pour le C.G.C.I., par diverses sociétés et entreprises d'Etat qui ont chacune, dans leur domaine spécialisé, un double rôle :

a) importer, comme le faisait le C.G.C.E.;

b) vendre en gros, demi-gros, voire au détail, comme le C.G.C.I. d'autrefois.

Ces sociétés et entreprises qui se sont substituées au C.G.C.E. et au C.G.C.I. sont :

SONATEX pour les tissus et textiles ;

DIVERMA pour les marchandises diverses ;

BATIPORT pour les matériaux de construction et le bâtiment ;

LIBRAPORT pour les livres, les papiers et matériel de bureau ;

TRANSMAT pour les véhicules, autos, pneumatiques et pièces de rechange ;

EMATEC pour le matériel électrique et technique comme les postes de TSF ;

ONAH pour les hydrocarbures, l'essence, le gaz-oil ;

AGRIMA pour les engrais et le matériel agricole ;
ENTRAT pour le transit, l'acconage et la manutention.

Question :

Qu'appelle-t-on communément commerçant ?

Réponse :

Le commerçant est celui qui accomplit des actes de commerce et en fait sa profession habituelle.

Question :

N'importe qui peut-il être commerçant ?

Réponse :

Ne peuvent être commerçants, les mineurs de moins de 21 ans, les interdits légaux, les faillis et autres incapables, les fonctionnaires et les commerçants sanctionnés pour hausses illicites.

Question :

Quelles sont les principales obligations du commerçant ?

Réponse :

Tout commerçant est tenu d'avoir une comptabilité comprenant au moins un journal, un livre d'inventaire, coté et paraphé, et il doit conserver ses factures pendant dix ans.

Question :

Qu'est-ce que la vente?

Réponse :

La vente est un contrat par lequel une personne (le vendeur) s'oblige à transférer la propriété d'une chose qu'il détient à une autre personne (acheteur) qui s'engage à en prendre livraison moyennant règlement du prix convenu.

Question :

Qu'est-ce que l'achat?

Réponse :

L'achat est un contrat par lequel une personne appelée acheteur acquiert un bien, moyennant le paiement d'une somme d'argent à une autre personne appelée vendeur. Par l'achat, l'acheteur devient propriétaire du bien, objet du contrat, et qui était détenu précédemment par le vendeur. Ce dernier devient propriétaire de la somme d'argent représentant le prix du bien qu'il a cédé à l'acheteur.

Question :

Quelles sont les modalités courantes des opérations de vente et d'achat ?

Réponse :

Pour la vente comme pour l'achat, l'opération peut s'effectuer au comptant, soit par règlement immédiat en argent, ou au moyen d'un chèque bancaire ou postal, de l'opération convenue.

Elle peut aussi avoir lieu à crédit ; cela veut dire que la marchandise est livrée immédiatement, mais que le règlement en est différé.

Question :

Qu'est-ce qu'un règlement par chèque?

Réponse :

Ce règlement consiste en un versement en espèces ; mais ce versement est alors effectué non pas par le débiteur lui-même, mais par une personne dépositaire de fonds lui appartenant et qui se trouve être généralement un banquier ou l'administration des postes.

Question :

Comment se définit un chèque ?

Réponse :

Le chèque est un écrit par lequel une personne (le tireur) ayant des fonds déposés chez une autre personne, généralement un banquier (le tiré) donne l'ordre à ce banquier de verser à une troisième personne, (le bénéficiaire) tout ou partie des fonds déposés.

Question :

Qu'est-ce que le règlement par virement?

Réponse :

Le virement est une opération qui consiste pour le banquier à règler une dette entre deux de ses clients en diminuant le dépôt du débiteur pour augmenter d'autant le dépôt du créancier.

Question :

Qu'entend-on par endossement d'un chèque ?

Réponse :

Tous les effets du commerce, les traites comme les effets à payer, sont à ordre c'est-à-dire que, dans leur rédaction, on avise le débiteur qu'au bénéficiaire peut se substituer une autre personne qu'il désignera pour toucher en ses lieu et place ; celle-ci à son tour peut en désigner une autre, et ainsi de suite jusqu'au jour fixé du règlement et appelé échéance. Ainsi l'effet circule de mains en mains, éteignant chaque fois une créance et remplaçant ainsi avantageusement la monnaie. C'est cette transmission du droit de créance qui porte le nom d'endossement.

Question :

Qu'appelle-t-on une traite ?

Réponse :

Une traite, communément appelée lettre de change, est un écrit rédigé sous forme de lettre par lequel une personne appelée tireur, charge une autre personne, le tiré, de payer une somme d'argent à une époque déterminée à l'ordre d'une troisième personne, appelée preneur, bénéficiaire ou porteur.

Question :

Qu'appelle-t-on effet à payer ?

Réponse :

Le billet à ordre ou effet à payer est un écrit par lequel une personne s'engage à payer une somme d'argent à une époque déterminée, à l'ordre d'une autre personne en échange d'une valeur (espèces ou marchandises) qu'elle a reçue de cette dernière.

Question :

Qu'est-ce que le bilan ?

Réponse :

C'est un tableau représentant à **l'actif** (côté gauche) les biens et créances, et au **passif** (côté droit) les dettes du commerçant.

Question :

Quels sont les principaux services qui relèvent de la Direction Générale de l'Industrie, des Mines et de la Géologie ?

Réponse :

La Direction de l'Industrie, la Direction des Mines, la Direction de la Géologie et les services administratifs communs.

Question :

De quoi s'occupe la Direction de l'Industrie ?

Réponse :

La Direction de l'Industrie oriente, coordonne et contrôle toutes les activités de production industrielle, autres que minières, que ces activités soient l'œuvre d'organismes d'Etat ou d'Entreprises privées.

En outre, elle se charge directement de la réalisation des projets industriels prévus au Plan de développement économique.

Question :

Qu'entend-on par production industrielle ?

Réponse :

La production industrielle est constituée d'une manière générale, par la fabrication de machines, outils, ustensiles divers, et par la transformation chimique de matériaux, d'articles textiles, de produits de consommation, d'entretien, de produits à usage industriel ou artisanal, quelles que soient la nature et l'origine des matières premières traitées et quels que soient les procédés techniques mis en jeu.

Question :

Qu'est-ce qu'une **industrie extractive ?**

Réponse :

Une industrie extractive consiste à extraire du sol guinéen, la matière première pour la faire transformer dans des usines installées hors de la Guinée, comme le minerai de fer, la bauxite etc.

Question :

Pourquoi notre pays s'oppose-t-il à cette politique de transformation du minerai guinéen ailleurs?

Réponse :

Parce qu'un pays qui se spécialise dans la simple production de matières premières, se spécialise en même temps dans le sous-développement, c'est-à-dire qu'il sera toujours une entité économique dépendante d'une économie étrangère.

Question :

Qu'est-ce qu'une **industrie de transformation ?**

Réponse :

C'est celle qui consiste à transformer les matières premières produites par le pays intéressé. Cette transformation peut être totale ou partielle.

Exemple de transformation partielle : Fria transforme la bauxite en alumine, produit semi transformé, qui est expédié à l'extérieur pour subir une deuxième transformation en aluminium, dans les usines spécialisées d'autres pays.

Exemple de transformation complète : La mise en conserve des tranches d'ananas ou la fabrication de jus d'ananas à Conakry, partant de fruits produits sur place (ananas, oranges etc.).

Question :

Qu'est-ce qu'une industrie de base?

Réponse :

C'est la grosse industrie qui transforme les minerais en produits manufacturés : exemple, les industries métallurgiques.

Question :

La République de Guinée a-t-elle une industrie de base ?

Réponse :

Pour le moment non, mais elle a d'immenses réserves de matières premières, fer et bauxite, qui sont à transformer par l'industrie de base.

Question :

A propos, combien de tonnes de minerai de fer avons-nous dans notre Pays ?

Réponse :

Il est actuellement impossible de donner des chiffres exacts, les recherches géologiques étant à leur début. Toutefois, on sait déjà que le Mont Nimba, situé dans la Région administrative de N'Zérékoré recèle à lui seul plus de 300 millions de tonnes de minerai de fer à haute teneur de métal dépassant 65 %.

Les chaines des Monts Simandou dans la Région Beyla-N'Zérékoré ont des réserves encore plus importantes. Il a été décelé des gisements de fer également dans la Région de Kindia, Dabola et autres.

Question :

Quels sont les gisements de minerai de fer actuellement exploités ?

Réponse :

Seul le minerai de la Presqu'île du Kaloum est actuellement exploité.

Question :

Quel est le montant de la production annuelle ?

Réponse :

En moyenne 500.000 tonnes de minerai, pour une valeur approximative de 600 millions de F.G. Mais la production peut être portée à un million de tonnes par an.

Question :

Et la bauxite?

Réponse :

Les gisements de bauxite déjà connus sont parmi les plus importants du monde, tant par leur quantité que par leur teneur élevée d'alumine, et leur taux très bas de silice.

Question :

Quels sont les gisements actuellement exploités?

Réponse :

Les gisements de l'Ile de Kassa, (exploités jusqu'à fin novembre 1961, par la Société des Bauxites du

Midi et devenus ensuite Exploitation Nationale (depuis cette date), fournissent un tonnage moyen annuel de 500.000 tonnes

Les réserves de ces gisements sont évaluées à environ 2 millions de tonnes, avec une teneur de plus de 51 % d'alumine.

Question :

Est-ce que des prospections géologiques ont été faites dans les autres îles environnantes ?

Réponse :

Des recherches et des sondages ont été effectués dans l'Ile de Tamara et ont donné de très bons résultats, quant à la quantité et la qualité de la bauxite des gisements découverts.

Question :

Et Fria ?

Réponse :

Fria est une Compagnie Internationale pour la production de l'alumine.

Ce consortium comprend des capitaux américains britanniques, allemands, suisses et français.

Question :

Quelle est sa production annuelle d'alumine ?

Réponse :

450.000 tonnes d'alumine par an, exportée principalement dans les pays des actionnaires.

Question :

Quelles sont les réserves de bauxite à Fria ?

Réponse :

Plus de 136 millions de tonnes.

Question :

Et Boké ?

Réponse :

Les gisements de Boké sont encore plus importants, plus de 422 millions de tonnes de réserves, ayant une teneur en alumine d'environ 60 % et une très faible teneur en silice. Ces gisements sont les plus riches du monde qualitativement et quantitativement.

Question :

Et le diamant ?

Réponse :

Depuis 1936, une Société étrangère, la SOGUINEX exploitait le diamant dans la région de Fénaria, à quelques kilomètres de Kérouané, et la Société Minière de Beyla, exploitait les mines de Bonodou, dans la région de Beyla, depuis 1952. L'exploitation de ces mines était d'ailleurs faite d'une manière très irrationnelle, car elle consistait à écumer les mines.

Depuis le 1er mars 1961, une Société d'Etat, l'Entreprise Guinéenne d'Exploitation de Diamant (E.G.E.D.) ayant son siège à Fénaria, s'est substituée à ces diverses entreprises étrangères.

Question :

Y-a-t-il suffisamment de réserves ?

Réponse :

Les recherches actuellement en cours ont révélé des réserves de diamant allant de 2 à 3 millions de carats. Les travaux en cours de rénovation des laveries et des méthodes de travail plus adaptées permettent de porter la production annuelle de 50.000 à 100.000 carats

Question :

Dans le cadre de la géologie, quelles sont les recherches en cours ?

Réponse :

Pour la prospection du diamant, il a été utilisé la magnétométrie à pieds, qui a permis de mettre en évidence, pour la prémière fois en Afrique Occidentale, une dizaine de pipes kimberlitiques.

Les recherches de calcaire pour la fabrication du ciment dans la région de Siguiri ont donné des résultats positifs.

Il y a également des travaux de recherches de gisements de zinc, de chrome, de plomb et d'autres métaux.

Des formations de granit ont également été mises à jour. Il convient toutefois, de préciser que les connaissances des richesses du sous-sol guinéen commencent à peine et que d'énormes efforts en argent et en énergie sont nécessaires pour tracer la carte géologique du Pays.

Les recherches sur l'argile, couronnées de succès, sont passées maintenant dans la phase concrète avec la mise en marche de la Briqueterie de Kobaya.

Les recherches hydrogéologiques couvrent un secteur important du Pays, et les résultats obtenus sont en cours d'analyse et d'étude.

Question :

Quelles industries de transformation étaient prévues dans le 1er Plan établi en Guinée ?

Réponse :

Comme industries agricoles, il faut signaler une usine de conserves de fruits, tomates, etc. à Mamou, une usine de jus d'ananas dans les environs de Coyah, une scierie-tronçonneuse à N'Zérékoré, une fabrique de meubles en bois, près de Conakry, la briqueterie de Kobaya. Dans l'enceinte portuaire de Conakry un entrepôt frigorifique pour la conservation du poisson et de la viande a été édifié.

Question :

Et les palmistes, l'arachide ?

Réponse :

Il est prévu un complexe d'huilerie-savonnerie pour traiter sur place les palmistes et les arachides.

Question :

Qu'est-ce qu'est le Ministère de l'Economie Rurale?

Réponse :

Le Ministère de l'Economie Rurale est un des départements ministériels du Gouvernement de la République de Guinée.

Le dictionnaire définit l'expression « économie rurale » comme la **« science des moyens de tirer profit du sol ».** Au sens figuré, le mot économie signifie **« harmonie des différentes parties d'un tout ».**

Le rôle de notre Ministère de l'Economie Rurale correspond donc bien à ces deux définitions, puisqu'il groupe toutes les disciplines concernant les productions du sol et le monde rural, et doit en harmoniser les activités.

Question :

Qu'elle est l'importance de ce département dans le développement économique de la Guinée ?

Réponse :

Son importance est primordiale. En effet, tout développement d'un pays dont l'économie a pour base essentielle les activités rurales, est tributaire de sa production agricole. C'est grâce à l'accroissement de sa production agricole que ce pays obtiendra les moyens financiers et les moyens matériels nécessaires à la transformation de son économie rurale en économie industrielle.

Question :

Quelles sont ses attributions ?

Réponse :

Il est chargé :

1° de promouvoir toutes activités susceptibles d'accroître et d'améliorer la production agricole, forestière et d'élevage ;

2° de coordonner et d'orienter ces activités selon les perspectives des plans de développement ;

3° de réaliser sur le plan technique l'instruction de toutes les questions intéressant la production agricole dans le sens le plus large ;

4° de contrôler le fonctionnement des différents services placés sous son autorité et d'assurer une utilisation rationnelle du personnel de ces services ;

5° d'organiser les recherches en matières agricoles, forestières, d'élevage, et d'assurer leur application ;

6° d'orienter et de contrôler les établissements d'enseignement agricole et de formation professionnelle ;

7° de promouvoir, orienter, contrôler les activités des coopératives agricoles de production, des coopératives artisanales et des groupements professionnels ;

8° d'exercer la tutelle de la puissance publique sur les Entreprises d'Etat et les organismes divers dont le contrôle de l'activité lui est confié par décret.

Question :

Comment sont organisées et fonctionnent les inspections générales de la production?

Réponse :

Chaque Inspection générale est dirigée par un Inspecteur Général de la production, assisté d'un ou deux adjoints. Chaque Inspection a son organisation et son fonctionnement propres.

Question :

Comment est organisée l'inspection générale de l'Agriculture ?

Réponse :

Elle comprend un Secrétariat, un service de comptabilité, un service de génie rural et une direction de l'enseignement agricole, un service du Conditionnement, le service de la coopération, le service de la protection des végétaux.

Question :

Quelles sont les attributions de l'I.G.A.?

Réponse :

L'Inspection générale de l'Agriculture est chargée de :

— préparer et proposer tous plans et projets pour le développement de l'Agriculture à l'échelon national;

— d'organiser la production agricole et d'en harmoniser les activités dans le cadre de la planification économique ;

— de préparer au point de vue technique, en accord avec les responsables locaux, les plans de mise en valeur des Régions Administratives et de collaborer à leur réalisation ;

— d'étudier les possibilités de nouveaux aménagements propres à augmenter la production, d'en établir les projets, d'en contrôler l'exécution ;

— d'orienter les activités des stations de recherches pour une amélioration de la productivité ;

— de vulgariser et de rendre accessibles aux paysans les améliorations techniques des méthodes de culture et de transformation des produits agricoles, susceptibles d'en augmenter les rendements ou d'accroître le potentiel de production ;

— d'assurer le rôle de conseiller technique auprès des groupements professionnels, des coopératives agricoles de production et de tous les autres organismes publics ou privés à vocation agricole ;

— d'établir, en accord avec les responsables régionaux, les programmes des Centres Nationaux de Production, d'en assurer la réalisation et d'en contrôler l'exécution ;

— d'assurer la protection des végétaux et de prendre toutes les mesures nécessaires pour la défense des cultures contre les prédateurs ;

— d'organiser la création des écoles, des centres professionnels et de tout établissement d'enseignement à caractère agricole, et d'en assurer le fonctionnement ;

— de préparer les plans généraux d'enseignement agricole, d'établir les programmes, les règlements intérieurs des différents établissements et centres professionnels, d'organiser les stages de formation et de perfectionnement ;

— d'assurer le recrutement des élèves et du corps enseignant ;

— de coordonner et d'orienter le recrutement des élèves ou stagiaires des différents établissements et centres professionnels, dans le cadre des plans généraux de développement du pays ;

— d'organiser la participation du Ministère de l'Economie Rurale aux recherches scientifiques plus spécialement en matière agricole.

Question :

Et l'Inspection Générale de l'Elevage ?

Réponse :

L'Inspection Générale de l'Elevage comprend un secrétariat, un service de comptabilité, un laboratoire et une clinique. Elle est chargée :

— de préparer et de proposer tous plans et projets concernant l'élevage et les industries animales, dans le cadre des plans de développement économique du pays ;

— d'organiser et de procéder aux recherches en matière de pathologie animale ;

— de contrôler l'état sanitaire du cheptel, de déceler et de combattre les affections parasitaires ou autres, de proposer tous textes et actes administratifs relatifs à la police sanitaire des animaux.

— d'étudier et de vulgariser les méthodes techniques pour l'amélioration zootechnique et une meilleure alimentation (pâturages, hydraulique pastorale) du cheptel et de toutes les espèces domestiques ;

— d'assurer l'assistance vétérinaire aux éleveurs et aux établissements se livrant à l'élevage et à la prophylaxie des maladies communes à l'homme et aux animaux ;

— d'organiser et de contrôler les mouvements de bétail, foires, marchés, transhumances, importations, exportations ;

— d'inspecter, au point de vue sanitaire et de l'hygiène, les produits alimentaires d'origine animale ;

— de contrôler sur le plan technique les industries de la viande, de ses sous-produits, et en général de toutes les productions animales (lait, cuirs, peaux etc.) ;

— de dresser les programmes des établissements d'élevage, en particulier les fermes, et d'en contrôler l'exécution.

— d'organiser, promouvoir, contrôler, la pêche maritime et ses industries annexes ;

— de collaborer avec les autres services pour toutes les questions intéressant l'Elevage et les industries animales, en particulier la vulgarisation, l'alimentation et l'utilisation du bétail, la protection de la faune utile, la destruction de la faune nuisible, l'étude de la flore utile ou nuisible aux animaux.

Question :

Comment est organisée l'Inspection Générale des Eaux et Forêts et quelles sont ses attributions ?

Réponse :

L'Inspection Générale des Eaux et Forêts comprend un secrétariat, une section de comptabilité, une section technique, le Service de la Conservation des sols, la Station de Recherches Piscicoles et l'Ecole Forestière.

L'Inspection Générale des Eaux et Forêts assure, par l'intermédiaire de ses Services, la gestion du domaine forestier de l'Etat et de toutes les collectivités, ainsi que le contrôle de l'application de la règlementation forestière dans les forêts des particuliers. Toutes les questions relatives à la chasse et à la pêche en eau douce sont également dans ses attributions. Elle est chargée notamment :

— de constituer, délimiter, conserver, aménager, reboiser ou enrichir et exploiter le domaine forestier de l'Etat et de toutes les collectivités ; dans le cadre des plans de développement économique, ainsi que de préparer toute réglementation en matière forestière et de chasse ;

— de déterminer les périmètres de reboisement ou de restauration végétale et les travaux à y effectuer ;

— d'appliquer les mesures de protection et de restauration des sols non cultivés, dans le cadre de la politique générale de la conservation des sols ;

— de classer et de surveiller toutes autres réserves de flore et de faune ;

— de régulariser et d'améliorer le régime des eaux ; en liaison avec d'autres services, notamment celui des travaux publics et du génie rural, d'étudier et de réaliser les mesures de défense reconnues nécessaires ;

— d'organiser et de surveiller la chasse, ainsi que la pêche fluviale ou lacustre ;

— de procéder aux recherches concernant les questions forestières et en particulier la pisciculture ;

— de réprimer les infractions en matière de forêts, de chasse, de pêche, de protection de la faune et de conservation des sols non cultivés ;

— d'assurer le fonctionnement et la gestion des exploitations en régie et en particulier des scieries ;

— d'établir les cahiers des charges des permis temporaires d'exploitation et de proposer les parties du domaine public ou privé qui, pour des raisons d'aménagement ou de conservation, doivent être temporairement soustraites à l'exploitation ;

Question :

Que connaissez-vous du Service du Conditionnement?

Réponse :

Le Service du Conditionnement comprend un Secrétariat, un service de comptabilité, une section technique avec les deux postes fixes de Conakry : celui des produits secs et celui des produits frais.

Il est chargé notamment :

— de préparer et de proposer les textes concernant le conditionnement des produits agricoles et des industries agricoles, d'en fixer les normes et les grades, d'indiquer les qualités à rechercher et les défauts à éviter, de déterminer les méthodes d'échantillonnage, d'appréciation et d'analyse des différents produits, de prescrire la nature, la forme, le poids des emballages et leur marquage ;

— d'assurer à l'exportation l'application de la règlementation ;

— de contrôler à l'importation l'application des textes sur l'importation des produits étrangers semblables aux produits du crû, non soumis à un contrôle du conditionnement dans leur pays d'origine ;

— de vérifier à l'importation les produits étrangers similaires aux produits locaux, déjà soumis à un contrôle de conditionnement au départ de leur pays d'origine ;

— d'étudier les améliorations à apporter à la présentation et à la circulation des produits agricoles et des industries agricoles ;

— de rechercher les causes de leur détérioration et de proposer les mesures propres à y remédier ;

— de donner à l'autorité supérieure et aux services intéressés tous renseignements sur les modifications de qualité et de pureté constatées dans la production ;

— de proposer et d'appliquer les sanctions prévues par les textes dans les infractions constatées.

Question :

Que connaissez-vous du Service de la Coopération?

Réponse :

Le Service de la Coopération comprend un Secrétariat, un service de comptabilité, un département des C.A.P. Il est chargé en particulier :

— de promouvoir le mouvement coopératif dans le pays, d'informer, de diffuser tous documents à cet effet, d'organiser la propagande en faveur de la coopération ;

— de proposer les textes concernant la coopération, de préparer les statuts-types et les règlements intérieurs des coopératives ;

— de soumettre aux autorités un planning de création de coopératives, en particulier de coopératives agricoles de production, et d'en prévoir l'équipement ;

— de conseiller et d'assister les populations dans la création de leurs coopératives, d'en assurer la légalité ;

— de contrôler le fonctionnement des coopératives, la gestion administrative et financière, la réalisation des programmes, la validité des décisions des Assemblées ; de servir d'arbitre dans tout conflit entre les sociétaires ;

Question :

Que savez-vous de la Direction de l'Artisanat ?

Réponse :

La Direction de l'Artisanat comprend les sections suivantes : technique, enseignement artisanal, coopératives.

Elle a pour rôle de susciter, d'encourager, d'orienter, de coordonner et de contrôler toutes les activités artisanales qu'elles soient l'œuvre d'organismes d'Etat ou d'Entreprises privées pour leur développement harmonieux dans le cadre de la politique nationale.

Question :

Qu'est-ce que l'Office National de la Banane et des Fruits de Guinée?

Réponse :

L'Office National de la Banane et des Fruits de Guinée a été créé par décret n° 122/P.RG du 11 mai 1960. Cet établissement public, placé sous la tutelle du Ministre de l'Economie Rurale, est doté de la personnalité civile et de l'autonomie financière. Ses attributions sont les suivantes :

— assurer l'exécution des plans de régénération et d'expansion de la production bananière et fruitière, qui constituent une partie intégrante des plans de développement de l'économie guinéenne ;

— réunir toute documentation et procéder à toutes études orientées dans ce sens ;

— fournir à tous les producteurs de bananes et de fruits résidant en Guinée l'assistance technique, les renseignements et informations de toute nature, susceptibles de faciliter leur tâche et de les aider dans leurs efforts de développement quantitatif et qualitatif de la production.

Dans le cadre de ses attributions, l'Office de la Banane est habilité à prendre toutes mesures pour les opérations suivantes :

— participation à l'élaboration des plans concernant la production bananière et fruitière, dans le cadre des directives du Ministère du Plan ;

— commercialisation intérieure de la production bananière et fruitière par l'achat aux coopératives de producteurs et la vente à Guinexport au stade F.O.B.

— recensement et centralisation des besoins exprimés par les producteurs pour atteindre les objectifs fixés par les Plans (matériel, engrais, emballage, produits insecticides, etc.) ;

— contrôle de l'exécution des plans, en particulier en ce qui concerne l'amélioration quantitative et qualitative de la production ;

— en liaison avec Guinexport, règlement des problèmes d'affrètement, établissement des programmes de livraison et coordination de ceux-ci avec les calendriers de rotation des navires bananiers ;

— organisation et surveillance des opérations de pesage et d'embarquement ;

— participation, aux côtés de Guinexport, à la négociation et à la conclusion des contrats d'exportation ;

— collaboration étroite avec toute institution et tous organismes de recherches techniques et scientifiques concernant les bananes et les fruits sans préjudice de la création, sous son patronage ou avec son aide, de toute œuvre de ce genre qui s'avérerait nécessaire à la poursuite de ses objectifs.

Question :

Que savez-vous de l'Office de la commercialisation du bétail et des animaux vivants (OBETAIL) ?

Réponse :

L'Office de la commercialisation du bétail et des animaux vivants a été créé par décret n° 131/PRG. du 15 Mars 1963. C'est un établissement public doté de la personnalité civile et de l'autonomie financière sous la tutelle du Ministère de l'Economie Rurale et de l'Artisanat. Ses attributions sont les suivantes :

— Commercialiser le bétail et les animaux sauvages et organiser le circuit intérieur de cette commercialisation ;

— Contribuer à l'exécution des plans de développement du cheptel ;

— Etablir et proposer à l'agrément des autorités compétentes toutes mesures destinées à accroître le cheptel, faciliter sa commercialisation ;

— Fournir aux éleveurs et aux chasseurs l'assistance technique nécessaire, les renseignements et informations susceptibles de faciliter leur tâche et de les aider dans leur effort de développement quantitatif et qualitatif du cheptel ;

— Importer tous matériels, articles, et produits nécessaires à son fonctionnement, et au développement du cheptel et de la faune.

Dans le cadre de ses attributions OBETAIL est habilité à :

— Participer à l'élaboration des plans de développement du cheptel et de conservation de la faune ;

— Recenser et centraliser les besoins des éleveurs ;

— Répartir et contrôler les moyens fournis par l'Etat pour atteindre les objectifs fixés par les plans ;

— Commercialiser le bétail et les animaux sauvages par leur achat aux fermes d'Etat, aux éleveurs, chasseurs et paysans.

— Vendre ces animaux aux conditions les plus favorables à l'organisme du Ministère du Commerce chargé de l'exportation ;

— Collaborer étroitement avec les Services techniques de l'Elevage et des Eaux et Forêts pour l'amélioration de la qualité du cheptel et de la faune.

Question :

Et l'Office des Pêches Maritimes (OPEMA)?

Réponse :

L'Office des Pêches Maritimes a été créé par décret n° 133/PRG. du 15 mars 1963. C'est un Etablissement public doté de la personnalité civile et de l'autonomie financière placé sous la Tutelle du Ministre de l'Economie Rurale et de l'Artisanat. Ses attributions sont les suivantes :

— Contribuer à l'exécution des plans de développement, encourager la production et organiser la commercialisation du poisson ;

— Etudier et proposer à l'agrément des autorités compétentes toutes mesures destinées à promouvoir la production et la commercialisation du poisson et à cet effet réunir toute documentation nécessaire ;

— La surveillance, l'orientation et le contrôle administratif et technique de tout organisme, société, entreprise ou coopérative de pêche ;

— importer tous matériels, articles et produits nécessaires au fonctionnement et au développement de la production du poisson.

Dans le cadre de ses attributions OPEMA est habilité à :

— Participer activement à l'élaboration des programmes d'accroissement de la production du poisson et de sa transformation ;

— Rechercher et centraliser les besoins des pêcheurs ;

— Répartir et contrôler les moyens fournis par l'Etat pour atteindre les objectifs fixés par les plans ;

— Contrôler l'exécution des plans pour l'augmentation quantitative et qualitative de la production en intervenant directement au niveau des coopératives de pêche d'une part et des organismes de pêche industrielle d'autre part ;

— Créer un Service technique et scientifique chargé d'une part de fournir aux organismes de pêche tous renseignements et informations susceptibles de faciliter leur tâche et les aider dans leur effort de développement quantitatif et qualitatif de la production ;

— Implanter selon les besoins, des usines de transformation des produits de la pêche, et de mettre en œuvre les moyens nécessaires à la bonne conservation et au transport de ces produits (salage, fumage, marinage, stérilisation, chaîne de froid, etc..) ;

— Veiller à la bonne qualité, au stockage et à la bonne conservation du poisson soit au port, soit à l'intérieur du pays ;

— Vendre le poisson aux conditions les plus favorables ;

— Mettre tout en œuvre avec la collaboration des Services spécialisés du Ministère du Commerce pour faire connaître et apprécier sur le marché international les produits de la pêche de Guinée.

Question :

Que sont la Station de Sérédou et l'Institut de Recherches Fruitières ?

Réponse :

Tous deux, placés sous la tutelle du Ministre de l'Economie Rurale, sont des organismes dotés de la personnalité civile et de l'autonomie financière. Ils sont chargés de recherches techniques et appliquées et comprennent tous deux une section expérimentale et une section exploitation.

Question :

Comment fonctionne la Station de Sérédou ?

Réponse :

La Station de Sérédou a pour objet :

— le développement de la production de quinine et la recherche agronomique ;

Les deux sections qui la constituent ont pour attributions :

La Section expérimentale :

— de poursuivre le programme de recherches spéciales sur le quinquina, le café, le thé, les plantes médicinales et autres cultures de montagne ;

— d'expérimenter et de définir les méthodes et les techniques les mieux adaptées à la région forestière et montagneuse guinéenne ;

— de poursuivre, en rapport avec les organismes compétents, les recherches sur les plantes médicinales.

La Section Exploitation :

— de poursuivre le programme de réalisation à partir des résultats obtenus par la section expérimentale ;

— d'exploiter industriellement les écorces de quinquina, la production étant par priorité réservée aux besoins de la Nation ;

— de céder au meilleur prix les sels de quinine produits, au Ministère de la Santé Publique et à tout autre organisme public ou privé, en vue d'étendre la lutte contre le paludisme ;

— d'étudier l'extension et l'industrialisation du thé et du café.

Question :

Quel est le rôle de l'Institut de Recherches Fruitières de Kindia ?

Réponse :

L'Institut de Recherches Fruitières a pour objet :

— la sélection de toutes les espèces fruitières et l'introduction de nouvelles variétés de fruits et d'agrumes ;

— l'amélioration et l'utilisation des produits de transformation des fruits.

Les deux sections qui le composent ont pour attributions :

La Section Expérimentale :

— de poursuivre le programme de recherches concernant les fruits d'exportation ;

— d'expérimenter et de définir les méthodes et les techniques culturales les mieux adaptées aux conditions locales de climat et de sol ;

— de poursuivre, en liaison avec les organismes compétents, les recherches sur les fruits en général.

Section Exploitation :

— de poursuivre le programme de réalisation arrêté à partir des résultats obtenus par la Section Expérimentale ;

— d'exploiter industriellement les fruits produits en vue de la fabrication de jus, huiles essentielles, etc., cette production étant par priorité réservée aux besoins de la Nation ;

— d'étudier les possibilités d'extension des industries frutières.

Question :

Qu'est-ce qu'une Direction Régionale de la production ?

Réponse :

Une Direction Régionale de la Production est le prolongement, dans chaque Région Administrative, du Ministère de l'Economie Rurale et de l'Artisanat. Ainsi, la République compte 29 Directions Régionales de Production.

Chaque Direction Régionale de la Production est dirigée par un fonctionnaire nommé par arrêté du Ministre de la Fonction Publique, sur proposition du Ministre de l'Economie Rurale. Il porte le titre de Directeur Général de la Production.

Question :

Quels sont les critères qui interviennent dans la nomination d'un Directeur Général?

Réponse :

Le premier critère est d'appartenir à l'un des corps des services de production. Tous les Directeurs actuellement en fonction appartiennent aux spécialités suivantes : Agriculture, Elevage, Eaux et Forêts — selon la prédominance de ces services dans les Régions et la vocation de celles-ci —

Le second critère fait appel autant que possible à l'expérience de l'intéressé, à sa formation technique et à ses capacités d'organisation.

Question :

Dans l'action des directeurs généraux de la production, tient-on compte de la spécialité des candidats ?

Réponse :

Selon que dans une Région les questions agricoles, zootechniques ou forestières prévalent sur les autres, le Directeur Général est un fonctionnaire de l'Agriculture, de l'Elevage ou des Eaux et Forêts.

Question :

Quels sont les services qui constituent la Direction régionale de la Production ?

Réponse :

La Direction régionale de la Production groupe tous les services concourant au développement économique de la Nation. Ce sont à l'heure actuelle les services de l'Agriculture, de l'Elevage, des Eaux et Forêts, du Conditionnement et de la Coopération.

Le responsable de chacun des services précités est, par rapport au Directeur Général, ce qu'un Inspecteur Général est par rapport au Ministre de l'Economie Rurale. Il est conseiller technique pour toutes les questions relevant de sa spécialité.

Question :

Quelle est la nature des relations entre les différents services de la Direction Régionale et la Population ?

Réponse :

Sous l'autorité unique du Directeur Général de la production, seul responsable devant les autorités régionales et nationales, tous les services de la Direction régionale de la Production forment un tout homogène, concourant au même but : le développement économique de la Région dans ses différents domaines agricole, zootechnique, forestier, du conditionnement des produits et de la coopération. Ceci met fin à la dispersion des efforts des différents secteurs, dont les activités, qui devaient se compléter, étaient naguère souvent contradictoires.

Question :

Quelle est la nature des relations entre la Direction régionale de la production et les autorités politiques et administratives ?

Réponse :

La Direction Régionale relève directement des autorités politiques et administratives de la région, qui lui donnent une orientation conforme au Plan de développement économique régional, lequel s'inscrit lui-même dans le cadre du Plan général de Développement économique national.

Toutes les correspondances non purement techniques doivent passer sous le couvert des Gouverneurs de Région.

Les autorités régionales contrôlent la gestion administrative et politique de la Direction Régionale de la Production.

Question :

Quelle est la nature des relations entre la Direction Régionale de la Production et les Inspections Générales?

Réponse :

Pour toutes les questions d'ordre technique, la Direction Régnionale de la Production relève des Inspections Générales, avec lesquelles elle correspond soit directement, soit par l'intermédiaire du Ministre de l'Economie Rurale. Dans le premier cas, elle adresse une copie de la correspondance au Ministre de l'Economie Rurale. Dans le deuxième cas, elle adresse une copie de la correspondance au Gouverneur de Région.

Les Inspecteurs Généraux, en accord avec les autorités locales et dans le cadre de leur spécialité, supervisent, contrôlent et coordonnent l'action technique des Directions régionales de la Production.

La procédure de la correspondance est celle adoptée pour les Directions Régionales de la Production.

Question :

Quelle est la nature des relations entre la Direction Régionale de la Production et le Ministre de l'Economie Rurale et de l'Artisanat?

Réponse :

Le Ministre de l'Economie Rurale correspond soit directement, soit sous le couvert du Gouverneur de Région, avec le Directeur Général de la Production. Il adresse une copie de sa correspondance à l'Inspecteur Général intéressé, suivant la question traitée, soit pour information, soit pour exécution. Les Directeurs Généraux adoptent la même procédure dans leurs relations avec le Ministre de l'Economie Rurale et de l'Artisanat.

Question :

Quel est le rôle de la Direction Régionale de la production ?

Réponse :

Les Directions régionales de la Production doivent fournir aux masses paysannes l'assistance technique nécessaire pour le développement quantitatif et qualitatif de leur production.

Pour ce faire, elles appliquent au niveau de la Région toutes les tâches dévolues sur le plan national aux Inspections Générales de l'Agriculture, de l'Elevage et des Eaux et Forêts.

Question :

Qu'appelle-t-on feux de brousse ?

Réponse :

Les feux de brousse sont ces immenses incendies qui chaque année, pendant la saison sèche, ravagent les savanes guinéennes. Ils ne sont pas spécifiques à la Guinée car on les rencontre en Afrique dans toutes les zones où la végétation est constituée, soit exclusivement d'herbes, soit d'une association d'herbes et d'arbres. Les Républiques du Mali, du Sénégal et de la Côte d'Ivoire sont également soumises aux méfaits des feux de brousse.

Question :

Quelles sont les causes des feux de brousse ?

Réponse :

En règle générale, les feux de brousse sont allumés volontairement, et dans de rares cas par imprudence ou négligence, et leurs causes sont multiples. Il y a principalement :

— ceux qui sont allumés, soit par le cultivateur pour nettoyer son terrain de culture, soit par l'éleveur pour la régénération de son pâturage ;

— ceux qui échappent aux charbonniers ou à la ménagère qui prépare des cendres de bois pour la fabrication de la potasse nécessaire à la savonnerie, ou encore aux récolteurs de miel sauvage ;

— ceux qu'allument les chasseurs pour rabattre le gibier qui se terre dans les fourrés ;

— ceux allumés par les collectivités pour dégager les abords des villages ou tout simplement une piste ;

— ceux allumés par le voyageur de nuit qui s'éclaire d'une torche de paille, etc.

Les feux de culture et de pâturage sont de loin les plus nombreux, mais quelles qu'en soient les origines, tous les feux de brousse ont les mêmes effets nuisibles et doivent être également interdits ou limités.

Question :

Quels sont les feux qui doivent être interdits et quels sont ceux qui peuvent être autorisés mais limités ?

Réponse :

Tous les **feux courants doivent être interdits.** On appelle feux courants tous les feux allumés sans précaution et qui parcourent librement la savane, parfois sur des dizaines de kilomètres, incendiant tout sur leur passage. Tous les feux, de quelque origine qu'ils soient, peuvent facilement devenir des feux courants.

Seuls peuvent être autorisés les feux couverts se pratiquant par la méthode du sartage, qui consiste à réunir les produits du défrichement en tas suffisamment espacés et à les brûler un à un.

Le sartage à feu couvert se pratique dans les terrains de culture, sur les pâturages, sur les aires de carbonisation, autour des arbres porteurs de miel, etc.

Question :

Quels sont les effets nuisibles des feux de brousse ?

Réponse :

a) Les feux de brousse **compromettent la pérennité de la forêt en empêchant sa régénération.** En effet, après le passage des feux de brousse, les troncs des arbres sont calcinés sans qu'apparemment leur validité en soit atténuée, mais les

jeunes semis et les extrémités des branches sont brûlés profondément et meurent. L'année suivante, les arbres sont obligés de faire de nouvelles pousses, qui sont à nouveau détruites. La forêt ne se régénère pratiquement pas et s'appauvrit.

Cette dégénérescence de la forêt engendre d'autres effets, notamment :

— **La stérilisation du sol**, soit par érosion à la suite du départ de la couche supérieure fertile, soit par le recouvrement de celle-ci par des matériaux stériles, soit encore par la formation ou l'apparition en surface de carapaces rocheuses ;

— **la perturbation du régime des cours d'eau**, qui devient de plus en plus torrentiel, à la suite de l'augmentation de la quantité et de la vitesse de l'eau qu'ils reçoivent ;

— **la perturbation du régime des pluies**, car la disparition de la forêt ne favorise pas la condensation, qui est à l'origine des précipitations atmosphériques.

b) **Les feux de brousse détruisent l'humus du sol, si nécessaire à la fertilisation et à la protection du sol contre l'évaporation et le ruissellement.**

L'humus a trois fonctions essentielles : il augmente la rétention en eau du sol, absorbe et retient les sels minéraux utiles aux plantes et favorise la vie microbienne.

En augmentant la rétention de l'eau dans le sol, l'humus agit en quelque sorte comme une éponge qui amortit l'irrégularité des pluies ; une récolte en terre humifère résistera à des périodes de sécheresse plus prolongées qu'en sol non humifère.

Dans les régions où la durée de la saison des pluies est variable d'une année à l'autre, un sol humifère diminue le nombre des échecs, en permettant aux plantes d'accomplir complètement leur cycle végétatif dans les meilleures conditions.

L'humus favorise la vie microbienne dans le sol en assurant la fixation de l'azote atmosphérique.

Question :

Outre le sartage à feu couvert, n'y a-t-il pas d'autres méthodes pour empêcher les feux de brousse de se propager?

Réponse :

Il existe des précautions à prendre afin d'empêcher les feux de se propager. Ces précautions classiques se combinent avec le sartage à feu couvert. Ce sont :

1° **Les pare-feux** constitués soit d'une simple bande de 5 à 10 m. proprement nettoyée à la daba, soit d'une large bande incinérée de 40 à 50 mètres ayant la forme d'une tranchée et préalablement délimitée par deux bandes plus petites nettoyées à la daba (tranchée pare-feu). La largeur des pare-feux n'est pas limitative; elle varie avec la hauteur des herbes à incinérer et l'état de siccité de celles-ci; mais ils doivent être le plus large possible.

2° **Le choix du moment pour les incinérations.** Il est recommandé, lorsqu'une mise à feu est autorisée, de ne la pratiquer que le soir, au moment où le temps est calme.

Il convient également **de prévenir les autorités** auparavant, afin que la brigade de la J.R.D.A. de lutte contre les feux, dont il sera question plus bas, et la population prêtent éventuellement leur concours.

Question :

Quelle a été l'action du P.D.G. pour enrayer définitivement les feux de brousse ?

Réponse :

Depuis l'indépendance, le Bureau Politique National et son gouvernement ont entrepris une action énergique contre la propagation des feux de brousse, qui sont considérés comme un véritable fléau national de nature à influencer défavorablement le développement économique du pays. Cette action s'est manifestée notamment par :

1° **La reconversion des méthodes de travail.** Les agents des Eaux et Forêts ont été appelés à agir plutôt par la propagande et la persuasion que par des mesures coercitives, souvent impopulaires et inefficaces.

2° **L'appel à la conscience civique et nationale du peuple.**

A ce titre, de multiples circulaires, aussi bien du Bureau Politique National que du Gouvernement, appuyées de causeries radiophoniques, ont été diffusées et commentées à tous les niveaux, démontrant les effets nuisibles des feux de brousse et appelant les citoyens guinéens à les combattre systématiquement par tous les moyens.

Les comités de village doivent créer des **brigades spéciales de J.R.D.A. de vigilance et de lutte contre les feux.**

Deux résolutions votées par la Conférence Nationale du Parti, la première à sa 2e session 1960, tenue à Kissidougou, et la seconde à sa première session 1961, tenue à Conkary, ont renforcé ces circulaires.

Trois décisions importantes se trouvent dans la résolution économique de Kissidougou :

a) Interdiction de toutes mises à feu, à l'exception de celles destinées à la préparation des terrains de culture ou à la régénération des pâturages, à condition toutefois qu'elles s'effectuent dans le cadre de la règlementation ;

b) **Obligation pour les collectivités rurales de veiller au respect de cette interdiction,** sous peine d'être astreintes au reboisement des terrains dévastés ;

c) **Institution d'une médaille spéciale** pour les collectivités qui se distingueront dans la lutte contre les feux de brousse.

LES POSSIBILITES FORESTIERES DE LA REPUBLIQUE DE GUINEE

Question :

La République de Guinée a-t-elle de grandes possibilités forestières ?

Réponse :

La République de Guinée recèle de grandes possibilités forestières notamment en région Forestière qui renferme des bois précieux tels que l'acajou, le fraké, l'azobé, etc. La savane boisée qui couvre le reste du pays renferme également des bois de construction et de menuiserie.

Question :

Quelles sont les ressources actuellement exploitées?

Réponse :

Le bois est la principale ressource de nos forêts. Il est exploité sur toute l'étendue de la République et notamment à Kissidougou, Dounet, N'Zérékoré, où des scieries sont installées depuis longtemps. Des essences comme l'acajou, le samba, le simé ou iroko, le popo, le niangon, le caïlcédrat, le lingué, le fraké, etc. donnent de bons bois de construction et de menuiserie légère.

D'autres essences moins importantes donnent du bois pour la confection d'instruments aratoires (manches d'outils), d'ustensiles de cuisine (mortiers, pilons, calebasses en bois, cuillères). Des gaulettes, des perches entrent dans la confection des charpentes de cases.

Les feuilles, les racines et les écorces de certains de nos arbres sont utilisées en pharmacopée et dans la teinturerie. Certains donnent des fruits comestibles, des lianes, etc.

Le palmier à huile, à cause de ses fruits qui donnent l'huile de palme et l'huile de palmiste, le rônier, à cause de son bois imputrescible, sont deux palmiers précieux de la savane.

Le caoutchouc et le kaki (copalier) qui sont des produits de nos forêts donnent lieu à une exportation.

Question :

Y a-t-il d'autres ressources non encore exploitées?

Réponse :

Le koura de nos savanes donne une amande de laquelle on tire une huile siccative pouvant être utilisée dans la préparation de la peinture et en électricité.

L'écorce de l'indama entre dans la préparation de produits pharmaceutiques pour la guérison de la lèpre. Le bois du tali et de l'azobé peut être utilisé comme traverses de chemin de fer.

Le bois du fromager et de certains arbres de nos forêts, tel le parasolier, pourrait servir dans la papeterie.

En conclusion, il existe une grande quantité d'arbres utiles de nos forêts non encore inventoriés, qui trouveront plus tard leur emploi, soit dans des industries du bois (papeterie, allumetterie notamment), soit en pharmacie.

Question :

Quelles sont les tâches permanentes de nos collectivités dans le domaine forestier ?

Réponse :

Nos collectivités doivent en permanence :

1° protéger le capital forestier actuel, par la lutte contre les feux de brousse, par l'application de la réglementation des exploitations et si nécessaire, par le classement ;

2° poursuivre la politique de reboisement ; à ce titre, les plantations de teck de Kindia et de Mamou, les plantations de pins sur les hauts plateaux du Foutah, et l'enrichissement des forêts et îlots forestiers à Macenta, N'Zérékoré, Kissidougou et Guéckédou sont susceptibles de couvrir plus tard une bonne partie de nos besoins ;

3° rechercher et introduire de nouvelles espèces intéressantes ;

4° inventorier, classer et étudier toutes les espèces de nos savanes et de nos forêts.

5° rechercher les moyens d'utilisation de toutes les espèces d'arbres de nos forêts et de nos savanes ;

6° développer les scieries existantes et en créer de nouvelles.

Question :

Quelles sont nos ressources au point de vue de la faune sauvage ?

Réponse :

La République de Guinée a une faune riche et diversifiée, constituée de :

— gros gibier, comme l'éléphant, l'hippopotame, le buffle et l'élan de derby;

— moyen gibier, comme le situtonga (sinki en soussou), les cobs (sing-sing en malinké) le koba, etc.

— petit gibier, comme les rongeurs, les lièvres, les écureuils, les porcs-épics, les canards, oies, bécassines, poules d'eau, poules de rocher, pintades, perdreaux, pigeons, tourterelles, etc.

Parmi les fauves, nous citons le lion, la panthère, l'hyène, etc.

Nos forêts renferment également de nombreux singes, cynocéphales et chimpanzés.

Question :

Qu'a-t-il été fait pour la protection de la faune ?

Réponse :

Il y a tout d'abord le décret de base qui a classé les animaux en animaux intégralement protégés, c'est-à-dire ceux que l'on ne chasse que dans des buts scientifiques, et en animaux partiellement protégés, et que l'on ne chasse qu'avec certaines catégories de permis.

Ensuite, il a été institué des taxes variables suivant les espèces, puis une période pendant laquelle la chasse est interdite.

Enfin, une réserve intégrale (Mont Nimba) a été créée, ainsi que des réserves partielles de faune à Boké, Dinguiraye, Kankan ; et dans certaines forêts classées la chasse est interdite.

LES POSSIBILITES AGRICOLES DE LA REPUBLIQUE DE GUINEE

Question :

La République de Guinée a de grandes possibilités agricoles, pour la plupart encore inexploitées. Quelles sont à l'heure actuelle nos principales ressources ?

Réponse :

C'est, tout d'abord, notre production en céréales et en tubercules, qui est réservée exclusivement à notre alimentation : riz, fonio, maïs, mil, manioc, taro, patate. C'est, ensuite, la production pour l'exportation vers des pays d'Europe et certains pays d'Afrique : banane, ananas, palmistes, café, essence d'orange, citrons, arachides, colas, etc.

Question :

A combien est estimée notre production annuelle en céréales et tubercules ?

Réponse :

Notre production annuelle en 1960 en produits vivriers se chiffre à :

— riz :	325.000	Tonnes
— fonio :	45.000	—
— manioc :	435.000	—
— patate :	56.000	—
— mil :	7.500	—
— arachide :	10.650	—

l'ensemble de la production vivrière est estimé à **40 milliards de francs guinéens par an.**

Question :

La production en riz, qui est la plus importante, couvre-t-elle nos besoins ?

Réponse :

Non, et nous sommes obligés chaque année d'en importer (30.329 tonnes en 1961), pour combler l'insuffisance de la production.

Question :

La production de riz peut-elle être augmentée ?

Réponse :

L'extension de la riziculture est possible et permettra non seulement de couvrir nos besoins, mais également de donner lieu à des exportations.

Cette extension sera obtenue par l'aménagement des bas-fonds ou marais, surtout en Basse Guinée, Haute Guinée et Forêt, où existent de grandes possibilités. A l'heure actuelle ont été prospectées :

— Basse Guinée : 120 à 150.000 ha de terres rizicultivables

— Haute Guinée : 30 à 40.000 ha de terres rizicultivables

— Forêt : 1.320 ha de terres rizicultivables.

Les C.A.P., en utilisant des techniques modernes, un matériel adapté et des semences sélectionnées, seront à la base d'un prompt développement. Cet effort sera évidemment associé à une protection efficace des cultures et des récoltes contre les différents prédateurs.

Question :

Quelles sont nos cultures d'exportation ?

Réponse :

Ce sont :

— le café, dont les plantations comptent à l'heure actuelle 88.800.000 plants, dont environ 40 % en production, soit 35.500.000 plants ;

— la banane, l'ananas, l'arachide, le palmier à huile.

Le café représente en valeur près de 39 % de l'ensemble des exportations des produits agricoles. La banane près de 21 %· Le palmiste 16,5 %. L'ananas frais et le jus d'ananas 3,5 %. L'essence d'orange 3 % et les arachides 2 %.

Ces principaux produits représentent, à eux seuls, 85 % de la valeur de nos exportations en produits agricoles.

LES POSSIBILITES PASTORALES DE LA REPUBLIQUE DE GUINEE

Question :

Quelle est l'importance de l'Elevage dans l'Economie guinéenne ?

Réponse :

Le cheptel guinéen représente un capital de 20 milliards de F.G. Il devrait pouvoir assurer le ravitaillement complet de la population guinéenne, mais à l'heure actuelle, il est sous exploité.

Question :

A combien peut-on estimer l'effectif du cheptel guinéen ?

Réponse :

D'après le recensement de 1960, le cheptel guinéen comprend un effectif de :

— 1.500.000 têtes de bovins;

— 339.000 têtes d'ovins;

— 60.000 têtes de caprins.

Question :

Comment est exploité ce cheptel ?

Réponse :

Le commerce intérieur du bétail donne lieu à des mouvements de troupeaux, qui suivent des courants commerciaux traditionnels depuis les régions d'élevage jusqu'aux centres de consommation.

Le contrôle des transactions en 1960, a porté sur 95.720 bovins et 126.235 ovins.

Les abattages contrôlés au cours de la même année ont concerné :

— bovins : 47.953 têtes, soit 3,2 % du troupeau

— ovins, caprins : 10.402 têtes, soit 1,4 % du troupeau

— porcins : 461 têtes, soit 5,8 % du troupeau.

Le commerce extérieur des animaux vivants est officiellement peu important, de sorte que les chiffres indiqués ci-dessous sont inférieurs à la réalité, le commerce clandestin et frauduleux étant assez important. Les exportations contrôlées en 1960 ont porté sur :

— bovins : 6.417, sur le Mali, la Sierra-Léone, le Libéria ;

— ovins, caprins : 4.947, sur le Mali, la Sierra-Léone, le Libéria.

Les peaux et **les cuirs**, qui font également l'objet d'une exportation, ont représenté en 1960 un tonnage de 682 tonnes, pour une valeur de 100 millions F.G.

A titre indicatif, la production annuelle laitière est estimée à 200.000 litres environ.

Le nombre de **bœufs de labour** recensés est de 31.113, dont 13.000 pour la seule région de Siguiri.

Question :

Quelles sont les principales maladies qui s'attaquent au cheptel ?

Réponse :

Les principales affections du bétail sont :

— la peste bovine, dont plusieurs foyers ont été signalés en 1961 dans les régions administratives de Siguiri et de Gaoual ;

— la péripneumonie bovine à l'état endémique depuis 1935, a peu à peu, envahi au cours des années les régions de Siguiri, Kankan, Dabola, Beyla et Kissidougou. Depuis l'indépendance et la mise en application des résolutions de la Conférence de Beyla, on assiste à une très nette regression de la maladie.

La mortalité est passée de 1.362 en 1957 à 346 en 1960 (anciens malades sacrifiés pour la consommation).

Le nombre de foyers : 391 en 1959 avec 2.512 malades, est tombé à 102 en 1960 avec 1.394 malades. 62.952 vaccinations préventives ont été pratiquées.

— les charbons bactéridiens et symptomatiques, contre lesquels ont été pratiquées 134.565 vaccinations contre le premier et 263.463 contre le second.

— la pasteurellose bovine a sévi dans 61 foyers et 106.942 vaccinations préventives ont été pratiquées.

LES RESSOURCES MARITIMES

Question :

Quelles ont été les activités de la section de pêche maritime autrefois relevant de l'Inspection Générale de l'Elevage et désormais du ressort de OPEMA?

Réponse :

La Pêche maritime est appelée à un grand développement en raison de son importance pour le ravitaillement des populations.

En 1960, le contrôle des apports à Conakry a donné les chiffres suivants :

Pêche artisanale : 173.580 kg valeur : 8.679.000 francs guinéens

Pêche industrielle : 2.310.290 kg valeur : 115.549.000 francs guinéens.
Soit un total de : 2.484.560 kg
pour une valeur de : 124.228.000 francs guinéens.
Mentionnons que cette quantité ne couvre pas les besoins des populations. Aussi le Parti et son Gouvernement ont-ils décidé de donner une impulsion à la pêche maritime et aux industries de transformation.

LE SERVICE DE CONDITIONNEMENT

Question :

Quelle est l'importance des services du conditionnement pour l'économie nationale ?

Réponse :

Pour les rendre compétitifs sur les marchés mondiaux et leur conserver la bonne réputation de qualité qui leur a été reconnue de tout temps, nos produits doivent répondre à des normes requises. Ils sont pour cela soumis à des opérations de contrôle régies par une règlementation rigoureuse.

Question :

Sur quelles quantités approximatives portent ces opérations de contrôle ?

Réponse :

Les opérations de conditionnement ont porté sur les produits suivants :

— Banane :	60.000	Tonnes
— Ananas :	5.000	—
— Palmistes :	25.000	—
— Café :	13.000	—

dont le classement a été le suivant en 1961 : Prima 52 % ; Supérieur 27 % ; Courant 19 % ; Brisures 2 %.

Huiles essentielles diverses :

Arachide, cire, miel, sésame, cuirs et peaux, tabac en feuilles, piments, gingembre.

Les différents postes de contrôle ont utilisé 972.968 plombs en 1960 (en augmentation de 236.901 sur 1959) et ont perçu 4.912.022 FG. de redevances.

L'inspection des produits à l'intérieur du territoire sur les marchés et dans les entrepôts, a porté sur la qualité marchande à la vente et à l'achat. Les tonnages suivants ont été inspectés pendant l'année 1960 :

Basse Guinée : 14.497.542 kg;

Moyenne Guinée : 5.663.942 kg;

Haute Guinée : 1.831.076 kg;

Région Forestière : 22.790.000 kg;

soit au total 44.782.561 kg. Les taxes perçues au titre du conditionnement se sont élevées pendant la même période à :

— Taxe de recherche :	13.360.925 FG
— Taxe de conditionnement : .	11.280.272 FG
Soit au total	24.641.297 FG

Question :

Comment peut-on définir la coopération ?

Réponse :

La coopération, c'est la mise en commun des forces de travail, des instruments de production et des intérêts d'un groupe d'hommes en vue de poursuivre la réalisation d'objectifs communs. Il peut exister toutes sortes de coopératives ; en ce qui concerne plus particulièrement les coopératives agricoles, leur intérêt est qu'au stade actuel des moyens de production agricole, la coopérative est avant tout la mise en commun des forces de travail des membres de la coopérative, en vue d'augmenter par le travail collectif, leurs possibilités productrices et de pouvoir, grâce à cette augmentation, substituer aux instruments archaïques dont ils disposent des moyens mécaniques modernes de production, tels que charrues, herses, éventuellement tracteurs et autres engins agro-mécaniques.

La création d'une coopérative fait appel à trois critères :

— une nette conscience de la part des coopérateurs de leurs besoins ;

— leur adhésion volontaire ;

— et une totale démocratie dans la gestion.

Compte tenu des réalités de notre pays, l'objectif du P.D.G. porte d'abord sur la création de Coopératives Agricoles de Production (C.A.P.).

Question :

Qu'est-ce qu'une C.A.P. ?

Réponse :

Une C.A.P. est un organisme groupant en son sein des hommes et des femmes désireux de mettre en commun tous les moyens dont ils disposent pour une meilleure exploitation de leurs terres, pour une augmentation qualitative et quantitative de leur production agricole.

Question :

Quelles sont les principales cultures vivrières de Guinée?

Réponse :

On désigne sous le nom de cultures vivrières toutes les plantes produites pour l'alimentation humaine. Cependant, pour certaines d'entre elles, telle que l'arachide, il est difficile de les classer dans une des rubriques que l'on a coutume de distinguer, en raison de leur importance tant du point de vue vivrier qu'économique.

On peut citer le riz, le maïs, le fonio, le mil, le sorgho, le manioc, la patate, l'igname, le taro qui sont les principales cultures vivrières traditionnelles auxquelles nous allons nous limiter.

LE RIZ

Question :

Qu'est-ce que le riz et quelle est son origine?

Réponse :

Le riz est une graminée dont la culture est très répandue en Guinée.

L'origine du riz guinéen comme celle des riz africains en général est double. Nous avons les riz originaires de l'Ouest Africain dont les panicules sont dressées et les grains généralement colorés, et les riz d'origine asiatique dont les panicules sont généralement retombantes et les grains blancs. Toutefois il faut signaler que le riz étant cultivé en Guinée depuis fort longtemps, les variétés cultivées sont extrêmement nombreuses et difficiles à distinguer pour un oeil non averti. Renonçant à les passer toutes en revue, contentons-nous de distinguer les groupements de variétés ou de formes tels qu'on peut les concevoir suivant la longueur de leur cycle végétatif (durée de leur végétation).

— le riz hâtif avec un cycle de 80 à 120 jours;
— le riz demi-hâtif avec un cycle de 120 à 150 jours;
— les riz tardif avec un cycle pouvant dépasser 200 jours.

Question :

Quelles sont les exigences du riz du point de vue du climat et des sols?

Réponse :

Du point de vue du climat le principal facteur limitant est l'eau. Mais ce facteur intervient de différentes manières. En effet le riz présente diverses adaptations suivant les conditions locales, qui conduisent à différents modes de culture présentant des différences parfois très grandes. Dans le cas de la culture du riz de montagne l'indice pluviométrique doit être d'au moins 1.000 m/m. Dans le cas des cultures aquatiques le facteur eau, quoique important, peut être contrôlé; s'il ne l'est pas les pluies agissent par leur influence sur le régime des crues. Les autres facteurs climatiques sont la température et l'ensoleillement qui doivent être suffisants.

Du point de vue des sols, les types utilisés pour la riziculture, sont très variables et peuvent être des plus légers aux plus lourds.

Question :

Quels sont les différents modes de culture du riz en Guinée?

Réponse :

On a la culture sèche du riz et la culture aquatique. Ces deux grands groupes se subdivisent en différents modes de culture, en fonction des conditions locales.

Question :

Qu'appelle-ton riz de montagne?

Réponse :

On peut dire que la culture du riz de montagne représente le mode de culture le plus primitif et le plus aléatoire. Il consiste en un débroussement suivi de brûlage en janvier-février. La préparation du sol, si elle se limite à ces deux opérations, est très sommaire. Ensuite, dès les premières pluies, on effectue un semis à la volée à la densité de 70 à 80 kg. de semences par hectare. Après la levée, qui a lieu au bout d'une semaine environ, il n'y a plus qu'à assurer les travaux d'entretien par quelques sarclages pour enlever les mauvaises herbes et surveiller le champ contre les parasites, surtout contre certains prédateurs tels que les « agoutis » et d'autres rongeurs, et contre les oiseaux granivores.

La durée du cycle est de 80 à 130 jours et la récolte a lieu au bout de 4 à 4 mois et demi.

Les rendements de cette culture très aléatoire sont très faibles et varient entre 400 à 900 kg de paddy à l'hectare si la répartition des pluies est favorable.

Ce mode de culture est très répandu en Guinée et c'est à lui que nous devons notamment la déforestation du Massif du Fouta Djallon. Dans plusieurs zones il faut chercher à réduire les surfaces consacrées à la culture de riz de montagne par le développement des rizières de plaines.

Question :

Qu'appelle-t-on rizière de plaine?

Réponse :

Il y a lieu de distinguer les rizières des plaines inondées et des plaines non inondées.

Dans le cas des plaines non inondées, le riz doit comme dans le cas précédent se contenter des pluies et de ce fait, les résultats obtenus sont fonction de la régularité de celles-ci.

Après débroussement il y a brûlage et si la parcelle a déja porté du riz on effectue un labour ; les mottes sont pulvérisées, ensuite, à la houe.

Le semis, fait à la volée, a lieu dès le début des pluies.

Le cycle végétatif est de 110 à 140 jours.

Les opérations d'entretien consistent ici aussi en sarclages et gardiennage.

Les rendements sont en moyenne de 600 à 1000 kg de paddy à l'hectare.

Dans le cas des plaines inondées, on rencontre des techniques bien supérieures aux précédentes malgré que le cultivateur soit encore entièrement sous la dépendance des conditions naturelles, surtout au début et à la fin des crues.

La préparation du sol se fait par débroussement complet suivi de dessouchage dans le cas où la culture est mécanisée.

Le labour a généralement lieu après la récolte quand le sol est encore humide.

Dès que les pluies semblent avoir pris un régime régulier on complète la préparation du sol en brisant les mottes et on effectue le semis, généralement à la volée avec des densités pouvant varier de 35 à 80 kg à l'hectare. Parfois dans ces situations on sème en pépinière puis on repique. Souvent, avant le semis, on trempe les grains pendant 12 à 24 heures.

Au cours du cycle végétatif qui dure 160 à 205 jours, on effectue un ou plusieurs sarclages.

A la récolte on obtient des rendements plus élevés que dans les cas précédents, pouvant aller de 900 à 1 000 kg de paddy à l'hectare.

Notons que dans la riziculture de plaines inondées on a une variante qui est la culture des « riz flottants» ; ces riz peuvent supporter des crues pouvant atteindre et même dépasser 3 mètres. L'essentiel est qu'il faut que le riz ait atteint environ 15 cm avant l'arrivée de la crue régulière. Ces riz qui ont la faculté de s'allonger rapidement au fur et à mesure que la crue monte, ont un cycle allant de 170 à 200 jours et des rendements de 1 000 à 1 500 kg de paddy à l'hectare.

Ce type de riziculture est très répandu en Haute-Guinée.

Question :

En quoi consiste la riziculture en zone côtière où on a souvent affaire à des sols plus ou moins salés ?

Réponse :

Les conditions particulières de cette zone ont amené les riziculteurs à avoir recours à des techniques beaucoup plus poussées que dans tous les cas précédents.

La préparation du terrain vise à retenir les eaux douces tout en s'assurant qu'on peut les évacuer à volonté et à empêcher les eaux salées d'atteindre les rizières.

Après débroussement et enfouissement de tous les débris végétaux, des digues sont établies pour protéger le terrain de culture des marées. Ensuite l'intérieur des rizières est compartimenté par des diguettes qui permettront de retenir et de bien répartir les eaux de pluies. Dans la confection des digues et diguettes, le cultivateur prévoit toujours des points de sortie pour permettre le contrôle de l'eau.

La culture se fait sur billon ou à plat, avec des variétés ayant une plus ou moins grande tolérance pour les chlorures, variétés dont le cycle est de 150 à 200 jours.

Le semis est fait directement à la volée, en poquet ou en pépinière. Dans ce dernier cas, le repiquage a lieu quand les plants de riz ont atteint environ 15 cm de hauteur.

Les opérations d'entretien sont par la suite les mêmes que pour les autres modes de culture, et consistent en sarclages successifs et gardiennage. Ici les rendements peuvent atteindre et même dépasser 3 000 kg de paddy à l'hectare.

Question :

Qu'est-ce qu'une rizière de marais?

Réponse :

C'est une rizière se trouvant dans une dépression où sont aménagées des diguettes pour retenir les eaux de pluies. Le semis est fait à la volée directement ou en pépinière en vue d'un repiquage. Le cycle végétatif des riz de ce type de rizière varie de 150 à 180 jours.

La maturation se fait en Octobre dans une rizière asséchée par l'ouverture des diguettes au début du mois.

Ce type de rizière demande un gros travail dans la préparation du sol.

Question :

En quoi consiste l'étuvage du riz?

Réponse :

L'étuvage du riz très répandu en Guinée se fait selon différents procédés qui dans l'ensemble consistent en un trempage du paddy pendant un temps variable, dans de l'eau plus ou moins tiède; ensuite on procède à l'étuvage proprement dit par la vapeur d'eau. Il faut ensuite sècher soigneusement le riz.

Question :

Quel est le but de cette opération?

Réponse :

L'étuvage du paddy a pour but de provoquer des modifications de la structure physique du caryopse, qui facilitent le décorticage en diminuant le pourcentage de grains brisés. En outre ce traitement a pour effet de faire diffuser à l'intérieur du caryopse, dont l'amidon se gélifie partiellement, les substances solubles de ses parties externes (germe assise protéïque) qui sont normalement enlevées par le blanchiment; ces substances, en particulier les vitamines, se retrouvent donc en plus grande quantité dans un riz étuvé que dans un riz non étuvé, à usinage égal.

Question :

Quels sont les principaux ennemis du riz?

Réponse :

Les maladies parasitaires causent peu de dégâts pour le moment. On rencontre quelques rouilles de temps à autre.

Les parasites les plus importants sont des oiseaux, notamment les mange-mils, et des rongeurs. On lutte contre ces prédateurs de différentes manières, notamment par l'usage d'appâts empoisonnés.

LE MAIS

Question :

Qu'est-ce que le maïs?

Réponse :

C'est une graminée annuelle. Il y a différentes variétés et formes de maïs que l'on distingue par les caractères des grains, notamment la couleur, qui peut être jaune, blanche ou rouge, et aussi par la durée du cycle végétatif qui est de 80 à 90 jours pour les formes hâtives et de 110 à 120 jours pour les variétés tardives.

Question :

Quelles sont les exigences de la culture du maïs?

Réponse :

Du point de vue du climat, le maïs est très souple parce qu'il est cultivé aussi bien en régions tropicales ou équatoriales que sous climat tempéré. Il aime la chaleur et la lumière et a besoin d'une pluviomètrie suffisante, mais craint l'excès d'humidité.

Du point de vue des sols, le maïs est exigeant et demande des sols fertiles, profonds et bien draînés.

Question :

Quelles sont les techniques de culture du maïs?

Réponse :

Après débroussement, la terre est retournée en enfouissant les débris végétaux avant les premières pluies. Ensuite, suivant les cas, on fait des billons ou on pulvérise le sol en vue d'un semis à plat.

En Guinée le maïs est cultivé seul ou en association avec diverses plantes telles que taro, manioc, igname, coton, etc.

Les distances entre les poquets sont, dans ce dernier cas, fonction de la densité de plantation des plantes associées, souvent mises en place les premières.

En culture pure, le semis est fait en poquet distant de 40 à 80 cm suivant la richesse du sol. Plus le sol est riche, plus les poquets peuvent être rapprochés; chaque poquet comporte de 3 à 5 graines; la profondeur du semis est d'environ 5 cm.

Lorsque les plants ont atteint 15 à 20 cm il faut démarier en ne laissant que deux plants par poquet en moyenne.

Quand les plants ont atteint 40 à 80 cm de hauteur on butte pour consolider les pieds et permettre l'émission de nouvelles racines.

Après la fécondation on peut supprimer les panicules mâles, ce qui aura pour effet d'accélérer la maturation des grains.

Question :

Quels sont les rendements que l'on peut obtenir?

Réponse :

Les rendements varient beaucoup avec la richesse du sol et les techniques de culture. En culture traditionnelle il faut compter entre 800 et 1 500 kg à l'hectare. Dans les tapades qui reçoivent une fumure organique régulière les rendements sont nettement meilleurs (parfois plus de 2 tonnes à l'hectare).

Question :

Quels sont les moyens pour obtenir de meilleurs rendements?

Réponse :

L'amélioration des rendements peut s'obtenir par l'application de tehniques culturales rationnelles et par l'apport d'engrais.

En ce qui concerne les engrais, il faut apporter par exemple 5 tonnes minimum de fumier de ferme à l'hectare ; ce fumier est incorporé au sol au moment du labour ; les engrais chimiques sont apportés, en fonction des besoins, à des doses variables au moment de la plantation et en cours de végétation et incorporés au sol par le buttage qui les rapproche des racines des plants.

Question :

Quels sont les principaux ennemis du maïs?

Réponse :

Les principales maladies parasitaires qui ont un effet dépressif sur le rendement sont le charbon et les rouilles, celles notamment dites rouilles américaines du maïs. Le seul moyen de lutte contre ces dernières, dont l'intensité des dégâts varie suivant les données, est la recherche de variétés résistantes à la maladie.

Pendant la conservation, un charançon attaque le grain, ce qui explique que la conservation soit plus facile en épis.

D'autres insectes s'attaquent au maïs pendant la période de végétation et on lutte contre eux par la pulvérisation de divers insecticides.

Question :

En dehors de l'alimentation humaine, quels sont les autres usages du maïs?

Réponse :

Le maïs peut servir à l'alimentation animale et il existe des variétés de maïs pour la production de fourrage.

Par ailleurs le maïs peut servir à fabriquer de la bière et de l'alcool.

On peut en extraire aussi de l'huile ; les résidus de fabrication de cette huile, sont intéressants pour l'alimentation du bétail.

LE FONIO

Question :

Que représente le fonio parmi les cultures vivrières ?

Réponse :

Cette céréale des pays pauvres est devenue l'aliment fondamental du Fouta-Djallon où elle est cultivée même sur des pentes relativement abruptes. Cette graminée épuisante et recouvrant mal le sol accélère l'érosion superficielle.

Il existe de nombreuses variétés qu'on peut subdiviser en tardives et hâtives, quoique par rapport aux autres cultures, la qualité essentielle du fonio est d'être précoce.

Le fonio est peu exigeant tant du point de vue du sol que du point de vue de l'eau. C'est une plante très rustique réussissant même en sol pauvre.

Le semis est fait généralement à la volée à une densité de 8 à 10 kg à l'hectare.

La récolte donne des rendements variant entre 300 à 1 300 kg à l'hectare.

Les principaux prédateurs sont les oiseaux qui peuvent causer des dégâts importants.

Cette culture prend de l'extension en Guinée.

Question :

Qu'est-ce que le Sorgho et quelle est son importance?

Réponse :

Le sorgho est une graminée annuelle qui constitue la base de l'alimentation de plusieurs habitants du continent africain. En Guinée on le rencontre surtout en Haute Guinée et dans la région de Koundara.

Les variétés précoces jouent un grand rôle au moment de la période de soudure.

Il existe de nombreuses variétés cultivées, classées empiriquement en fonction de leurs exigences, de la durée de leur cycle végétatif, de leur utilisation, etc.

Question :

Quelle est la durée du cycle végétatif du sorgho?

Réponse :

Selon les espèces et variétés on distingue :

— des sorghos hâtifs dont le cycle varie de 90 à 112 jours.

— des sorghos **semi-hâtifs (cycle de 115 à 130 jours).**

— des sorghos semi-tardifs (cycle de 130 à 145 jours).

— des sorghos tardifs dont le cycle atteint 190 jours et parfois même dépasse largement ce chiffre, notamment dans le cas des variétés sur les terrains de décrues.

Question :

Quels sont les usages de ces différents sorghos ?

Réponse :

Ces différents sorghos entrent dans l'alimentation humaine et animale. Certains d'entre-eux servent à la fabrication de la bière de mil, que l'on appelle « dolo ».

Notons qu'à côté de ces sorghos, il existe des sorghos tinctoriaux qui permettent la fabrication d'une teinture rouge.

Question :

Quelles sont les exigences de ces différents sorghos?

Réponse :

Elles sont presque aussi variables que le sont les différents sorghos, notamment en ce qui concerne les dates de semis qui peuvent s'échelonner sur plus d'un mois (du 10 au 20 juin en moyenne), et les dates de récolte qui peuvent s'étendre sur plus de 2 mois (d'Octobre à Décembre).

Du point de vue de la richesse du sol, le sorgho est assez souple.

Il s'accommode d'une certaine humidité, qui cependant ne doit pas être excessive. Certaines variétés sont relativement résistantes à la sècheresse, mais seulement quand les plants ont atteint un certain développement.

Question :

Quelles sont les techniques de culture du sorgho?

Réponse :

Nous avons principalement deux types de culture :

— la culture sèche pour laquelle le sorgho doit se contenter des pluies ;

— et la culture de terrains de décrue qui se fait dès que les sols sont libérés par la crue.

Pour la culture sèche, on procède à un débroussement comme pour toutes les autres cultures, suivi de la confection de buttes. La culture se fait aussi à plat.

Le semis est fait en poquet de 4 à 8 graines (soit environ une densité 4 à 10 kg par hectare) à des dates variables quand les pluies sont bien établies. La distance entre les poquets est variable, surtout en culture associée.

Au cours de la végétation on procède à quelques sarclages, au remplacement des manquants en même temps qu'au démariage ; au cours du second binage on fait en même temps un buttage.

Aussitôt après la maturation (qui a lieu de 25 à 50 jours après la floraison), on récolte pour éviter les pertes par égrenage spontané, égrenage dont l'importance varie suivant les variétés. Après le battage on obtient généralement en grains 75 % du poids en panicules.

Question :

Quels sont les rendements de ce type de culture?

Réponse :

Ils sont variables suivant les variétés et les conditions locales. D'une manière générale, les variétés tardives ont des rendements plus élevés que les variétés hâtives.

En moyenne, on obtient de 400 à 700 kg de grains à l'hectare. Parfois en peut obtenir 1.500 kg et même plus, dans des conditions favorables.

Question :

Et la culture sur terrains de décrue?

Réponse :

Ce type de culture donne de meilleurs résultats et les rendements de 1.500 à 2.000 kg de grains à l'hectare sont courants.

La culture se fait, soit par semis direct, soit par semis en pépinière, suivi de repiquage, à des distances variables. L'entretien en cours de culture, consiste en sarclages et binages successifs.

Question :

Quels sont les principaux ennemis du sorgho?

Réponse :

Parmi les maladies parasitaires, la plus importante est le charbon qui peut se transmettre par les semences. Donc, pour limiter la maladie, il faut éviter de prendre des semences sur les plantes attaquées.

Les prédateurs sont nombreux :

— diverses chenilles s'attaquent aux jeunes plants

— les sauterelles peuvent causer d'importants dégâts ;

— pendant la conservation, les grains peuvent être détruits par un charançon ; la conservation en panicules limite les dégâts de charançon.

Enfin, signalons les oiseaux granivores dont les fameux mange-mils qui ravagent parfois complètement les récoltes, surtout si le gardiennage n'est pas bien assuré.

LE MIL

Question :

Quels sont les principaux caractères de la culture du mil?

Réponse :

Graminée de culture très ancienne, le mil présente une très grande variété de formes et une gamme d'utilisation étendue.

En effet suivant les espèces et variétés que l'on peut grossièrement classer en mils hâtifs (dont le cycle de 60 à 100 jours) et mils tardifs (dont le cycle peut aller de 130 à 150 jours), on peut utiliser le mil à différentes fins : alimentation humaine et animale, fabrication de la bière.

Comme pour les cultures précédentes, le semis est effectué après débroussement quand les pluies sont bien établies; les semis précoces sont de règle pour les mils.

Le semis est effectué en poquets à des distances variables à la densité de 4 à 7 kg de semences à l'hectare.

Les soins culturaux apportés à cette culture se réduisent généralement à quelques binages.

La récolte qui a lieu à partir de septembre, et peut se prolonger jusqu'en décembre, aboutit à des rendements variables de 300 à 800 kg à l'hectare.

La récolte est conservée en épis.

LE MANIOC

Question :

Qu'est-ce que le manioc?

Réponse :

C'est une euphorbiacée dont les racines se gonflent de réserves pour former des tubercules. C'est une plante épuisante dont il existe de nombreuses variétés et formes que l'on distingue surtout par la durée du cycle végétatif, qui peut varier de 6 à 24 mois et même plus. On les rassemble généralement en deux groupes, le groupe des maniocs amers et le groupe des maniocs doux. Notons que cette distinction est purement gustative et analytique. Dans les maniocs amers on a un suc vénéneux qui s'élimine par lavage et par cuisson.

Question :

Quelles sont ses exigences?

Réponse :

Le manioc est une plante rustique, aimant cependant les sols meubles et bien draînés. Il répond bien aux fumures organiques et potassiques, malgré sa faculté d'adaptation aux terrains pauvres.

Question :

Quel est son mode de multiplication?

Réponse :

Le mode de multiplication le plus utilisé est le bouturage. Les boutures de 15 à 25 cm sont récoltées sur des pieds mûrs, qu'il est facile de reconnaître, la maturité se signalant par un jaunissement des feuilles.

Le sol qui reçoit ces boutures est généralement préparé en billons ; on enterre les boutures sans les renverser sur les 3/4 de leur longueur. Un écartement de 1 m est une bonne distance de plantation. Quand la plantation est trop serrée le développement des racines est gêné. Souvent on trouve le manioc associé à d'autres cultures. Les soins d'entretien consistent en quelques sarclages jusqu'à ce que les plants de manioc couvrent le sol.

Question :

Quels sont les rendements que l'on peut obtenir?

Réponse :

Ils sont très variables, de 3 à 25 tonnes à l'hectare. Notons qu'en culture industrielle, aussitôt l'arrachage fait, les tubercules doivent être transportées à l'usine pour éviter l'altération de la fécule.

Question :

Quels sont les usages du manioc?

Réponse :

Il entre pour une grande part dans l'alimentation humaine de certaines de nos régions. Il peut aussi servir à l'alimentation animale, soit frais soit en cossettes séchées, cette forme-ci permettant une bonne conservation. Par ailleurs, du manioc, on extrait la fécule qui a de nombreux usages industriels :

— elle peut servir comme floculant dans le raffinage de l'alumine ;

— elle sert à l'apprêtage et au finissage dans l'industrie textile ;

— elle entre dans la production d'adhésifs et de dextrines ;

— elle permet la fabrication du tapioca ;

— récemment on a mis au point une formule permettant de fabriquer des spaghetti à base de farine de manioc et d'arachide ;

— La farine de tapioca entre dans l'industrie du papier comme moyen de gaufrage.

Par ailleurs, on peut mélanger la farine de manioc à la farine de blé pour fabriquer du pain. Notons qu'une tonne de manioc frais peut donner de 350 à 400 kg de cossettes fournissant 300 kg de farine et environ 2.000 kg de tapioca.

Question :

Quels sont les ennemis de cette culture?

Réponse :

Ils sont peu nombreux et leurs dégâts irréguliers. On peut citer parmi eux les rongeurs et quelques insectes.

On observe souvent sur les feuillages du manioc des symptômes (taches claires sur le fond vert du feuillage) que l'on attribue à une virose qu'on croit être la mosaïque. Les dégâts que cause cette maladie sont encore importants. Il existe des variétés tolérantes.

L'IGNAME

Question :

Comment cultive-t-on l'igname et quelles sont ses exigences ?

Réponse :

L'igname qui est une Dioscoréacée grimpante, comporte des variétés et formes dont le cycle végétatif varie de 7 à 12 mois.

Cette plante préfère des sols légers et riches, un climat chaud et humide.

La préparation du sol pour sa culture, comporte un débroussement qui respecte un certain nombre d'arbus'es qui serviront de tuteurs ; ces tuteurs seront complétés par la suite. Après le débroussement on élève des buttes ou des billons dès le début de la saison des pluies.

Les boutures sont obtenues en coupant le collet des tubercules en forme de petits coussinets qui sont légèrement enfoncés dans la butte. Ensuite on fait quelques binages et sarclages et on refait les buttes en cours de végétation.

A la récolte on obtient des rendements variant de 10 à 20 tonnes par hectare. La conservation difficile des tubercules explique que la culture ne prenne pas de l'extension.

PATATE

Question :

Que représente la patate dans notre agriculture?

Réponse :

Cette convolvulacée vivace et rampante est très cultivée chez nous.

Elle exige un climat chaud et humide et des sols frais et meubles, draînant bien. La culture se fait généralement sur billons établis après ameublissement du sol.

Question :

Quel est le mode de multiplication de cette plante?

Réponse :

Elle se multiplie par boutures de 20 à 30 cm qui sont placées à 30 cm les unes des autres en laissant au-dessus du sol environ 5 cm de bouture.

Question :

A quel moment a lieu la récolte?

Réponse :

Généralement après 4 à 7 mois suivant les variétés. La maturité se signale par un jaunissement des feuilles.

Habituellement, on obtient des rendements de 3 à 7 tonnes. Dans des conditions améliorées (apport de fumure et rationalisation de la culture), on peut atteindre et même dépasser 15 T à l'hectare.

LE TARO

Question :

Qu'est-ce que le taro et comment se cultive-t-il?

Réponse :

Le taro est une aroïdée vivace à larges feuilles peltées donnant un tubercule amylacée comestible. Demandant un climat chaud et humide, un sol riche, frais et profond, il est surtout cultivé aux abords des villages ou dans les tapades qui reçoivent les détritus ménagers.

La multiplication se fait par des fragments de tubercules (présentant des bourgeons) qu'on enfonce légèrement, de sorte que l'extrémité supérieure dépasse légèrement le sol. Son cycle végétatif est de 8 à 12 mois. Les rendements peuvent être estimés de 5 à 25 tonnes par hectare.

Question :

Y a-t-il d'autres cultures vivrières de moindre importance qu'il est bon de connaître?

Réponse :

Ce sont notamment diverses légumineuses qui peuvent jouer un rôle considérable dans l'alimentation humaine et animale par leur richesse en protéines. On peut citer notamment :

— le pois d'Angole qui est un petit arbrisseau rustique de 1,5 à 3 m de haut cultivé en début de saison de pluie et qui peut vivre plusieurs années. On l'utilise surtout comme plante de couverture, mais parfois les graines contenues dans les gousses sont consommées.

— divers haricots et pois, notamment les doliques (niébé) qui sont cultivés en association avec d'autres cultures.

Les rendements de ces diverses cultures sont souvent assez faibles, parce que souvent cultivées à de grands écartements, car elles sont considérées comme spéculations complémentaires destinées à servir d'appoint alimentaire.

TABLE DES MATIÈRES

Introduction 3
La Démocratie Nationale 5
J. R. D. A. 63
Information 83
Fonction Publique 97
Travail 112
Défense et Sécurité 139
Postes et Télécommunications 145
Finances 171
Développement Economique 215
Plan 223
Banque 246
Commerce 302
Industrie et Mines 320
Economie Rurale 328

Structures éditoriales du groupe L'Harmattan

L'Harmattan Italie
Via degli Artisti, 15
10124 Torino
harmattan.italia@gmail.com

L'Harmattan Hongrie
Kossuth l. u. 14-16.
1053 Budapest
harmattan@harmattan.hu

L'Harmattan Sénégal
10 VDN en face Mermoz
BP 45034 Dakar-Fann
senharmattan@gmail.com

L'Harmattan Cameroun
TSINGA/FECAFOOT
BP 11486 Yaoundé
inkoukam@gmail.com

L'Harmattan Burkina Faso
Achille Somé – tengnule@hotmail.fr

L'Harmattan Guinée
Almamya, rue KA 028 OKB Agency
BP 3470 Conakry
harmattanguinee@yahoo.fr

L'Harmattan RDC
185, avenue Nyangwe
Commune de Lingwala – Kinshasa
matangilamusadila@yahoo.fr

L'Harmattan Congo
67, boulevard Denis-Sassou-N'Guesso
BP 2874 Brazzaville
harmattan.congo@yahoo.fr

L'Harmattan Mali
ACI 2000 - Immeuble Mgr Jean Marie Cisse
Bureau 10
BP 145 Bamako-Mali
mali@harmattan.fr

L'Harmattan Togo
Djidjole – Lomé
Maison Amela
face EPP BATOME
ddamela@aol.com

L'Harmattan Côte d'Ivoire
Résidence Karl – Cité des Arts
Abidjan-Cocody
03 BP 1588 Abidjan
espace_harmattan.ci@hotmail.fr

Nos librairies en France

Librairie internationale
16, rue des Écoles
75005 Paris
librairie.internationale@harmattan.fr
01 40 46 79 11
www.librairieharmattan.com

Librairie des savoirs
21, rue des Écoles
75005 Paris
librairie.sh@harmattan.fr
01 46 34 13 71
www.librairieharmattansh.com

Librairie Le Lucernaire
53, rue Notre-Dame-des-Champs
75006 Paris
librairie@lucernaire.fr
01 42 22 67 13

www.ingramcontent.com/pod-product-compliance
Lightning Source LLC
LaVergne TN
LVHW011140061026
849535LV00003B/549